JN056987

表現者のための憲法入門
第二版

志田陽子 著

武蔵野美術大学出版局

目次

第4部　共存・平和と《国の仕事》

［表紙デザイン］白尾デザイン事務所

はしがき　第二版に寄せて

　この本は、憲法を学ぼうとする読者に少しでもわかりやすく気軽に読める入口を提供したいと考えて作りました。2015年の初版出版から時間が経ち、判例や社会情勢について、新しい情報を加える必要が出てきたため、本書の趣旨・スタイルは変えずに、内容を新しくすることとしました。結果的に章立てが変わってきた部分もありますが、初版よりも全体の把握がしやすくなったと思います。

　憲法は、困難に出合った人々が先々の社会に向けて残した生きるための英知であり、人類の知的共有財産です。「この状況の中から、この状況を繰り返さないために、この言葉が生まれた」「現在のこの状況に対して憲法はどう答えるだろうか」と考えることは、上質な文学や映画作品を見たり、美術を論じたりすることに匹敵する、魅力的な知的作業です。この本は、そうした魅力を伝えることが憲法学習の第一歩だという確信から生まれました。

　今はすべての人が手軽に「表現者」となれる時代です。その中にあって、憲法は一人ひとりの人生や社会にとってどのような意味を持っているのか。そうした関心から、この本を「表現者のための」憲法入門書としました。これは、憲法第21条の「表現の自由」だけを取り出して扱うということではありません。社会が高度化すればするほど、生きることと表現（情報）とは不可分・必然の関係になってきます。生活インフラや情報インフラから切り離されて孤立してしまうと生きていけない、「SOS」を発信できなければ生きられない。そういうことが起こりうるのが現代社会です。その社会の中で、私たちは生活者として、また「知る権利」を持っている国民・住民として、どんな仕組みの中で生きているのか。本書は、そういう視点から憲法全体を見ようとする本です。また、この本を手に取る方の多くが教員を志す人々であることも考え、教育の項目を丁寧に扱っています。

　「入門」というのは、「入り口を示した本」ということです。この本に載

せた判例や参考文献は、最小限のものを簡略化して載せたものですので、読者のみなさんは、それぞれの関心や学習段階に応じて、この入り口をきっかけにして、より本格的な憲法の世界に踏み込んでほしいと思います。

　もう一つ、この本には工夫があります。それは、込み入った経緯から誕生した日本国憲法の事情を一瞬離れて、架空の国「アートランド」を想像することで、憲法の本筋の思考（ロジック）をわかりやすくしていることです。

　「国家と国民の関係」というと実感がつかめないかもしれません。しかし、大学祭を思い浮かべてみると、だいぶ距離が近くなります。この「アートランド」は、筆者が勤めている武蔵野美術大学の「芸術祭」がヒントになっています。学生が自主的に企画運営をする「芸術祭」では、予算や場所の調整があり、実行委員会は事故を防ぐルールを作って周知したり、来場客が捨てるゴミの回収ルートを考えたり、病人が出たときの救急対応も考えていて、それは政治と統治と憲法の体験そのものです。この様子をヒントにして考えた仮想国家が「アートランド」です。この国は、表現者が集まって建設した国で、テーマパークや博物館、芸術祭などで来客を呼び、その収入で運営されている文化資源立国です。この架空の国の組織立てや運営ルールや人権保障を想像してみることで、憲法のグランド・デザイン（基盤設計）と、憲法が直面している多様な問題について、まずは純粋素朴に考えるという「入門」を体験してほしいと思います。

　この「アートランド」の物語を、この第二版ではさらに発展させ、さまざまな議論が衝突し、みんなで答えを模索する「熟議」の様子を描いてみました。本書を手にとっていただくことで、みなさんにとって憲法について知ること・考えることが少しでも魅力的なことになれば、と願っています。

2024年1月

志田陽子

第1部

国民主権と精神的自由

第1章　日本国憲法の成立と
表現の自由

　憲法の具体的な話に入る前に、アーティストやデザイナーなどの表現者
が集まって作った独立国家「アートランド」を想像してみることにしよう。
アートランドの建国者たちは、最初はこの島で芸術祭を開催するために、
居住しながら作品制作をする「アート・イン・レジデンス」の形でここに
移住してきたのだが、人口が増え、小さいながら一つの国としてまとまっ
てきたのだった。

　だからこの国は、さまざまな国にルーツを持つ人々が集まってできた移
民国家なのだが、中には出身国からアートランドへの移住を認めてもらえ
ない人もいた。有名な芸術家が国から出ていくというのは、国にとって不
名誉になるから許さない、帰ってこないと処罰する、と言われてしまった
のである。

　「芸術家が自由に表現や移動のできない国よりも、それができる国を選
ぶのは、当たり前じゃないか」。

　アートランドの住民たちは仲間を守るために会議を開き、世界に向けて
「芸術の自由宣言」を発表した。「アートランドは主権国家として、芸術家
と芸術の自由を守ります。」という宣言は、アートランドのすべての住民
が一気に合意してすぐにまとまった。しかし実際に「主権国家」としてやっ
ていくためには、道路や水道の整備、そのためにお金を出し合うルール、
ゴミの捨て方のルール、ルールを守らない人の扱いなど、さまざまなこと
を話し合って決める必要があり、簡単にはまとまらないこともある。それ
を話し合うための会議場も必要だし、会議場に集まるためのルールも必要
だ。

　アートランドの住民は連日、こうしたルールについて話し合うことに

なった。「本当はルール作りなんかよりも、自分の作品制作に集中したい…」と誰もが思いながら、しかし「自分たちの国を自分たちの意思で作るには、この国を運営するルールを作らなくてはならない」ということは、芸術祭を運営してきた経験から、わかっている。今、アートランドのメンバーは、「主権者」としての仕事に取り組んでいる…。

　このような、国を運営するためのルールのうち、とくにその骨組みの部分にあたる基本ルールのことを「憲法」という。運営ルールは、そこに暮らす人々が国の運営にどう関わるのか、ということを最重要の内容としている。「憲法」とは、その意味では、国とそこに暮らす人々との関係について定めた法、と言える。

1　憲法とは…

　憲法とは何か、という問いには、いろいろな角度からの答えがあり、ここではとりあえず、そのうちの一つの見方をピックアップする。憲法とは、離縁状や始末書・反省文のようなネガティブなものをベースにして、「これから」に向けた社会の土台ルールを固めたもの、と言える。ネガティブな部分も欠かせない。ネガティブなものへの認識と反省がなかったら、ポジティブなものは生み出せなかったに違いないからである。

　「始末書」というのは、第二次世界大戦の責任を問われた日本やドイツなどに当てはまる。1865年の南北戦争終結に伴って奴隷制を廃止したアメリカの憲法修正についても、言えることだろう。ここで「責任」というのは、戦争に負けた責任のことではなく、国が人道・人権に反する行いをして、近隣諸国や自国内の人々に多大な犠牲を出したことの責任である。

　「離縁状」というのは、もっと古い1776年の「アメリカ独立宣言」のことである。この文書の中身を読んでみると、「アメリカに対するイギリスの支配はこんなにヒドイ、こんな専制支配とは決別させていただく!!」という内容で、当時のイギリスを徹底的にディスっている。憲法の歴史にとって決定的な価値を持つ文書がこれでいいのか、と首をかしげたくなるほどだ。

しかし、ここにも「言論の自由」の戦いがあった。当時イギリスの植民地支配を受けていたアメリカ人は、イギリスを批判する意見、とくに「独立」を明確に主張する意見は出しにくく、多くの言論人が匿名で新聞に投書を寄せていた。その中でトマス・ペインが『コモン・センス』を公刊したことで、モヤモヤしていた世論が一挙に独立の方向にまとまっていったのだが、そのモヤモヤから解放された批判のエネルギーが、この文書に凝縮されているのである。「批判の自由」を手にした喜びに満ち溢れた文書なのだ、と思って読んでみると、一見粗暴な表現も、感慨深く思えてくる。

　しかし、国であれ会社であれ、人間の集団をまとめ上げて共存していくためには、批判・否定のエネルギーだけでは立ちゆかない。フランス革命直後のフランスが「恐怖政治」に陥った経緯が、そのことを物語っている。フランスもアメリカも、批判のエネルギーを解放する一方で、新しい「建国」のための知恵を結集した。ここで結集した知恵を文書にしたものが「憲法」である。そこでは、どちらの国も、王政・貴族政とはキッパリ別れて、平等な市民が民主主義の国家を作る、との決意を固めている。また、どちらの国も、「どの宗教宗派が正しいか」の争いを国の関心事とはしない、と決断して、国教を持たない「信教の自由」の国となった。この決断を後戻りしないように固める作業が、「憲法に明記する」という作業なのである。

　そこを確認した後は、たとえばフランスならば、王侯貴族が財産として愛好してきた建物や芸術は、破壊するのではなく市民みんなのものとして引き継ぐ、アメリカであればイギリスの裁判理論は継受する、というふうに、よいものは肯定して引き継いでいる。

2　繰り返してはならない、表現者たちの死

　このように見てくると、日本だけでなく世界の「憲法」が、「これは二度と繰り返さない」というネガティブなものを土台としていることがわかる。人間は、痛い経験をすることで学ぶものだが、国家と人間の関係を定めたルールである憲法も、国家と人間の間の《痛い経験》から作られているのである。その経験から組み上げられた《Uターン禁止ルール》が憲法

の随所に見られる。たとえば日本国憲法第14条「法の下の平等」は「貴族制度」や「差別」へのUターン禁止ルール、第18条「人身の自由」は「奴隷制」へのUターン禁止ルール、第24条「婚姻の自由」は強制結婚や政略結婚へのUターン禁止ルールなのである。

　Uターンしてはならない事柄は、国ごとに特色があるが、表現者が残酷に扱われた歴史はどの国にもあり、その反省が憲法や学問や文学・芸術に刻まれている。

　表現の力は大きい。一人ではできないことでも、大勢の共感を呼ぶことで実現の可能性は高まる。説得力や魅力のある表現は、そうした潮流を作り出す力を持っている。歴史を見ると、だからこそ、表現者が為政者から注視され、不当な拘束を受けたり殺害されたりする事件も起きてきた。海外では詩人ロルカ（スペイン）、ローザ・ルクセンブルク（ドイツ）、映画『白バラの祈り』のモデルとなった大学生ら（ドイツ）の逮捕・殺害といった事件がある。日本の歴史の中にも、「横浜事件」「小林多喜二事件」、伊藤野枝らが殺害された「甘粕事件」など、そうした出来事がたくさんある。

　小林多喜二は、格差社会の中の労働者の実情を描き出した小説『蟹工船』の作者だが、彼が警察に呼び出された後、取り調べ中に死亡した事件は、残酷なものだった。国の機関である警察が生身の人間をここまで残虐に扱うことがあるという事実を垣間見れば、「国がその《実力》をこのように使うことを、二度と許してはならない」と誰もが理解できるだろうし、日本国憲法が第31条から第40条までで犯罪の嫌疑を受けた人の権利を念入りに保護している理由も理解できるだろう。

　哲学者・三木清の死も凄惨である。第二次世界大戦の最後の時期に、治安維持法違反の疑いを受け、拘置所に拘禁されていたのだが、日本が終戦を迎え、拘束中の被疑者が監禁状態のままで放置され、独房で衰弱死したのだった。家族のもとに返された遺体は、ここには書けないほど「人間の尊厳」に反する状態だったことが伝えられている。

3 簡単には終わらない《精神の不自由》の爪痕

　憲法の授業の最初で、こんな重いエピソードを立て続けに読まされて、驚いた人もいるだろう。しかし「憲法」は本質的に、このような《ネガティブなもの》の上に開花する《ポジティブなルール》なのである。憲法を学ぶ時、「なぜ、この条文があるのか」を考えようとすれば、条文の下に埋まっている《ネガティブなもの》を掘り出さなくてはならなくなる。だから、社会の中の《痛い経験》に向き合うのが、学問としての「憲法」、とくに「表現の自由」に取り組むはじめの一歩だと筆者は思っている。

　こうした数々のエピソードの中でも、日本国憲法が誕生した時期の《転換》と深い関係にある、「横浜事件」を取り上げてみたい。

　第二次世界大戦中、日本の政治学者でジャーナリストでもあった細川嘉六が、当時の国際政治動向を伝える論文「世界史の動向と日本」を雑誌に掲載したことが、治安維持法に反する政府批判との疑いを受けた。その結果、出版社の社員や新聞記者、印刷所の植字工に至るまで大量の出版関係者が逮捕された。その後、日本は終戦を迎えるのだが、当時の日本政府は、横浜事件の被疑者たちに大急ぎで有罪判決を出し、受刑者として拘束し続けた。先に見たように、裁判を受けることもなく拘禁されたまま衰弱死した人もいた。

　この時、日本は敗戦後の混乱期ということで、連合国軍総司令部（GHQ）によって占領統治を受けていた。GHQはこの状況を憂慮し、日本国憲法の制定に先立って「自由の指令」という命令を発して、治安維持法を強制的に廃止し、この法律によって逮捕拘禁されていた「政治犯」の即時釈放を求めた。横浜事件で有罪判決を受けていた人々もこれによって釈放されたが、有罪判決の汚名は残ったままになった。この人々が、釈放後に名誉回復を求めて国を訴えた。

　この事件の原告は全員、名誉回復の判決を受けられないまま高齢のため亡くなってしまったが、遺族が裁判を引き継いで裁判所に再審を求め続けた。裁判所は、裁判当時すでに失効していた法律に基づいて行われた裁判だったということで、裁判そのものを取り消す「免訴」の判決を出した（最

高裁 2008〔平成20〕年3月14日判決。その後もこの裁判は遺族によって、2019年1月まで争われた）。

　この2008年の「免訴」判決で、治安維持法が1945年当時すでに失効していた法律だったとは、どういうことだろうか。

　この治安維持法は日本国憲法制定以前に作られ、1945年の横浜事件・有罪判決の当時はまだ廃止前だったので、形式上は有効だった法律だが、「思想良心の自由」「表現の自由」「法の適正手続」を定めた現在の日本国憲法の下では、当然に憲法違反となる内容の法律である。そして、現在の日本国憲法の土台となる基本原理は、日本国憲法の制定以前に、「ポツダム宣言」によって示されていた。その「ポツダム宣言」を、日本政府は第二次世界大戦終了の条件として受諾している。治安維持法は、この「ポツダム宣言」と両立しえない内容なので、日本政府が「ポツダム宣言」を受諾した時点で失効していた、という解釈を、裁判所は示したのである[*1]。

4　日本における「主権の転換」とポツダム宣言

　では、「ポツダム宣言」とはどういうものだったのだろうか。

　1945年、第二次世界大戦を終結させるにあたって、連合国（イギリス、アメリカ、中国）が日本に提示した「ポツダム宣言」には、以下のような内容が含まれていた。

・武装解除と領土の原状回復（日本が他国の主権を無視して拡張した領土から撤退する）

・基本的人権の尊重、平和主義、民主主義、責任政治を国の基本原則とすること

・日本国民の「自由に表明する意思」によって将来の政府を樹立すること

　他に多くの項目があるが、この項目を見るだけでも、現在の日本国憲法の骨組みがおおよそ定められていることがわかると思う。これは当時の国際社会のスタンダードだったのだが、これを受諾することは、当時のガラパゴス化していた日本政治にとって、国家と人間の関係を180°転換することを意味していた。国（＝君主）のために人間（臣民）が存在する、と

いう発想から、人間のために国が存在する、という発想に変わることを意味するからである。

　これに対して当時の日本政府は、一度は「黙殺」（無視）する姿勢をとったが、その後、2発の原子爆弾を落とされるに至って、これを受諾する。その返答は、「国体（天皇による統治）に関する変更を含まないものとの了解のもとにこれを受諾する」というものだった。ポツダム宣言の趣旨をまるで理解していない返答をした日本に対して、連合国の国々は、「日本には後日必ずポツダム宣言の趣旨を理解させる」というアメリカの申し出を受けて、日本の「受諾」を認める。こうして、双方に重大な認識の食い違いが残ったままで、第二次世界大戦は終了した。

　この時、日本政府がどうしても飲むことができなかったのは、武装解除命令のほうではない（この武装解除命令は、どのような戦争でもその終結時には必ず敗戦国が受けるタイプのもので、これが現在の日本国憲法第9条のもとになったわけではない。第9条はこれとは別の筋から、日本側から発案されることになる）。問題はそこではなく、「日本国民の自由に表明する意思」によって今後の政府を作る、という考え方、つまり「国民主権」の考え方だった。

　さて、終戦後、ポツダム宣言の内容に応じた新しい国家ルールを作ること、つまり新しい憲法を作ることが、日本政府の課題となった。しかし当時の政府は、ポツダム宣言受諾の時の姿勢に沿って、天皇の統治権（君主主権）をそのままにして、条文の細部だけを修正しようとしていた。この政府案をGHQは拒絶した。そして、「期日までにポツダム宣言の趣旨に沿った自主憲法草案を作るように。それができないなら、こちらが示したモデル案を直接に国民投票にかける」と厳しく迫った。その時に示された「モデル案」が、「押しつけ憲法論」のもととなった「GHQ草案」である。

　この時の内閣総理大臣（首相）、幣原喜重郎は、この「GHQ草案」に沿った方向で新憲法の内容を考えるしかない、と説いた。当時の幣原首相の言葉を書き留めたノートが、今では明らかになっている。当時の幣原首相には、天皇に戦争責任を負わせたくない、天皇の命は守りたいという強い使命感があったようで、天皇の命を守ることと引き換えに、主権を「国民主

権」にシフトすること、天皇は政治的決定に関わらない「象徴」となることを受け入れた。その上でさらに、日本が再び軍事国家化することは決してないことを国際社会に信頼してもらうために、戦争・戦力を永久に放棄することを宣言したい、という案を出したのである。[*2]

5 解放された民間の知性

このような経緯について、「日本国憲法は外国から押しつけられたものだ」という考え方もある。この問題を考えるにあたっては、当時の日本の《精神の不自由》状態への理解と、「表現の自由」をはじめとする「精神の自由」の理解が必要となる。

自分たちなりの「了解」に基づいて作った草案が否定され、他者が作った叩き台を手渡された日本政府メンバーにとっては、屈辱の思いとともに「押しつけだ」と感じてしまったのも無理はない。しかしそれは感情の問題であって、法的には通らないものであることが、上記の経緯から理解できると思う。

そしてまた、国民主権・民主主義の国は、国内にこうした不満感情を必然的に抱えることになる。異論を暴力や情報遮断によって抑え込むことをせず、議論と多数決によって何らかの結論を出すのが民主主義なので、意見が通らず不満に思う人々は必ず出てくる。日本も国民主権・民主主義の国家としての歩みの出発点に、当然抱えるべき不和と妥協と議論の種を抱えたのだ、と見るべきだろう。

どの国も、異論対論のある中で新しい原則を採り入れる時には、それに賛同できない人々は「押しつけ」と感じるものである。1789年のフランスでは、「平等」の考え方は貴族社会を懐かしむ人々にとって「押しつけ」だっただろうし、1865年のアメリカで「奴隷制の廃止」と「人種の平等」を定めた憲法修正は、南北戦争に負けた南部の白人にとっては「押しつけ」だっただろう。その状況が、映画『風と共に去りぬ』などの文学や映画に描かれている。

ただし、日本国憲法の内容について「迫られた」「押しつけられた」と

いうのは、当時の日本政府メンバーの一部にとってのことである。GHQのメンバーは、「ポツダム宣言」の趣旨に合う憲法草案を作れない日本政府に見切りをつけて、憲法のモデル案を作成することにしたのだが、短期間のうちにその仕事をするのは手に余る大仕事だった。そこで、日本の民間の憲法研究者たちが自主的に作っていた憲法草案（「憲法研究会」における鈴木安蔵らの草案など）の存在を知り、これを参考にしていたことが、証言から明らかになっている。*3

　さらに国立国会図書館が明らかにした議事速記録と、これをもとにして構成されたNHK制作の映像資料によると、新憲法採択のために召集された戦後最初の国会の小委員会では、委員たちから「自ら決意したと言える文言にしよう」、との意欲を示す修正発言が活発に行われている。この議員たちは、戦後初めての男女平等普通選挙によって選ばれた議員たちである。これらの経緯からすると、民主主義の手続としては、正当な審議、修正、議決が行われている。

6　それでも「押しつけ」と言うとしたら

　世界史のレベルで考えてみると、フランス革命時に生まれた憲法も、アメリカ南北戦争後の憲法修正も、それに反対していた人々からすれば「押しつけ」以外の何物でもないだろう。しかし私たちは、普遍的価値に照らして必要だったと言える場合には、それを覆してもとに戻そうとは考えない。

　とはいえ、日本国憲法の草案作りは、当時の日本政府の知的力量に対して無理なペースで急がされたものであり、日本社会の全体が自力で（内発的に）市民の議論を政府レベルに押し上げた結果のものだ、とも言いがたい。民間の議論はさまざまなところで始まっていたが、それを集約して反映させる仕組みが、当時の日本には欠けていた。その仕組みは、憲法を作って作動させなければ始まらないものだった。

　仮に当時の日本政府が最後まで同意できずに抵抗していた事柄を、このような経緯で押し切られたことを指して「押しつけ」と呼ぶならば、「押

しつけられたもの」は第9条（武力放棄）の条項ではなく、国民主権と民主主義だった。そして、俗に「押しつけ」と呼ばれてきた第9条はむしろ、日本の首相によって発案され、その後、日本の議員たち自身によって、もっと自発的な誇りを感じさせる文章にしようという思いから推敲が重ねられ、今の形になったのである。

　私たちは今、自分たちが主権者となった後の時代に、この「国民主権」の原理を「押しつけられたものだから要らない」と言えるだろうか。

7　循環を支えるのが「表現の自由」

　最後になったが、ここで前半の「繰り返してはならない、表現者たちの死」の話がつながってくる。

　今、私たちが後知恵で読めば、「ポツダム宣言」の中で日本に迫られた統治原理の変更は、18世紀から20世紀にかけて世界が共有してきた近代憲法のスタンダードだったことがわかる。そこに日本の議員たちが「社会権」の発想を入れようと強く主張し、現代憲法の骨格ができ上がってきた。21世紀に生きる私たちは、ちょっと書物で勉強すればそのように言えるが、1945年当時の人々がそこを理解するのは、容易ではなかったはずである。大戦中、そうしたことを理解できる知識や知力を持った人々が、続々と職を追われ、ひどい場合には先に見たように、命を落としているからである。こういう見せしめ的な失職や暴力があると、社会は萎縮してしまい、自由な言論は出てこなくなる。

　だから、ポツダム宣言が出された当時、その内容を理解できる者、さらにそれが世界のスタンダードなのだということを理解できる者は、政府関係者の中にはほとんどいなかっただろうし、いたとしても発言できなかっただろう。日本政府が世界スタンダードに合う憲法草案を作れなかったのは、国内の「表現の自由」や「思想の自由」や「学問の自由」を塞いでしまった結果と言える。

　これに対し、GHQ草案のもとになった日本国内の民間研究者の憲法草案は、世界スタンダードに見合う内容のものだった。このことを考えると、

もしもこの時代に「表現の自由」をはじめとする精神的自由が確保されていたなら、「ポツダム宣言」の意味内容を理解できる学者と議員、そして市民が知恵を持ち寄り、自力で憲法草案を作ることができていたのではないか。しかしそれが当時、徹底的に塞がれていた。

　人間の身体にたとえるなら、当時のGHQの若手メンバーの仕事は、血流が止まっていたところにバイパス血管を通したようなものだった。短期間で日本の新しい憲法草案を作るように命じられた若手メンバーたちは、この難しすぎる課題に困惑して、日本の民間草案を探し出し、参考にしたのである。彼らがやった仕事は、血流が止まって死にかけている人に、外科医が外から人工血管を作って、本人の血を強制的に流したようなものである。

　このような外科手術が必要だったのは、日本の政治と社会が、「表現の自由」をはじめとする精神的自由を失っていたからである。それを取り戻すのに、日本はその後も大変な時間と労力をかけてきた。そして、その「自由」はまだまだ不完全なものでしかない。この不完全な自由を、私たちは80年前に後戻りさせないために、精いっぱい、大切にする必要がある。

　「自由」というのは本来は、「自由であらねばならない」などと言うべきものではなく、自然に任せるべきものではある。しかし私たちは、主権者であり民主主義の担い手であるためには、精神の自由を大切にする、という当たり前のことを、自覚し意識しなくてはならない。憲法第12条にある「不断の努力」とは、こうしたことを表している。

　憲法には、それぞれの国の経験に応じて、「ここに戻ってはいけない」という痛みの記憶が織り込まれている。私たちがその記憶を必要に応じて取り出し共有することができるのは、「表現の自由」があるからであり、そこに痛みを感じることができるのは、精神の自由があるからである。何らかの意味で表現者であろうとする人々が憲法を学ぶ時には、まず、このことを基本の「き」として心にとめてほしい。

＊註

1　「横浜事件」および「治安維持法」については、荻野富士夫『横浜事件と治安維持法』（樹花舎、2006年）、奥平康弘『治安維持法小史』（岩波書店、2006年）および2008年から2019年までの新聞紙上での裁判報道を参照。

2　この憲法制定過程に関する映像資料としては、NHK「日本国憲法　誕生」がある。そのもととなった資料は、国立国会図書館「日本国憲法の誕生」（国立国会図書館公式サイト ©2003-2004）。https://www.ndl.go.jp/constitution/

3　先に紹介した国立国会図書館「日本国憲法の誕生」およびDVD『NHKスペシャル 日本国憲法　誕生』（NHKエンタープライズ、2007年）を参照。

第2章　国民主権と立憲主義

　憲法は、《国》とそこに暮らす《人》との関係を定めた法である。

　アーティストやデザイナーが集まって作った架空の島国アートランドにも、島民みんなで決めた憲法がある。ここでは小さな島一つを《領土》として、その中で住人みんなが制作スペースや展示スペースを都合し合いながら暮らしている。道路や通信設備の整備などのインフラ整備をするために、みんなで必要なお金を《税金》として持ち寄ること、集めた税金をどう使うかは議会で話し合って決めること、というルールを憲法で決めている。

　さて、アートランドでは、メンバーが作品やイベントを持ち寄る芸術祭を毎年行っている。この芸術祭は評価が高く、海外から多くの観光客が来るようになった。「この芸術祭にかかる実費を国が負担してくれたらもっと大きなことができるよ、国の行事として盛り上げよう」という意見も多く、最近は議会でも議論になっている。

　「いやいやコスト倒れになってしまってはみんなの暮らしを圧迫してしまう、必要な生活費を削ってまで芸術祭に入れ込むことはしないで、余裕資金でやろう」

　「いやいや世界が注目する大イベントをやれば、来てくれた人たちが入場料や宿泊に使ってくれるお金ですごい収入が入るよ、それでみんなの暮らしはもっと豊かになるんだから、これは有効な投資なんだよ」

　「うーん、投資は全員に税金で協力させるのではなく、その考え方をシェアできる人たちが余裕資金で出資するやり方にしようよ…」

　「いやいやそれではみんな様子見をするばかりで話が進まない。みんな選挙で私たちを選んでくれたんだから、私たちが決めれば納得してくれる

よ」

「いやいやみんなが私たちを選んでくれたのは、みんなの暮らしを確実に守る仕事をするためだよ。夢やお祭りのためにお金を使うことは、全員強制ではなくやれる人がやるのが筋だよ」

「いやいやこの国はアーティストの国として建国したんだから、それが主権者の合意なんだから、他の国にはない、アートランドならではの特色を打ち出すために予算を使うのは正当なことだよ」

アートランドの議会では、毎日こんな議論が戦わされ、議会の議論が新聞やネットで島民みんなに伝わり、カフェでは居合わせた島民同士が飲み物を片手に「今日の議会はどうだった？」と話し合っている。ここでは人々が政府に望む「やってほしいこと」や、アーティスト共同体として国を挙げて「やりたいこと」について、意見の食い違いが常にあり、議論を重ねて、政策を決めたり、ルールを作ったり、そのための予算を立てたりしている。こういうことの全体を《政治》politicsと言い、その中でとくに国が行う仕事を《統治》governmentと言う。

さて今日は、世界で活躍する有名なメディア王がアートランドを訪ねてきて、こう申し出た。「島の芸術祭に必要な予算は全部私が出すから、みなさんはお金の心配なんかしなくて大丈夫ですよ。その代わり、アートランドの統治については、全部私が決めて私が命令します。みんなはそれに従ってください」。

これには島民みんなが動揺した。お金を全部出してもらえるのは嬉しい話だ。しかしこの話をよく考えてみると、アートランドの《主権》をメディア王に渡すことになる。主権を手放すことで潤沢な資金を手に入れるか、主権をキープして、身の丈に合った財政を考えるか…。

第1節　国民主権と民主主義

前文　第1段　日本国民は、正当に選挙された国会における代表者を
　　　通じて行動し、われらとわれらの子孫のために、諸国民との協和
　　　による成果と、わが国全土にわたつて自由のもたらす恵沢を確保
　　　し、政府の行為によつて再び戦争の惨禍が起ることのないやうに
　　　することを決意し、ここに主権が国民に存することを宣言し、こ
　　　の憲法を確定する。（以下略）
第1条　天皇は、日本国の象徴であり日本国民統合の象徴であつて、
　　　この地位は、主権の存する日本国民の総意に基く。

1　統治と主権

　《領土》と《人間の集団》があるところでは、何らかの《政治》と《統
治》がある。《統治》は国が人々に向けてする仕事のことで、この《統治》
を含めて人々と国とが行うさまざまな動きのことを《政治》と言う。こう
した《統治》を行う集団のうち、国際社会で《国家》として認められたも
のが《国家》となる。

　憲法とは、その《国家》がどんな目的・組織立てと役割配分で国として
の統治を行うかを定めている法である。日本という国家にも《統治》があ
り、統治の基本ルールを定めた《憲法》として、「日本国憲法」がある。

　国が統治を行う上で最も大切なことは、その国の意思決定をする者は誰
かということである。日本国憲法は、この話から始まっている。前文のそ
の部分と第1条とを、少し言葉を補ってつなげてみよう。

　「日本国民は、…ここに主権が国民に存することを宣言し、この憲法を
確定する。（それ以前は主権者だった）天皇は、（これ以後は）日本国の象
徴であり日本国民統合の象徴であつて、この地位は、（神や血筋ではなく）

国民の総意に基く。」

　これが日本国憲法が選択した「主権」のあり方、つまり「国民主権[*1]」である。日本の主権が天皇から国民に移ったということが、この憲法を制定した当時の日本にとっては最も重大なことだったのである。

　そして、前文の「正当に選挙された国会における代表者を通じて行動し」という言葉は、代表民主政の内容を表している。国民主権は、一方で参政権や表現の自由、知る権利など、民主主義の担い手としての人権を導き出す原理となり、もう一方で国の統治の柱となっている。

「主権」の意味　「主権」という言葉には二つの意味がある。一つはその国家が独立国家であることを示す「国家主権」である。イギリスからアメリカが独立した時や、イギリスからインドが独立した時、これらの国が「主権」を持つ「独立国家」となった、という場合の「主権」である。

　もう一つの意味は、上の意味での国家主権が確立していることを前提として、「その国内で政治的決定をするのは誰か」という意味での「主権（者）」である。「君主主権」から「国民主権」へ、という時の「主権」はこの意味である。

　「国民主権」が正しいと考えられるのは、自分たちのことを自分たちで決めるという考え方（自己統治）が最も確実だと考えられているからである。人権保障との関係でも、人権保障を受ける者が統治を行う者をコントロールする考え方によって、「人権」はより確実に保障されると考えられている。

　これに対して独裁制や君主制は、「専制と隷従」（日本国憲法前文）を生み出しやすいため、近・現代型の憲法では採用されていないか、君主を置くにしても君主独裁に陥らないような仕組みが組み込まれている。日本もその例に入る。また、ほとんどの国が、独裁が起きることを防ぐために、権力を分散させ相互チェックができる仕組みを採用している。日本もその例に入る。

2　世界史の中の「主権」の転換―近代市民革命

　立憲主義と民主主義の関係を、世界史の視野で理解しておこう。その骨組みだけを取り出して単純化すると、このようになる。

　暴力や略奪を防ぐ統制もなく、多様性を尊重するルールもないところで、いろいろな集団（たとえば宗教宗派）が絶えず勢力を競って武力衝突を起こしていた時代があった。そんな中では、誰もが自分を守るための闘争に明け暮れて、自分らしい人生を生きることができない。そういう不毛な状態を乗り越えるために、《統治》が必要だった。

　そんな時、カリスマ的な君主がこの争いに勝って、暴力抗争を力で抑え込んだ。領土内のメンバーは、この君主の統治を受け入れた。しかしやがて君主はメンバーに無理な貢献を求めるようになる。メンバーたちは「これでは彼に統治を任せる意味がない！」と不満を募らせ、君主から統治の権限を取り上げ、自分たちで自主的に物事を決める方式（民主主義）に切り替えた。

　自分たちで物事を決めていくには、それまで以上にルールが必要になり、選挙制度や議会制度が採用された。これからは《普通の人々》が集まって意思決定や運営をしていくわけだから、物事を決めるまでの面倒も増えることになるが、人々は独裁のリスクよりはこの面倒を選んだのだった。そういう選択をしたことをうっかり忘れてもとに戻ってしまうことのないように、人々はその選択を書面に明記した。これが、統治者が守るべきルール、つまり「憲法」になった。

　おおよそこのような出来事が、18世紀後半から20世紀にかけて起きてきた。日本は20世紀の半ば、かなり遅れてこの流れに合流したことになる。

第2節　民主主義と立憲主義
―人権保障と「最高法規」の意味

第97条　この憲法が日本国民に保障する基本的人権は、人類の多年
　　　にわたる自由獲得の努力の成果であつて、これらの権利は、過去
　　　幾多の試錬に堪へ、現在及び将来の国民に対し、侵すことのでき
　　　ない永久の権利として信託されたものである。

第98条　この憲法は、国の最高法規であつて、その条規に反する法律、
　　　命令、詔勅及び国務に関するその他の行為の全部又は一部は、そ
　　　の効力を有しない。

2　日本国が締結した条約及び確立された国際法規は、これを誠実に
　　　遵守することを必要とする。

第99条　天皇又は摂政及び国務大臣、国会議員、裁判官その他の公
　　　務員は、この憲法を尊重し擁護する義務を負ふ。

1　立憲主義と「人権」の世界史概観

　こうして近代以降に多くの国で成立してきた憲法は、「国民主権と民主主義」、独裁を防ぐ仕組みとしての「権力分立」、そして「人権の保障」を基本ルールとして共有している。国家は憲法を遵守して活動しなければならない、というルールを「立憲主義」と言う。

　「立憲主義」の重要な内容の中に、人権保障がある。このことを、世界史の流れの中で確認しておこう。

　17世紀から19世紀末に英米とヨーロッパで起きたいくつもの市民革命によって、イギリス権利章典（1689年）、アメリカ諸州の権利章典（たとえば1776年の『ヴァージニア権利章典』）、フランスの『人および市民の権利の宣言』（1789年、一般に『フランス人権宣言』と呼ばれている）といっ

た人権宣言が生まれ、近代憲法の基礎となった。これらは、人間が生まれながらにして持っている権利という考え方（自然権思想）を表明していた。日本国憲法の前文、第11条、第97条は、この思想を受け継いだ内容となっている。

この段階では、人々の関心はそれまでの君主国家や身分制からの自由に向けられていたため、人権宣言の内容も「国家からの自由」（自由権）を中心としていた。この時代にはさまざまな人権宣言が作られたが、18世紀後半にその原型を確立したアメリカ独立宣言とフランス人権宣言、そして第二次世界大戦後の国際社会における人権規範を定めた世界人権宣言は、世界史上、憲法と人権に関わる最も重要な文書と言える。

19世紀から20世紀にかけて、ヨーロッパ大陸諸国や日本も憲法を作った。しかし第一次世界大戦と第二次世界大戦の中で、人間の生命が国家のために大量に犠牲にされる事態が起きた。とくに日本とドイツは、その責任を厳しく問われた。この苦い経験への反省から、世界で「人権」の大切さが再び認識され、人権はさまざまな規律（条約や規約や宣言）を通じて国際的に共有されるに至っている。とくに1948年に国際連合総会で採択された「世界人権宣言」が重要である。

現在では「世界人権宣言」や「国際人権規約A・B」を骨格として、「あらゆる形態の人種差別の撤廃に関する国際条約（人種差別撤廃条約)」「児童の権利に関する条約（子どもの権利条約)」「人身売買及び他人の売春からの搾取の禁止に関する条約（人身売買禁止条約)」など、人権保障実現のためのさまざまな条約が作られている。日本国憲法第98条では「条約の誠実遵守」が国の義務として定められている。

この流れによって世界レベルで起きてきたことは、国家と人間の関係の根本的なベクトル転換である。「国家のために人間がある」から「人間のために国家がある」へと、目的と手段のベクトルが180°転換したことが、近代憲法確立の根幹にある世界の流れだった。日本は1946年、日本国憲法の制定によってこの転換を果たしたことになるのだが、これが本当に理解されてきたかどうか、常に問い続けていく必要がある。

「戦争をさせない！」「憲法第9条改正反対！」を訴える市民のデモが国会議事堂の周囲を取り囲んだ。
（2014年11月11日 東京）写真：豊田直巳

2 民主主義と立憲主義

　民主主義を完璧に実現できれば、人権は守られるのだろうか。

　人権が守られる確率は独裁統治の場合よりも高まるが、確実とは言えない。民主主義の参加者は討論による説得を行い、それで決まらない場合は最終的には多数決で決めることになるが、ここで決定の内容に歯止めがなかった場合、政争の敗者となった人々が人権を否定される扱いを受ける危険がある（「多数者の専制」）。そこで、《多数決によっても奪ってはならないもの》として人権を保障する考え方が「立憲主義」の内容として必要となった。

　このように立憲主義ルールを組み込んだ民主主義を、「立憲民主主義」と呼ぶ。

　憲法が「最高法規」である理由は、ここにある。憲法は国政上、最も高い尊重を受ける議会（民主主義）をも拘束する高次のルールなので、「最高法規」という位置づけにある。さらにこのことの実質的な理由を掘り下げると、それは、憲法が私たち人間が生きていくために必要な「人権」の保障を国家に命じている法だからである。主権者である国民から国政を「信託」された議員、そしてその決定を受けて国政の実行を担当する各種の公務員は、このような理由によって、第99条の憲法尊重擁護義務が課されている。第97条（基本的人権）、第98条（最高法規）、第99条（憲法尊重擁護義務）は、そのような流れでセットになっている。このように法律や法律を決定する議員をも拘束する法が存在する、ということを指して、「法の支配」とも言う。

　国の仕事を「統治」と言うが、統治にはこのような「立憲主義」のルールが随所に組み込まれている。このことは本書第12章で扱う。

第3節　象徴となった天皇

1　「象徴」の意味と地位

第1条　天皇は、日本国の象徴であり日本国民統合の象徴であつて、この地位は、主権の存する日本国民の総意に基く。

第2条　皇位は、世襲のものであつて、国会の議決した皇室典範の定めるところにより、これを継承する。

象徴　ここまで見てきたように、日本国の主権は日本国憲法制定によって国民のものとなった。第1条は、天皇がもはや主権者ではないことを「象徴」という言い方で確認している。「象徴」とは、抽象的でイメージしにくいものを具体的なもの（シンボルマークなど）に置き換えて表すことである。たとえば「オリンピック」を五輪のマークで表す、熊本市を「くまモン」で表す、といったことである。天皇について言われる「象徴」は、政治的決定権に関わらないことを示す言葉で、「象徴として何をすべきか」という積極的意味合いは、法的にはない。被災地慰問のように、「象徴」としての公務の社会的イメージがある程度定着してきてはいるが、それらは憲法上の義務ではなく、行う場合には憲法上の拘束を破らない範囲内で行うことが求められる。

皇位　天皇の地位のことを「皇位」と言う。天皇制および天皇の地位は、国民全体の意思によって成り立っているので、国民全体の意思に基づいて制度や役割を縮小したり廃止したりすることも可能である。

　皇位継承については、「皇室典範」に詳しく定められている。そこでは皇位につけるのは男子のみと定められているが、世襲による天皇制そのものが憲法自身の定めた例外と考えられるので、平等原則に反するとは考え

られていない。しかし「天皇ファミリー」が国民の「モデル・ファミリー」
として社会に影響を与えている事実も考慮すると、社会文化の中に象徴天
皇制が影響力を及ぼしていることは、憲法問題として考えてもよい問題だ
ろう。

　たとえば、女性の天皇を認める法律改正をしてもよいのではないかとの
議論がある。主権者の意思（議会の決定）によってこうした法律改正を行
うことは、憲法上可能である。

2　天皇の行為

- -

　第3条　天皇の国事に関するすべての行為には、内閣の助言と承認を
　　　　必要とし、内閣が、その責任を負ふ。
　第4条　天皇は、この憲法の定める国事に関する行為のみを行ひ、国
　　　　政に関する権能を有しない。（以下略）
　第7条　天皇は、内閣の助言と承認により、国民のために、左の国事
　　　　に関する行為を行ふ。
　一　憲法改正、法律、政令及び条約を公布すること。
　二　国会を召集すること。（以下略）

- -

国事行為　天皇が国家の「象徴」として行う行為を「国事行為」と言う。
第3条と第4条によれば、天皇が単独で国事行為を発案して行うことはで
きず、憲法の定めた範囲内で、内閣からの助言と承認によって行われると
定められている。天皇が行う国事行為の内容は、法律、政令、条約の公布
や憲法改正の公布、総選挙施行の公示、内閣総理大臣と国務大臣の任命、
最高裁判所長官の任命など、第6条と第7条に列挙されている。国事行為
はすべて、形式的なセレモニー（儀礼）である。

公的行為　天皇の行為には国事行為と、天皇が私人として行う私的行為が

ある。国事行為は憲法が挙げているものに限られ、憲法の拘束を受けるが、研究・芸術活動などの私的行為は憲法の拘束を受けない。

　実際には、国事行為と私的行為の中間にあたるような、憲法上の位置づけのあいまいな行為もある。これは「公的行為」と呼ばれ、国政に直接関与するものでない限りは許容されると考えられている。たとえば国会開会式や全国戦没者追悼式、国民体育大会などの出席や、新年一般参賀、園遊会の主催は、「公的行為」として扱われている。

＊註

1　「人民主権」という言い方もある。「国民主権」と「人民主権」は学問上は大きな違いがあるので、関心のある人は調べてみてほしい。

第3章　参政権と国務請求権

　アートランドでは、いろいろな人たちが選ばれて議員になるので、時には法の知識のない人が奇妙な法案を提案してくることもある。彼らを選んだ国民としては、その審議過程や施行後の社会的影響をいつも見守っている必要がある。

　ここしばらく話題になっていることとしては、いくつかの飲食店で、ダンスを楽しんでいる女性客が、ダンスに見せかけて体に触られる被害を受けているという。被害を受けた人々から、飲食店の管理改善を求める請願があったため、議会では「飲食を提供する店は、お客にダンスをさせる時には、厳しい条件をクリアした上で許可を取らなければいけない」というルールを定めた。それ以来、クラブやライブハウスでは、ダンスを楽しみたいお客がいても、踊れなくなってしまった。すると今度は、もう少し自由への制約の少ない改善方法を考えてほしい、という署名つき請願が警察や議員のもとに届いた。音楽イベントやクラブで踊ることは立派な自己表現だし、コミュニケーションだと感じていた一般市民が多かったのだ。

　この問題をさらに考えてみたら、芸術ジャンルごとに議員の割り当てを決めた「議員定数配分」が50年くらい前の芸術観を前提にしているため、クラシック・バレエ以外のダンスは芸術ジャンルとして認識されておらず、議員の割り当てがない。だからそれらの人々の実情が、議会には伝わらない状態になっていた。そこで、議員定数を見直すことで多くの議員の意見が一致した。「では、どこを増やしてどこを減らすか、案をお願いします」と議長が発言を呼びかけた。

　そのとたん、議場は静まり返ってしまった。誰も、自分のジャンルから出る代表の数を減らしたくはないからだ。普段は創意にあふれた発言が飛

び交うアートランド国会だが、この議題ばかりは、みんな腕組みをして黙り込んでしまった…。

　さて、現実の世界では、有権者（主権者）と国政担当者との関係はどうなっているのだろうか。

第1節　参政権

　私たちは、主権者として・民主主義の担い手として、国政に参加する「参政権」を持っている。参政権には、選挙権（第15条）、最高裁判所裁判官の国民審査（第79条）、憲法改正における国民投票（第96条）がある。これらは、民主主義を車輪のように回転させていくのに必要な権利である。選挙などの制度と、「表現の自由」や「知る権利」との関係も視野に入れながら、民主主義のサイクル運動についてイメージしてもらえると、参政権の理解も早くなると思う。

◇民主主義と「参政権」「請願権」「表現の自由」「知る権利」

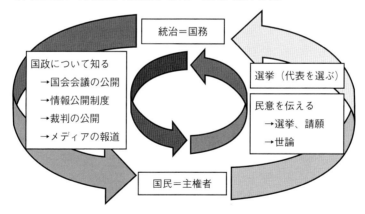

1　選挙権

　前文　第1段　日本国民は、正当に選挙された国会における代表者を通じて行動（略）する。そもそも国政は、国民の厳粛な信託によ

るものであつて、その権威は国民に由来し、その権力は国民の代
表者がこれを行使し、その福利は国民がこれを享受する。(以下略)
第15条　公務員を選定し、及びこれを罷免することは、国民固有の
権利である。
2　すべて公務員は、全体の奉仕者であつて、一部の奉仕者ではない。
3　公務員の選挙については、成年者による普通選挙を保障する。
4　すべて選挙における投票の秘密は、これを侵してはならない。選
挙人は、その選択に関し公的にも私的にも責任を問はれない。

1-1　国民主権と選挙権

憲法前文のはじめに書かれている「代表者」を選ぶのが選挙である。そ
の選挙は、国民の意思が歪曲や操作を受けることなく「正当に」反映され
たものでなければならない。

これを受けて、第15条で選挙権が定められている。

第15条1項で「国民」が選ぶ「公務員」は、実際には国会議員のこと
を指している。ここで言う「選定」は選挙で選ぶことで、「罷免」はその
職を辞めさせることだが、国会議員については国民が直接に議員を免職
する制度(リコール制度)があるわけではない(ただし地方自治体の長に
ついては、住民による解職請求〔リコール〕の制度がある)。この一文は、
議員は国民が選挙で選ぶことも、選ばないことで議席を失わせることもで
きる、ということを意味している。

「公務員は、全体の奉仕者であつて、一部の奉仕者ではない」という規
定は、まずは過去の歴史にあった、特定身分の人々に仕える官吏のあり方
を否定して、「国民」というカテゴリーを強調する意味がある。次に、自
分を選んでくれた特定地域や特定グループの利益を代表するだけではな
く、全体を視野に入れて全体のために最善の最終判断をすることが求めら
れている。

選挙権を行使するためのルールは、「公職選挙法」が細かく具体的に定
めている。[*1]

1-2 保障されている内容と基本原則

　憲法では、国会議員の選挙（第43条1項）、地方公共団体の長、地方議会の議員など（第93条2項）について、直接の選挙を定めている。これらの選挙について、日本国憲法によって保障される基本原則を整理してみよう。

普通選挙と平等選挙　普通選挙は、一定の年齢になったすべての国民に選挙権がある、という原則である。これは身分や財産（収入）によって選挙資格者を限定していた「制限選挙」を克服したことを意味する言葉である。

　世界の選挙制度の歴史を見ると、さまざまな理由から、選挙権が一部の人の特権になるような制約を受けていた。その代表が、性別による制約、人種による制約である。民主主義は、その国を構成している人々が平等に政治参加できることを意味する制度なので、これらの不平等を克服することは民主主義の実現には欠かせない課題だった。日本国憲法では第15条とともに第14条「政治的平等」、第44条「選挙資格の平等」で、この原則を確認している。

　また、この平等選挙の原則からは、一人一票の原則が導かれる。公職選挙法の第36条に、この趣旨を受けた規定がある。特定の人々に投票権がないことや、ある特別な人が二票以上の票を持つことは、平等に反する。ここにはさらに「一票の価値の平等」も含まれる（本章で後述）。

「自由投票」と「投票の秘密の保護」　選挙権は主権者としての「権利」であって、義務ではない。投票することは国民の自由意思に任されている。投票率の低下や国民の政治離れが心配されていることはたしかだが、選挙権をはじめとする参政権は、憲法第12条の「不断の努力」を必要とする権利として国民の自覚を必要とするもので、国家から強制されるべきものとはならない。

　また、各人が自分の投票内容を国家から詮索されたり社会に向けて公開を求められたりすると、それが心理的圧迫となって自由な投票を行えない人が出てくるため、投票内容の秘密が守られる。有権者が自分の投票内容

を自分から言うのは自由だが、公権力がその内容を調査することは許されない。

1-3　残されている課題と近年の動き

　すべての国民に選挙権が平等に保障され、自由な意思で投票できることが、その国が民主主義の国家であると言えるための条件である。選挙権を行使するには、実際に投票ができる状態と受け付けの仕組みが確保されていなくてはならない。現在の選挙制度は、憲法の趣旨を十分に生かしているだろうか。[*2]

在宅投票制度訴訟　在宅投票制度とは、病人や身体障害者、要介護老人など歩いて投票所に行けない人々が郵便で投票をする制度のことを言う。この制度は、日本国憲法の下で選挙制度が始まった直後に一度導入されたが、その後すぐに、不正を防止する必要から廃止された。その後、制度復活を望む多くの請願が行われたことを背景に、1974年に重度身体障害者についてだけ在宅投票制度を設ける法改正が行われたが、この制度で投票できる人の範囲は狭く、病人や、事故にあって動けない人や、高齢のため歩行困難となった人は、投票に参加できない状態が続いてきた。

　こうした経緯がある中で、在宅投票制度が廃止されたことを憲法違反に問い、またその後この制度を復活させないことを国の立法不作為として訴えた違憲訴訟もある。これについて最高裁は、1985年、その種の制度は国会の「立法裁量」に任せるべき問題なので、現行の制度は違憲ではない、との判断を示した（最高裁 1985〔昭和60〕年11月21日判決）。その後、裁判所は、同じ趣旨の訴訟については国会の判断に任せることとして違憲判決には踏み切らない姿勢をとっているが、それでも国会の立法に影響を与えた判決も出た。2000年に提訴されたALS患者選挙権訴訟について、東京地裁は2002年11月28日の判決で、損害賠償請求は認めなかったが、「原告…が選挙権を行使できるような投票制度が設けられていなかったことについては、憲法…に違反する状態であった」と述べている。これを受けて、この判決の翌年の2003年、公職選挙法の改正が行われ、「代筆による郵便

アチェ（スマトラ島北部）の独立を問う「REFERENDUM（住民投票）」を呼びかける落書きの前の子どもたち。　　（2000年3月 ロスマウエ、インドネシア）写真：豊田直巳

投票」が認められることになった。この時の改正で、介護保険制度で介護が必要と認められた寝たきりの人たちにも、郵便投票が認められることになった。これによって、新たに25万人に投票の道が開かれたことになる。

在外投票制度訴訟　日本で民主主義的な選挙制度が始まった時点では、今のような国際化社会は想定されておらず、君主主権と身分制・制限選挙を脱し、男女平等選挙を達成することで精一杯だったに違いない。しかしそこから80年近くを経た現在、海外で暮らす日本人、日本で暮らす外国人は格段に増えている。

　こうした国際化の流れの中で、日本の選挙制度の見直しが求められてきた。一つは、海外に出ている日本人が海外から日本の国政選挙の地方区選挙に参加できる制度（在外投票制度）がなかったことである。これを争った訴訟については、2005年に最高裁で、当時の投票システムを国の立法不作為と認める違憲判決が出されている（最高裁2005〔平成17〕年9月14日判決）[*3]。

　その一方で、日本国内に定住している外国人の参政権をどう考えるかという問題については、憲法に明確な規定がないため、論争が続いてきた。裁判では、外国人の人権保障については、権利の性質から見て日本国民に限定されると考えられるものを除き、外国人に保障できる権利は平等に保障することを原則とすることが確認されている[*4]。そこで選挙権は性質上、外国人に保障できる権利か、日本国民限定としなければならない権利なのかが問われることになる。

　この問題については、国会議員を選ぶ国政選挙と地方議員を選ぶ選挙について分けてそれぞれについて考える必要があるはずだが、裁判所は両方について、人権としての選挙権は権利の性質上、日本国籍を持つ日本国民に限定されるとの解釈を示している[*5]。これは国家にその保障が義務づけられるという意味での「人権」とまでは言えないことを示したもので、立法政策でこの権利を外国人に拡大することを憲法が禁じているという意味ではない。したがって、この問題は立法裁量に委ねられるということになる。国会でも外国人参政権を認める案が何度か議論になっているが、まだ結論

は出ていない。

　少なくとも地方自治体の公務員や議会議員の選挙資格・被選挙資格については、納税の義務も果たしている実質的住民としてローカルな政治に参加する権利を外国人に認めることは、それぞれの地方自治体の判断に任された事項として許容されていると考えるべきだろう。

重要な裁判例　　　　　　　　　　　　　　　　　　　　**議員定数訴訟**

　選挙権の平等については、「一人一票」だけでなく、その一票の投票価値（各票が選挙結果に対して持つ影響力）の平等を保障しなければ、本当に平等を保障したことにならない。これについては、公職選挙法の定める議員定数配分によって、一票の価値に大きな地域間格差があることを憲法違反として争う裁判が繰り返し起きている。

　国政選挙（衆議院・参議院の国会議員の選挙）では、比例代表制と地方区の二つの方式が並行してとられている。このうち、地方区では、地域ごとに当選すべき議員の数を決めて割り当て、[*6]その選挙区内の有権者はその選挙区内の立候補者について投票をする。この時、選ばれるべき議員の数に対して有権者の数が多ければ、有権者一人あたりの一票の重さは低いことになり、議員の数に対して有権者の数が少なければ、一人あたりの一票の重さは高いことになる。本来はここに地方間の格差が生じないようにすることが理想だが、人の移動に変化があった直後など、その時々の社会の事情により、一票の価値に格差が出てきてしまうことがある。これが短期の一時的なものであれば、国会での見直しと是正に一定の時間がかかることを認める必要はある。しかし誠実な作業をするのにかかる時間をすぎてもまだ見直しが行われない場合には、国会の仕事ぶりに対して憲法違反の判断も必要となる。このことを問う裁判が「定数不均衡是正訴訟」である。

　裁判所は、選挙権の平等には、投票価値の平等も含むとする見

解をとっている。この問題で最高裁は、人口増によって投票価値が最小になる選挙区と人口減によって投票価値が最大になる選挙区との格差（最大較差）が約1：5となった衆議院議員選挙について違憲判決を出している（最高裁 1976〔昭和51〕年4月14日判決）。その後もこの不平等は十分には解消しなかったため、2012年から2013年にかけては高裁でおおよそ1：2.3の格差について「違憲状態」または「違憲無効」の判決が相次ぎ、2013年には最高裁が衆議院議員定数の不均衡を「違憲状態」と判断した（最高裁2013〔平成25〕年11月20日判決）。その後、「一票の格差」が最大2.08倍だった2021年の衆院選について、高裁では16件中9件が「合憲」、7件が「違憲状態」と判断が分かれていたが、最高裁はこれを「合憲」と判断した（最高裁 2023〔令和5〕年1月25日判決）。

　理論としては、少なくとも衆議院議員選挙については、地方間の最大格差が1：2を超えたら許容限度を超えていると見る説がほとんどである。ある人が他の人に比べて二票の投票権を持つことは許されないため、これ以上の数字を認めることはできないだろう。

　裁判所は、議員定数配分の不平等が許容範囲を超えているという数字だけで配分規定を違憲としているのではなく、国会が憲法上要求される「合理的な期間内」にその是正を行わなかったと言える場合に初めて「違憲」としている。もっとも、「違憲」と判断された場合、その選挙を「無効」とすることは国政に大きな混乱や損失を招くことになる。そこで最高裁は、選挙が違憲・違法であることを宣言するが、選挙を無効とはしない判断方法をとってきている（1976年には「事情判決」、2013年以降は「違憲状態判決」）。こうした判決方法については、やむをえないとする考えもある一方で、国会への実効的な影響力を持たない判決方法が定着してしまうことを心配する声もある。

2　裁判所に対する主権者のチェック

第79条　（1項略）

2　最高裁判所の裁判官の任命は、その任命後初めて行はれる衆議院議員総選挙の際国民の審査に付し、その後十年を経過した後初めて行はれる衆議院議員総選挙の際更に審査に付し、その後も同様とする。

3　前項の場合において、投票者の多数が裁判官の罷免を可とするときは、その裁判官は、罷免される。（以下略）

2-1　最高裁判所裁判官の国民審査

　裁判所の裁判官は、国会議員と異なり、選挙で選ばれるわけではない。しかし裁判所は国民の生活に関わるさまざまなトラブルを法的に解決する機関であり、とりわけ人権保障の最後の砦となる違憲審査権を託された部門だから、国民の権利を常に誠実に考える方向で「裁判官の良心」を発揮してもらわなければならない。

　このことを国民が見守り、最高裁裁判官の職にふさわしくないと思う者があった時には「不信任」の意思表示をすることができる、というのが「国民審査」の制度である。方法としては、衆議院議員総選挙の際にこの国民審査のための投票用紙が一緒に投票者に渡され、裁判官の名前の上に「×」をつけるようになっている。これで実際に罷免（解職）された裁判官はまだいない。

重要な裁判例	最高裁裁判官国民審査制度訴訟

最高裁 2022（令和 4）年 5 月 25 日判決

　2023 年 2 月まで、海外にいる日本人は、最高裁裁判官国民審査の投票ができなかった。一方で、国政選挙は、制度が改正され、

海外から投票することができるようになっていた。そこで、海外に住む日本人が、自分たちだけ権利を行使できない国民審査制度は、公務員を罷免する権利を保障した憲法に違反すると訴えた。

　最高裁は、原告が「次の選挙の機会に国民審査に参加できないのは違法だ」とする訴えを認め、さらに国会について、国政選挙は海外でも投票できるように改正したのに国民審査は長期間改正しなかった点でも「立法不作為」の訴えを認め、在外投票制度がない状態は憲法違反だとする判決を出した。

　法律が憲法違反だという判断を日本の裁判所が出すことは珍しく、この判決が戦後（日本国憲法制定後）でようやく11件目となる。

2-2　裁判員制度

　裁判員制度とは、法律専門職ではない一般市民が「裁判員」として裁判に参加する制度である。海外にも「陪審員制度」があり、国ごとに特色がある。日本では、刑事裁判の第一審にだけ、裁判員制度が導入されている（この制度については、本書第12章の中の「司法と裁判所」の項目も参照してほしい）。

　総務省や法務省の説明（パンフレットや公式サイト）を見ると、この裁判員制度を国民の参政権として説明し、国民の参加負担を呼びかけている。裁判員制度には、刑事司法のプロセスの中に《市民の目》を組み入れる点に大きな意義があると考えられるが、これを参政権として説明することは無理がある、との指摘も有力である。それは、この章で扱った選挙権、最高裁裁判官の国民審査、憲法改正の国民投票といった制度についてはすべて参加の自由（棄権の自由）が認められているのに対し、裁判員は原則強制で、個別の特殊事情に応じて免除が認められるものなので、これを《権利》と考えることは難しいのではないか、との理由による。

　この考え方から、裁判員制度を「意に反する苦役」だと主張する裁判も起きている。最高裁は、この制度は「意に反する苦役」にはあたらず憲法

に反しないとしている（最高裁2011年〔平成23〕年11月16日判決。本書第6章も参照）。

3　憲法改正国民投票

第96条　この憲法の改正は、各議院の総議員の三分の二以上の賛成で、国会が、これを発議し、国民に提案してその承認を経なければならない。この承認には、特別の国民投票又は国会の定める選挙の際行はれる投票において、その過半数の賛成を必要とする。
（以下略）

　憲法を改正する際には、国会で「総議員の3分の2」という特別多数による可決が求められるが、これだけでは改正は成立しない。国会はこの要件を満たした憲法改正案を国民に対して「発議」することになる。これに対して国民投票が行われ、投票数のうち過半数の賛成票をえることで、憲法改正が成立する。

　憲法改正を行うためのハードルの高さ（改正要件の厳しさ）は、憲法が国家の土台を定めるルールであることの重さを考えれば、必要なものである。改正の際の国民投票は、国民主権が最も直接に現れる場面として重大な意味を持つ参政権である。

　この改正に関する具体的な手続については、2007年制定の「日本国憲法の改正手続に関する法律（憲法改正国民投票法）」に定められている。[7]

　ただし、この厳しい手続をクリアして行われた変更であっても、この憲法を支える基盤となる部分を削除することは、「改正」の限界を超え、この憲法そのものを否定・破棄することになる。もしも国民がそれでもその《破棄》を選択した場合には、国民は現行の憲法に基づく「参政権」の行使を超えて、別の原理に基づく別の国家形態を選んだことになる。

　なお、この国民投票期間中、憲法改正への賛成を呼びかけたり反対を呼

びかけたりすることを「国民投票運動」と言う。この期間中にメディア上に意見広告を出すことについて、完全に自由とするか一定の規制をかけるかについては見解が分かれている。完全に自由とすると、資金力のある政党に有利となるため、多様な見解が人目に触れるためには一定の規制が必要ではないかという意見もあるが、2023年現在、規制は行われていない。

> ### column 1　　　　　　　　　政治参加を支える制度と「表現の自由」
>
> 　公職選挙法 第138条（戸別訪問）　何人も、選挙に関し、投票を得若しくは得しめ又は得しめない目的をもつて戸別訪問をすることができない。
>
> 　「表現の自由」は個人の人生にとって重要なだけでなく、民主的な社会・国家を作る上で欠かせない権利でもある。参政権や国務請求権の制度も、このことを前提として成り立っている。たとえばどの候補者に投票しようかと考えたり、何かの請願を提出するための署名を頼まれた時に、自分なりの判断をするためには、さまざまな社会問題について情報共有や意見交換が必要になる。つまり制度に沿った行動をする前提として、社会や政治に関わる話題についてのコミュニケーションが自由かつ活発に行われることが必要である。このことに照らして考えると、現在の選挙制度は、自由なコミュニケーションを規制しすぎていないか、ということが多くの識者から問題視されている。
>
> 　選挙に関する詳細なルールは、「公職選挙法」という法律で定められている。この公職選挙法では「戸別訪問」が禁止されている。
>
> 　「戸別訪問」とは、候補者またはその事務所に所属する応援者が有権者と話をするために各家庭を訪問することだが、これは選挙運動の自由（表現の自由）への過剰な制限であり、しかもメディアに広告を出すような大きな資金を持たない小さな団体や個人の立候補者にとって不利となる制限となってしまうことが指摘されている。

たとえばアメリカ初の黒人大統領であるオバマ大統領の選挙運動でも、黒人への投票を躊躇している人々と直接に話し合って支持をえるために、支持団体メンバーが多くの戸別訪問活動を行ったことが日常の報道で知られているが、日本ではこうした活動ができない。また、高齢や病気のために戸外に出にくい人々は、政治的コミュニケーションの機会が著しく狭められ、新聞やテレビなどのマスメディアからの情報を一方的に受け取るだけ、という状態に置かれている。

　どの問題も、選挙の公正性を守るために買収などの不正行為を防ぎ処罰することは必要であるにしても、正当に権利を行使する資格のある人々の投票の機会を封じてしまうのは本末転倒となってしまう。もっと人権制約の度合いの少ない別の方策はないのか、考える必要があるだろう。

　2013年にはインターネット上の選挙活動が解禁され、選挙運動の自由が一歩前進した。人々の関心とコミュニケーションの回路を開いていく方向としては、一歩前進したと言える。ここでは、更新禁止期間のことや未成年の書き込み禁止など、いくつか細かいルールがあるが、これがわかりにくいために人々の自由なコミュニケーションが萎縮することがないよう、ルールを定める側が十分に配慮する必要がある。

　ほかにも、学校教員や裁判官・警察官は選挙運動をすることが禁止されている。自分自身が有権者として投票することについては自由が保障されているが、自分の職業上の地位を利用して特定候補者や特定政党に投票するように呼びかける表現活動が禁止されている（公職選挙法 第136条〔特定公務員の選挙運動の禁止〕、同136条の2〔公務員等の地位利用による選挙運動の禁止〕、同137条〔教育者の地位利用の選挙運動の禁止〕、同137条の2〔年齢満十八年未満の者の選挙運動の禁止〕）。

　ただ、公務員がこれらの法令に反したという理由で懲戒などを受けた事例を見ると、業務中の活動ではない個人としての活動が

対象となっている場合があり、法律の本来の趣旨を超えて、そこまでを禁止したり懲戒の対象としたりするのは行きすぎではないか、との指摘が多い。

　現在では、公職選挙法上も、民法上も、18歳以上の人が成人である。したがって高校生でも18歳以上になれば選挙運動に参加することができる。学校や地域によっては、校則や慣例によって18歳の生徒の政治活動を抑制している例も見られるが、憲法の趣旨からは、健全な政治参加は可能な限り自由にする方向が望まれる。

第2節　国務請求権

　国に新たな法律の制定を求めたり、現在ある法律の廃止や改正を求めたい時、どんなルートがあるだろうか。この章の冒頭ではアートランドの出来事にたとえて考えてみたが、今度は日本国憲法上の制度と権利に即して整理してみよう。

1. 参政権ルート：自分が立候補する、あるいはこれと思う人物や政党に投票する。
2. 請願のルート：現職の議員や行政窓口への請願。
3. 政府や自治体が募集する「パブリック・コメント」への投稿。
4. 市民運動のルート：メディアや各人の表現活動で世論を形成する。
5. 裁判のルート：国に憲法違反や違法行為があった時の憲法訴訟や国家賠償請求訴訟など。

　ある法律の制定や改廃が、上記の何らかのルートを通して、「案」として国会に提出され、審議を経て可決されたとする。その施行後、行政による執行や裁判所の適用によって、国民はその影響を受ける。その結果、「こ

ういう方向を求めたわけではなかったんだが」「私はもともとこの方向への変化には反対だったので、引き続き反対したい」と感じる人もいるかもしれない。その時はまた、最初のサイクルに戻って、政策（法律）の改廃を自分たちで考え、国政に働きかけることになる。民主主義の社会と国家においては、国政と主権と人権をこのように終わりのない試行・改良の循環（サイクル）としてとらえることが必要である。各種の参政権や国務請求権は、とくにこのサイクルを支える権利である。

　参政権に続いて、ここからは「国務請求権」を見ていく。

　国が行うべきさまざまな仕事を、「国務」と言う。この「国務」のうちいくつかのものは、国が自動的に行うのではなく、国民からの請求があって初めて行われる。この国務の実行を求める権利が「国務請求権」である。憲法上明記された国務請求権には請願権（第16条）、国家賠償請求権（第17条）、裁判を受ける権利（第32条）、刑事補償請求権（第40条）がある。これらは「人権を確保するための人権」という性格を持っている。「受益権」とも言われる。

1　請願権

　第16条　何人も、損害の救済、公務員の罷免、法律、命令又は規則
　　　の制定、廃止又は改正その他の事項に関し、平穏に請願する権利
　　　を有し、何人も、かかる請願をしたためにいかなる差別待遇も受
　　　けない。

1-1　保障される内容

　国政や地方自治が扱っている事柄について、公務担当者に要望を伝えたいと思った時に、平穏な方法でこれを伝えることができるという権利である。請願を受けた官公署などは、請願に対し誠実に処理する義務を負う（請願法 第5条）。公権力が請願をした者を不利益に扱ったり、請願を萎縮さ

せるような圧力を加えることは許されない。

　現在では、こうした消極的な意味を超えて、国民の生きた声（要望）を政府に届け、気づきを促すという観点から、請願活動（「ロビー活動」とも呼ばれる）を積極的に行おうとする議論も活発になっている。

1-2　課題と裁判例

　請願権の権利内容（国その他の公の組織がこれに応じて負う義務）は、請願を受けたら誠実に処理する、というものにとどまる。国や自治体に請願内容を実現するように法的拘束を課すことまではできない。それでも議会や行政に一定の気づきを促すという意味では、政治に参加する手段としての意義があり、参政権を補う価値を持つ権利と考えられる。

　こうした権利保障の趣旨からは、国家や公的な組織が請願者を心理的に圧迫する質問調査を行ったり、後から考えを変更させるように働きかけることは許されない。請願を提出する前提として、一般市民に向けて署名を募る署名活動を行うことは、「表現の自由」の保障を受ける。

　近年の代表的な事例として、「関ケ原訴訟」がある。ある町の小学校の統廃合について反対する人々が署名活動と請願を行ったことについて、この町の町長が、署名者に対する戸別訪問調査を行った。調査では本人が署名したかどうかの確認や、この考えに今も変わりないか、などの立ち入った質問も行われた。請願を行った市民は、この調査を憲法違反として提訴した。裁判所は、署名行為も署名活動も「表現の自由」および請願権によって保障された活動であり、憲法第16条には請願を実質的に萎縮させるような圧力を加えることは許されないとの趣旨が含まれる、と述べた。そしてこのような戸別訪問調査は、原告らの請願権、「表現の自由」「思想良心の自由」「プライバシー」を侵害したと判断した（一審：岐阜地裁2010〔平成22〕年11月10日判決、二審：名古屋高裁2012〔平成24〕年4月27日判決）。

2　裁判を受ける権利

第32条　何人も、裁判所において裁判を受ける権利を奪はれない。

2-1　保障される内容

　裁判を受ける権利とは、司法機関（裁判所）に権利・自由の救済を求める権利を言う。また、裁判所以外の機関から裁判されないことを言う[*8]。このことの前提として、裁判所は、憲法第76条以下の規定によって、政治権力から独立した公平な判断を行うように要請されている。とくに違憲審査制を採用した日本国憲法の下では、個人の基本的人権の保障を確保する上で不可欠の前提となる権利である。

　裁判を受ける権利を「奪はれない」とはどういうことだろうか。

　まず、民事事件や行政事件では、国民が適法に提起した裁判を裁判所が拒絶することは許されない[*9]。

　また刑事事件では、犯罪の嫌疑をかけられた者は、裁判所の判決によらなければ刑罰を科せられない。刑事事件では、この保障を確実にするため、「公開裁判」を受ける権利が第37条1項で重ねて保障されている。

2-2　「立法不作為」を問う裁判

　国が人権保障のために必要な制度を実現するには、まず立法が必要となる。これは国の重要な仕事であり任務だが、その制度作りが実現しないまで放置されている時、これを国の立法不作為と言う。今の日本の制度の下では、このような立法不作為がある時に、国の施策を求めるために裁判を起こす方式が定められておらず、選挙に参加することで政策の変化を期待するという民主主義のルートがあるだけだが、これでは切実な人権救済が必要な人にとっては時間がかかりすぎる。そのため、「裁判を受ける権利」の趣旨と「国家賠償」の制度を組み合わせて、国の「不作為」―必要な仕事をしていないこと―を裁判所が「違憲」または「違憲状態」と判断

し、国に立法を促す方法がとられている。

とくに生活保護制度に不備があるとか、医療制度に不備があって法律改正が必要なのに行われていないなど、「社会権」の領域の人権保障を求める時に、この「立法不作為」の訴訟が起こされる。

3　刑事補償請求権

第40条　何人も、抑留又は拘禁された後、無罪の裁判を受けたときは、
　　　法律の定めるところにより、国にその補償を求めることができる。

憲法第40条は、刑事手続において抑留・拘禁された被告人が無罪の判決を受けた場合に、被告人の被った損失を金銭で補うための刑事補償請求権を定めている。私たちは、刑事事件（犯罪）の解決のために身柄を拘束され、社会活動が行えない状態に置かれると、さまざまな損害を受けることになる。結果的に有罪の判決を受けた時には、この損害は当人が甘受すべきものとなるが、無実にもかかわらず疑いを受けた者や、国家の側に証拠不十分または違法な活動があったために無罪判決を受けた者は、身柄拘束によって受けた損失について国家から補償を受けることができる。

これは、違法な捜査や裁判を行ってもあとで補償をすればよいという規定ではなく、国家が第31条から第39条までの「法の適正手続」を遵守することが前提である。日本ではとくに深刻な「冤罪」問題が数多く起きている。

刑事補償は、無罪判決が下ると、警察、検察、裁判所に違法性や故意・過失があったかどうかとは関係なく、身柄を拘束されていた日数に一定の金額をかけた金額を支払う制度となっている。実際には本人が仕事を妨げられた実情よりもかなり低い額になると言われている。また、精神的損害や失職したことの財産的損害は考慮されない。この部分は本来、国家賠償によって損害賠償が支払われるべきものだろう。しかし再審無罪になった

事件で国家賠償が認められたケースはまだない。

　冤罪問題を起こさないための改善と、万が一起こしてしまった時の誠実な金銭補償とを、ともに実現することが求められている。

4　国家賠償請求権

....

　第17条　何人も、公務員の不法行為により、損害を受けたときは、
　　　　　法律の定めるところにより、国又は公共団体に、その賠償を求め
　　　　　ることができる。

....

　憲法は、公務員の不法行為によって損害を受けた国民に対して、国に損害賠償を請求する権利を保障している。この国家賠償請求権を具体化するために、国家賠償法（国又は公共団体が起因する損害を賠償する法律）が制定されている。

　第17条の国家賠償請求権や第40条の刑事補償の規定は、日本では日本国憲法制定の時に新しく取り入れられた制度である。国家も間違う時があることを正面から認め、その時にどうするかについて定めた規定を入れたことは、健全な統治のあり方である。

　第17条に基づく国家賠償制度は、公務員がその業務中に、民法の不法行為にあたる違法行為によって一般人に損害を与えた時には、国や自治体が責任を負うということであり、損害を受けた人は国や自治体に損害賠償を請求できる。個別の公務員だけでなく、国がとってきた医療政策そのものが人権侵害であったとして国の責任が認められた例（ハンセン病訴訟・熊本地裁2001〔平成13〕年5月11日判決）、法令が違憲とされた例（「郵便法事件」最高裁2002〔平成14〕年9月11日判決）もある。

　ところで、日本には、国の行為を憲法違反に問う裁判（憲法訴訟）を直接に提訴できる制度がない。そこで、国や自治体の憲法違反について提訴したい人は、この国家賠償法を通じて憲法違反の判断を求めるか、行政訴

訟を通じて国や自治体の行為を差し止める判断を求めることになる。この国家賠償法を通じて国の憲法違反を問う方法については、裁判所自身が、門戸を狭める方向と認める方向の両方で揺れている。この揺れが見て取れる裁判として、2023年に「請求棄却」の最高裁決定となった安保法制違憲訴訟（2023〔令和5〕年9月6日決定）や、「請求棄却」の最高裁判決となった臨時国会不召集違憲訴訟（2023年〔令和5〕年9月12日判決）がある。

*註

1　投票に関する制度やルールについては、総務省ホームページに一般向けの説明が掲載されている。

2　映画『選挙』（想田和弘監督、2007年）は、このギャップを考えさせてくれるドキュメンタリー映画である。

3　この判決後、国会でもこの制度を実現する施策が行われた。現在、総務省や外務省のホームページに手続に関する案内が掲載されている。

4　「マクリーン事件」。これについては第11章の中の「外国人の人権」を扱った項目を参照。

5　「ヒッグス・アラン事件」　最高裁1993（平成5）年2月26日判決や、最高裁1995（平成7）年2月28日判決など。

6　公職選挙法（別表）で具体的な数字が定められている。

7　2007年に制定、2010年に施行。投票権者は18歳以上の日本国民（第3条）。憲法改正案ごとに一人一票の投票を行う（第47条）。投票用紙にあらかじめ印刷された「賛成」または「反対」の文字のどちらかに〇をつける方法となる（第57条）。総務省ホームページに国民投票の一般向け解説がある。

8　「裁判を受ける権利」については、松井茂記『裁判を受ける権利』（日本評論社、1993年）を参照。

9　裁判（訴訟）には民事・刑事・行政の三種類がある。おおまかに言って、民事訴訟は借金の返還や離婚・相続など、民法を中心とした「民事」に関する訴訟、刑事訴訟はいわゆる「犯罪」を扱う訴訟、行政訴訟は国家や自治体に対する訴訟のことを指す。

第4章　表現の自由

　アートランドでは、「表現の自由」は第一に重要な権利である。この国の社会契約書（憲法）の最初の人権条項には、こう銘記されている。「あらゆる表現の自由は、最大限に尊重される。表現者は、表現の自由を守るために、強くならなくてはならない。国家は、表現の自由を、コワレモノを扱う慎重さで尊重しなくてはならない。」

　アートランドでは、自分の表現について「これは芸術作品だ」と公言することは、当人の自由である。しかし同時に市民社会の側も、「これは芸術と言えるか」と議論する自由があるので、自分の作品を「芸術作品」として公表した者は、手厳しい批評の対象になってもめげないように、覚悟をしておかなければならない。そういう市民同士の言論の応酬に対しては、お互いに萎縮せずタフでなければならないのだ。

　一方で国家が表現に介入する法律を作る時には、コワレモノの札が貼られた段ボール箱を扱う運送業者のように、細心の注意を払わなければならない。国家はその段ボールの中身について、原則として（危険物が入っている疑いがある場合を除き）詮索したり格づけしたりしてはいけない。すべての段ボールを、「大変な価値のある芸術作品が入っているかもしれない、その価値が認められるのは100年後かもしれない」と考えて、慎重に扱うことが求められている。

　現実の世界の歴史を見ると、芸術や文学は、そのような形でその「自由」が大切にされてきたとは言えず、さまざまな歴史の反省を抱えている。日本もそうした歴史を多く抱え、その反省が日本国憲法に織り込まれている（本書第1章を参照）。

　人権は、その性質に応じて大別すると、参政権、自由権（精神的自由、

人身の自由、経済的自由）、社会権、国務請求権（受益権）、平等権に分類できる。本書ではまず「国民主権」に直結する「参政権」から入ったが、この参政権は主権者(有権者)の高度な判断を国政に伝えるものなので、「表現の自由」をはじめとする「精神の自由」と切り離すことはできず、常にセットで考える必要がある。

第1節　表現の自由の価値と弱さ

第21条　集会、結社及び言論、出版その他一切の表現の自由は、これを保障する。
2　検閲は、これをしてはならない。通信の秘密は、これを侵してはならない。

1　「一切の表現の自由」

「表現の自由」は、人間本来のあり方にとっても、民主的な社会にとっても、欠くことのできない重要な権利である[*1]。その保障は、すべての表現に及ぶ。集会、演説、絵画、写真、本の出版、インターネットへの投稿、映画、演劇、音楽などあらゆる形態の表現が保障され、またこれらを社会に伝搬させる新聞、雑誌、ラジオ、テレビなどのメディアの自由も保障される。表現の送り手の自由だけでなく、受け手の権利である「知る権利」も保障されると考えられている。「一切の」という言葉には、価値のある表現・価値のない表現を国家が振り分けて選別することをせず、これから生まれてくるかもしれない表現ジャンル、表現媒体も含めてあらゆる表現のあり方について「自由」を原則とするという強い決意が表れている。

　現在ではインターネットの普及に伴い、各人がプライベートなコミュニケーションを超えて、広く不特定多数者に向けて表現を発信できるように

なっている。その結果、各個人が、表現主体としての自由を享受するとともに、その責任を負う場面が格段に増えてきている。トラブル回避のための規制が「表現の自由」そのものを窒息させることのないように、憲法が「一切の表現の自由」を保障していることの意味を十分に知っておく必要がある。

　まず「表現の自由」の保障の基本的な意味は、表現の内容や方法は表現者の「自由」に委ねることとし、国家が妨害、強制、内容操作などの介入をしてはならない、ということである。国民の側から言えば、これらのことに対して国家に「No！」と言える権利である。自由権はこうしたネガティブな保障の仕方を基本とするので、消極的権利という言い方もされる。表現の内容の善し悪しに国家が介入することは許されず、国家が表現内容に踏み込んで規制するとすれば、犯罪の教唆など強い必要性のある事柄に限られ、規制が必要と認められる場合でも、その規制方法は必要最小限度のものでなくてはならない。

2　検閲の禁止

2-1　検閲の絶対的禁止

　「表現の自由」の保障の基本的な意味は、国家が妨害、強制、内容操作などの介入をしてはならない、ということである。表現への国家による妨害・介入の最も極端な形が、「検閲」である。

　表現物の内容をその公表に先立って国や自治体の機関（公権力）が閲覧し、公表の可否を審査することを「検閲」と言う。公表の条件として内容の部分的削除や訂正を求めたり、指示どおりの言葉を加筆するよう求めたりする内容介入も「検閲」の過程で行われてきたことなので、これも憲法の禁止する内容に入ると考えるべきだろう。日本国憲法は、戦前の日本が行ってきた言論弾圧の深刻さを反省し、「検閲」を絶対的に禁止している。

　ここで言う検閲は公権力によって行われるもののことで、放送業界や映画業界、ゲーム業界などが自発的に団体を作って事前チェックや年齢制限指定を行うこと（いわゆる放送コードや映倫のレーティングなど）は、こ

空爆開始から 10 日、再開された市場に落とされた爆弾で約 60 名の市民が殺された。戦
時下の市民は嘆きの言葉すら奪われる。　　　　　　（2003 年 3 月 バグダッド、イラク）

　　　　　　　　　　　　　　　　　　　　　　　　　　　　　写真：豊田直巳

こには含まれない。

表現物の税関検査や教科書検定は、公権力による介入という意味で、憲法が禁じる「検閲」にあたるかどうか。最高裁は、これらは「検閲」にはあたらないとしているが、疑問視する見解も多い。

何が「検閲」にあたるかというところで、最高裁は、「検閲」の定義をかなり絞り込んでいる。1984年の「税関検査事件」では、最高裁は「検閲」を《行政権が主体であること、思想統制であること、網羅的・一般的な禁止であること、事前規制（発表前の審査、禁止）であること》と狭く限定した上で、税関検査は思想内容の規制ではない、また、表現者は海外で発表の機会を与えられているから輸入を禁止しても事前抑制にあたらない、といった理由によって税関検査を合憲としている[*2]。

2-2　事前抑制・内容規制の原則禁止

事前抑制　ある制度が検閲にあたらないとしても、事前抑制として「表現の自由」の侵害にあたらないか、という視点から引き続き厳格な検討が求められる。「表現の自由」保障の趣旨からは、表現内容の善し悪しは市民の判断に委ねられるべきもので、名誉毀損にしてもプライバシー権侵害にしても、まずは社会に出したあとで、被害を受けた者が訴え出るのが原則である。表現が社会に出る前にそれを抑え込むことは、絶対に禁止ではないとしても、よほどの必要性のある例外的な場合でなければ認められない。

裁判所は「北方ジャーナル事件」で、名誉毀損にあたる出版物の事前差止めの仮処分は事前抑制にあたり、「表現の自由」に対する強度の規制となるため原則として許されないが、本件の場合は被害者が重大で回復不能な被害を蒙るおそれがあることから、事前の差止めを行ったことは憲法第21条2項に反しない、とした[*3]。

内容規制と時・場所・方法の規制　「表現の自由」の趣旨から考えれば、公表前・公表後にかかわらず、表現内容に対する規制は原則として許されず、深刻な被害の現実的な危険を防止するために、強い必要性が認められる例外的な場合でなければ許されない。

この点からは、表現の内容に着目して規制をしている性表現規制が問題とされてきた。また、とくに悪質度の高い差別表現である「ヘイトスピーチ」についても、規制法を定めるとしたら内容への規制となるため、その必要性が厳格に吟味されなくてはならない。

これに対して、表現内容そのものに着眼する規制ではなく、表現の時間や場所や方法についての規制は、やや緩やかに認められる。たとえば性表現や暴力表現についても、社会に出すことそのものを禁止・処罰するような規制ではなく、売り場や映画館での注意表示を義務づけるなど、社会に出す方法を規制する場合には、内容規制そのものよりも規制が認められやすい傾向がある。

3　通信の秘密

3-1　プライベートな通信

憲法第21条2項後段で保障されている「通信の秘密」は、「表現の自由」の一内容であることはもちろん、個人の生活の内部まで踏み込まれない自由（プライバシー）にも関連する重要な権利である。

ここで言う「通信」は、封書などの信書、電信・電話、インターネット上の個人間のメールなどである。この領域では私的自由が徹底保障され、公権力の干渉は完全に排除される。

通信に関わる各種事業者を規制する法律では、この趣旨を受けて、検閲の禁止や秘密の保護を定めている（郵便法、電気通信事業法など）。

通信の秘密が侵害される極端な形態として、盗聴がある。電気通信事業法は第179条で、電気通信事業者がこうした行為を行った場合には処罰することを定めている。ただ犯罪捜査における警察官による盗聴はこの原則の特殊な例外とされ、強い必要性・緊急性のある場合に限り認められる[*4]。

3-2　公共空間における通信

同じ通信技術の上に成り立っているコミュニケーションであっても、不特定多数の人間を対象とするもの（ネット空間での公開表現）は、一般社

会の表現の自由と同じように扱う。ただ、出版・放送メディアとネットプロバイダでは、次のような違いがある。

　インターネット接続サービスを提供する電気通信事業は、放送事業と異なり、他人の通信の伝達路となることが本来の役務で、自ら表現活動を行うことは本来の役務ではない。そのため、インターネット上で名誉毀損やプライバシー権侵害や著作権侵害などの権利侵害問題が起きた時、責任を負うのは表現発信者（ユーザー）となる。しかし、こうした情報を媒介しているインターネット・サービス・プロバイダも、表現の「場」を提供したことに対する責任が同時に問われる場合がある。

　このような場合、プロバイダがこれに介入するべきか、放置するべきか、という法的ジレンマを解決するために、「プロバイダ責任制限法」が定められた。[*5]

4　表現の自由の意味—価値と弱さ

4-1　個人の人格的存在を支えるものとして

　「表現の自由」はなぜ大切な権利なのか考えてみよう。20世紀に入ると、人間の精神の成り立ちに関するさまざまな研究が進み、人間の精神・人格と言われるものは、各人に最初から「ある」ものではなく、他者とのコミュニケーションによって形成されていくものだ、ということが明らかにされてきた。ある人が、自分らしい人生を生きている《主体》だと言えるためには、そうした未完の人格形成過程の中で、自分なりの判断力を持って社会に流通する多様な情報を受け止め、表現し、それぞれの自己決定を行っていくことが必要である。「表現」は、それぞれの個人の人格形成と発展、そして自己実現のために、不可欠のものとして重要視されている。

4-2　社会にとっての価値

民主主義を支えるものとして　私たちは民主主義の社会に生きている。この民主主義は、形式的には、参政権と選挙制度と議会における発言の自由のルールが整備されていることを内容とするが、実質的には、それでは足り

ない。選挙で国民が何らかの選択をする時には、十分な情報をえる必要が
あるし、他者と政治的問題について話し合う自由も必要である。その意味
で「表現の自由」は、民主主義を支える不可欠の前提条件と考えられている。

共存と発展、暴力克服の道　人間は、生きるために社会を必要とする。そ
ういう人間たちが社会的弱者として一方的に圧迫されたり、暴力的な紛争
に陥ったりせずに共存するためにも、「表現の自由」は必要である。新た
な知識や社会問題の発見は、伝達され共有されなければ、埋もれてしまう。
その伝達ルートを「表現の自由」によって開いておくことで、暴力によら
ない問題共有と問題解決、そして社会の発展が可能になる。

4-3　デリケートな権利

　「表現の自由」が裁判で厳格に審査されるのは、その価値に加えて、そ
れがとくに壊れやすい弱い権利であるため、国に《取り扱い注意》が求め
られているからである。
　もしも何かの意見表明をしたことで、刑罰を受けるとか就職できないと
かいった不利益があれば、人々はそんな不利益を被ってまで表現をしよう
とはしなくなる。「表現」については、人々がとくにその不利益について
敏感になって表現を自粛してしまう傾向がある。これを「萎縮効果」と呼ぶ。
　国は「表現の自由」のこの弱さ、デリケートさを考慮しなければならず、
表現への萎縮効果を生むような法律の制定や解釈・運用をしてはならない、
と考えられている。

5　表現の自由の限界─「公共の福祉」

　権利の保障には、一定の限界がある。
　憲法第12条、第13条には、権利を「濫用してはならない」こと、国民
は権利を「公共の福祉のために」利用する責任があること、国民の権利は
「公共の福祉に反しない限り」「最大の尊重を必要とする」ことが書かれて
いる。この二つの条文は、憲法上の権利の全体に及ぶ一般原則と考えられ

ているので、「表現の自由」にも「公共の福祉に反しない限り」という限界が当てはまる。

　ただ「表現の自由」の場合には今見てきたような価値と《取り扱い注意》の考え方があるために、国家が課した制限が憲法違反の疑いを受けた時には、裁判所が国家に対し厳しい姿勢でチェックを行う（憲法第22条、第29条の「経済活動の自由」への制限は、これより緩やかな姿勢がとられている。この違いを「二重の基準」と言う）。

　「公共の福祉」（第12条、第13条）は、社会の中で共存するさまざまな他者の権利を尊重し、他者の権利を侵害したり他者の権利と衝突したりする部分については、権利の限界を定めたり調整したりする、という考え方を表したものである。「表現の自由」が「公共の福祉」の制約を受ける、という場合には、その内容として、もっと具体的に他者のどの権利を守る必要があってそのような制約が設けられるのか、ということが理にかなった筋道で（合理的に）説明できるものでなくてはならない。以下では、その内容を見ていこう。

---

column 2　　　　　　　　　　　　　　　　　　　　　　　芸術の自由

　芸術表現は、日本では、個人の自己実現の側面から見られてきたように思われる。しかし芸術表現は多くの人に感銘を与え、社会を動かす力を持ってきた。歴史を見れば、多くの国が芸術の持つそのような力に着目して、芸術を利用したり統制しようとしたりしてきたのだから、芸術表現の自由も、もっと社会的価値の側面から光を当てて考察する必要があるだろう。

　たとえばドイツでは、第二次世界大戦中のナチス・ドイツやそれ以前の国家権力が芸術を統制してきたことや、芸術の利用を通じて一般市民の心理を操作してきたことを反省し、そのようなことがないように、憲法に「芸術の自由」という条項を定めている。日本の憲法にはそうした条文はないが、憲法第21条の「一切の表現」の中には当然に芸術表現も含まれる。

芸術家を誤った国策に巻き込む出来事が、第二次世界大戦時の日本やドイツでは多く起きた。戦争を正当化し、国民の結束を強め士気を煽るために戦争を美化して描くこと、対戦国の外国人をことさらに悪鬼のように描くことなどが、多くの画家や映像作家に強要されたのである。作家たちの中には、自分の作品が国に認められることに誇りを感じて依頼に応えた者、要求に応えなかったために逮捕・処罰を受けた者、そうした扱いを受けるおそれから要求に応えた者などがいた。戦争協力をした作家たちは、戦争終了後、厳しい社会的非難を受けたり、内面に激しい良心の呵責を抱えて苦しむなど、困難を背負うことになった。ドイツの映像作家・レニ・リーフェンシュタールや、日本の画家・藤田嗣治はその代表例だろう。[*6]

　このように、芸術表現に国の政治目的が介入してくることは、作家に対しても、その影響を受ける国民に対しても、本来あるべき芸術や社会コミュニケーションを大きく歪めてしまうものであるため、現在の「表現の自由」の保障内容から考えれば、あってはならないことである。[*7]

　現在では、第二次世界大戦時にあったようなあからさまな芸術統制は行われていないが、もっと現代的な形で似たようなことが起きていないか、考える必要がある。国や自治体が行う文化・芸術支援の中に、国や特定の政治家の価値観に合わせるように求める同調強制が入っていないか、政治的メッセージ性を持った芸術表現や政治的有力者の好みに合わない作品を排除することでそういう同調強制をしていないか、芸術の社会的価値を封じるような選別が行われていないか…。

　この点から見ると、富山県立近代美術館（現 富山県美術館）および沖縄県立博物館・美術館で起きた「天皇コラージュ事件」には、さまざまな憲法問題が凝縮されている。富山県立近代美術館では、展示された作品に対して一部の議員が不快感を表明したことから、民間人の激しい抗議行動が起き、公立美術館が作品を「非

公開」「絵画売却」「図録焼却」処分とした。これについて芸術作品への扱いを疑問視する市民が訴訟を起こした（名古屋高裁金沢支部2000〔平成12〕年2月16日判決）。

　また、芸術祭「あいちトリエンナーレ2019」での「表現の不自由展」や、その後に市民企画イベントとして行われた「表現の不自由展」に対して起きた業務妨害や脅迫事件も深刻である。これらの出来事が日本で立て続けに起きていることを考えると、日本では「芸術の自由」の歴史と意味が十分に理解されているとは言いがたい。憲法第21条「表現の自由」と憲法第13条・第25条から導き出される「文化享受の権利」にまたがる問題として、取り組みが必要とされる問題である。[*8]

第2節　表現の自由と人格権

　表現活動が他者の権利を侵害する場合には、その表現に一定の制約がかかる。表現の自由と衝突する「他者の権利」のうち、最も代表的なものは、人格権と呼ばれるグループに属するいくつかの権利である。[*9]

　人格権は、憲法第13条「幸福追求権」の中の重要な一内容と考えられており、具体的には、名誉権、プライバシー権、肖像権などが含まれる。以下ではとくに表現者にとっての実践的関心として、「表現の自由」と主要な人格権が衝突する問題を見ていこう。

1　名誉毀損

1-1　名誉権

　個人各人は、自分の名誉（社会的信用）を守る人格的権利としての「名誉権」を持っている。これは本人の主観的な自己評価ではなく、社会に何らかの形で認められている客観的評価を言う。これを害する表現を、名誉

毀損と言う。*10

　たとえば画家や音楽家を名乗る人は、「あの作品は本人の創作でなく盗作だ」と言い立てられてしまったら、「名誉」を害されたと言える。しかし自分では卓越した芸術家だという信念を持っている人が、「独創性はない」との批評を受けた時、法的な「名誉毀損」の問題にはならない。人の噂や報道によって生じる「風評被害」も、この「名誉毀損」にあたるかどうかが問われることになる。

　名誉毀損には、刑法上のものと、民法上のものとがある。

1-2　名誉毀損が成立する場合とは—刑法上の名誉毀損罪

刑法　第230条　1項　公然と事実を摘示し、人の名誉を毀損した者
　　は、その事実の有無にかかわらず、三年以下の懲役若しくは禁錮
　　又は五十万円以下の罰金に処する。（以下略）

　名誉毀損罪がどのような場合に成立するか（構成要件）を、条文に沿って考えると、次のようになる。

1.　「事実」を指摘する内容を、「公然と」表現した。
2.　これによって人や企業の社会的評価を傷つけた。
3.　この場合には、その表現内容が真実であれ虚偽であれ、名誉毀損罪に問われる。

　ある店の料理の味付けが自分の好みに合うかどうかなど、自分の主観（意見や感情）を述べた場合には、1の「事実の摘示」にはあたらない。しかし衛生管理に不備があるとか、経理に不正があるという話は事実情報となるので、名誉毀損の問題になる。少人数の友人と内輪でそんな陰口を言っている程度ならば、「公然と」にはあたらないので、法的には名誉毀損にはあたらないが、この話をインターネット上の公開の場に投稿したり、駅

前でビラを配ったりすれば、「公然と」にあたる。

　2についてみても、このような情報を流されたら、その店の社会的信用は落ちてしまう。このような時、その店は、そのような情報を流した人に対して、法の力を借りてその行為を止めさせることができる。この場合、3にあるとおり、その情報が本当の話だったとしても虚言だったとしても、こうした表現は名誉毀損罪の成立を免れない。

　ただし、これには特例があり、次の条文に該当する場合には名誉毀損罪とはならない。

　刑法　第230条の2　1項　前条1項の行為が公共の利害に関する事実に係り、かつ、その目的が専ら公益を図ることにあったと認める場合には、事実の真否を判断し、真実であることの証明があったときは、これを罰しない。（以下略）

　「公共の利害に関する事実」とは、国政や地方自治の統治に関わる事柄や、災害情報など国民・住民の安全や環境に関わる事柄である。こうした情報を「公共情報」と言う。その情報公表の目的が、いじめ・嫌がらせなどではなく、「公益を図ることにあった」、つまり社会のためであった、ということも必要である。

　上記の二つの要件が満たされた時、公表された内容が真実であった場合に限り、名誉毀損罪は成立しない。メディアによる報道が名誉毀損で訴えられたケースでは、多くの事例でこの「真実性」が証明できるかどうかが争点となる。

　なお、この「真実性の証明」をあまり厳格なものにしてしまうと、いわゆる疑惑報道ができなくなってしまい、報道活動が萎縮してしまう。そこで実際の裁判では、この「真実性」は、「その事実を真実と信じるにつき相当の理由（根拠）があったこと」が証明されれば足りる、と考えられている。

1-3　民法上の名誉毀損

> 民法　第709条　故意又は過失によって他人の権利又は法律上保護される利益を侵害した者は、これによって生じた損害を賠償する責任を負う。
>
> 　　　第710条　他人の身体、自由若しくは名誉を侵害した場合又は他人の財産権を侵害した場合のいずれであるかを問わず、前条の規定により損害賠償の責任を負う者は、財産以外の損害に対しても、その賠償をしなければならない。
>
> 　　　第723条　他人の名誉を毀損した者に対しては、裁判所は、被害者の請求により、損害賠償に代えて、又は損害賠償とともに、名誉を回復するのに適当な処分を命ずることができる。

　名誉権という法的権利が存在することについては、民法第710条に「名誉」の明文があるので、争いはない。したがって、名誉毀損は民法第709条で言う「他人の権利の侵害」として扱われる。

　ある表現が名誉毀損にあたるかどうかは、先に見た刑法の判断を、民事裁判にも当てはめて考える。名誉毀損にあたると判断された場合には、加害者は損害賠償金を支払うことになる。これに加えて裁判所が民法第723条に基づいて「名誉回復」を命じる場合もある。新聞・雑誌の紙面に名誉毀損に関する「謝罪広告」が載ることがあるが、これは多くの場合、この命令によって行われている。

　ところで民法には、刑法第230条の2のような、公共情報について名誉毀損の成立を免れるとする規定がない。しかし人々の「知る権利」に応える公共情報の提供をするために多額の賠償金を支払わなくてはならないとすると、萎縮が生じ、「表現の自由」の趣旨が生かされない結果になる。そこで刑法の規定の趣旨を民法にも生かす道がとられ、刑法第230条の2にあたる場合には民法上の名誉毀損も成立しないこととなっている。

　近年では個人によるSNS上の誹謗中傷が名誉毀損に問われる場面が増

えた。また、「論評・意見」に属する発言内容であっても、人を著しく侮蔑する悪質な発言の場合には「名誉感情」の侵害が認められるようになってきた。こうした事例の中でも、公共性のある話題か、発言者に相当の根拠があると言えるか、ということが問われるものが出てきた。[11]

2 個人情報とプライバシーの権利

2-1 個人情報の保護

「個人情報」は、個人各人を特定したり、生活状況や来歴を確認したりするさまざまな情報のことで、個人の氏名、住所、電話番号、戸籍（結婚離婚歴）、家族構成、銀行口座番号や預金残高、納税額や資産状況、勤務先や所属団体、病歴などが含まれる。これらの情報を業務の目的上、集積し管理している機関（行政や自治体、学校、病院、金融機関、通信サービス関連企業などの機関）は、それぞれに、これらの個人情報を目的外に使用したり、本人の同意なく開示・流出させたりしないように保護することが義務づけられている（「個人情報の保護に関する法律」「行政機関の保有する個人情報の保護に関する法律」など）。

「個人情報保護法」の基本的な必要性と意義は憲法上是認されるものである。しかし「個人情報保護法」が制定されるまでの法案審議過程では、「メディア規制にならないか」など多くの問題点が議論された。また施行後も、取り扱い企業や機関のミスによる情報流出事件がいくつも起きており、課題が指摘されている。[12]

2016年からは、「マイナンバー法」が施行され、行政による個人の把握が一本化された。そのため、行政はさらなる管理責任と管理メカニズムを整備する必要がある。この必要性は2023年現在、マイナンバーカードと健康保険証を一本化させるという政府の方針についてさらに高まっており、専門家や医療関係者からの発言も続いている。

2-2 プライバシーの権利

創作活動とプライバシー　私たち各人は、自分自身に関する個人的な情報

や私生活の場について、不当な侵入や干渉を受けない権利を持っている。これがプライバシー権である。「プライバシー」という言葉は憲法や法律の明文上は出てこないが、人格権の中の重要な内容として、憲法第13条の幸福追求権に位置づけられるものとして認められてきた。

　プライバシー権とは、個人が秘匿している自己情報について、他者から不当に調査・開示・公表されない権利である。この権利を「保護する」というのは、調査・開示・公表を拒否できるし、意に反してそれらが行われた時には法的救済を求めることができるということである。

　まず1964年の「宴のあと」事件判決で、無断で小説のモデルとされた人について「私生活をみだりに公開されない法的保障ないし権利」としての「プライバシーの権利」が初めて認められた[13]。一方、小説「名もなき道を」をめぐる判決では、モデルとなった人物や出来事が作中でデフォルメされ、「芸術的に成功」し、一般読者にモデルと異なる人格であると思わせるに至っている場合には、プライバシー侵害にはあたらないという判断も示されている（「名もなき道を」事件判決[14]）。

　ここで認められたプライバシーの権利は、秘匿したい事柄（事実情報）について、意に反して他人によって開示されない権利ということになるので、その内容が本人によってすでに公表されている場合には、プライバシーの利益は放棄されたものとみなされる[15]。

報道・公共情報とプライバシー　先に見た事例では、創作を含む小説や映画が問題となっていた。では、事実を伝える報道の場合にはどうだろうか。

　報道は、本来、公共性のある事柄（公共情報）について広く社会に知らせる活動である。その社会的役割からすれば、報道の自由は可能な限り広く認められるべきである。公表前の情報を裁判も行わずに事前差止めとすることは、実質的な検閲となってしまうので、表現物が問題となっている時には、一度社会に出してから、権利侵害が実際に生じたところで事後救済を求めるのが原則で、差止めを公表前に行うのはよほどの場合に限られる。この点で、雑誌『週刊文春』に掲載された某政治家の家族に関する記事が、政治家本人（公人）ではない個人のプライバシーを侵害していると

して、裁判所から出版差止めの仮処分命令が出され、その直後にこの命令が無効と判断された事例がある。[16]

犯罪歴情報と時の経過　犯罪や裁判に関する情報は公共情報であり、その報道過程で被疑者や被告人の情報を媒体に出すことは、プライバシー侵害とはならないとするのが大多数の見解である（ただし逮捕段階での実名・写真報道については規制すべきとの説もある）。

　では、ここで報道対象となった人物が刑事責任を終えて一般社会に復帰したあと、あるいは、無罪判決を受けて裁判手続が終了したあと、その人物の犯罪歴に関する情報はプライバシー情報となるのだろうか、それとも引き続き公共情報として扱われるべきだろうか。

　日本では、個人の犯罪歴情報に関して、刑事責任を終えて社会復帰したあとの人物については、犯罪歴を秘匿する権利があるとして、この情報を第三者に開示した地方自治体を「公権力の違法な行使にあたる」と判断した裁判例がある。[17]また、モデルが実名で描かれているノンフィクション小説「逆転」が問題となった裁判では、裁判所は、刑事責任を果たし終えて社会復帰している人の過去の犯罪情報は、プライバシーに属するとの見解をとっている（ノンフィクション小説『逆転』事件）。[18]

法的救済―損害賠償と公表の差止め　プライバシー権侵害が認められた場合の救済方法については、まず民法第709条、第710条に基づく損害賠償がある。しかし原告が求めているのは金銭賠償よりも世間に知られたくない事柄が公開され続けている状態を止めてほしいという「差止め」であることが多い。しかし表現物に対する「差止め」は、よほどの場合の最後の手段であることが求められる。

　これについて、先に見た「宴のあと」事件判決は、損害賠償のみを認めた。が、2002年の「石に泳ぐ魚」事件判決では、問題の箇所を削除しないオリジナル原稿については「出版差止め」となることが確認された。[19]この判決については、法律家の間でも、妥当と見る見解と、出版差止めを認めるにあたっての理由付けや判断基準が不十分であるとして批判的に見る見解

とが分かれている。名誉毀損に基づく事前差止めが争われた「北方ジャーナル事件」の判決に準じるような、踏み込んだ基準を示した上での判断が必要だっただろう。

ところで、プライバシー侵害の問題には、多くの場合、その個人情報を知られることにより社会的に不利益を受けるから秘匿しておきたい、という当人側の理由があり、その背後には未解決のまま社会の中に残された偏見の問題が存在することが少なくない。「平等な社会の実現」を重要な憲法的課題とする社会においては、この問題に関する問いかけが封じられてしまうことは、大きな損失となる。「石に泳ぐ魚」事件は、このジレンマを明るみに出した裁判だった。

3　肖像権

3-1　ビジュアル表現の自由と肖像権

写真表現や絵画・映像などのビジュアル表現も当然に「表現の自由」の保護を受ける。同時に、他者の権利を守るために必要最小限の制約を受ける。「肖像権[20]」も、時に表現を制約することがある「他者の権利」の一つである。

肖像権とは、本人を特定できるような外貌情報を、意に反して利用されない権利である。無断の写真撮影や動画撮影を思い浮かべることが多いと思うが、肖像画のように本人特定性が出てくるレベルの絵画も、肖像権の対象となる。

これらの権利は、自分の顔写真を媒体などに載せてほしいと請求できる権利ではなく、「拒否できる」権利である。これは民事上の権利で、違反者を逮捕・処罰する根拠となるような刑事犯罪の規定ではない。

この権利の内容としては、① 意に反してその容貌などを撮影・描画されないこと、② 意に反して自己の肖像を公表・流用されないこと、③ 意に反して自己の肖像を営利利用されないこと、の三つが含まれる。
①意に反する撮影を拒否できることは、静止画像（写真）も動画も同じである。また、本人を特定できる写実度で描かれたものであれば、人の手

で描かれた肖像画であれ自動生成技術（AI）で生成された画像であれ、肖像権の対象となる。意に反して撮影・描画の対象となった人は、その時点でも、また事後にでも、この撮影行為を拒否することができる。

②公表についても権利者には拒否する権利がある。撮影したものを内輪で見て楽しむことには同意していても、出版物への掲載やインターネット上の公表には同意しない場合もある。

③最後の「意に反して営利利用されない権利」の部分は、「パブリシティ権」と呼ばれるもので、本人の氏名や肖像などの情報が商業的価値を持つ人物（芸能人やスポーツ選手など）の場合、これらを契約に基づかずに商業利用することを拒否できる権利である。[21]

3-2　肖像権の確立と意義

　肖像権もプライバシー権と同様、法律に明文規定はなく、裁判の中で生み出されてきた権利であり、憲法第13条「幸福追求権」の一内容である「人格権」の内容に含まれる。この権利が裁判上確立したことによって、これを根拠として民法上の損害賠償請求や差止めができるようになった。「表現の自由」の側から言えば、この肖像権と衝突した場合には、強力な制約を受ける可能性がある。その初期の判決で裁判所は、個人同士で撮る写真の場合について肖像権が保障されることを確認し、続いて警察など公権力との関係でもこの権利が保障されることを確認した。[22] 後者の事案は、警察がデモ参加者を無断で写真撮影していたことに関する裁判で、裁判所は憲法第13条（人格権）に基づく「個人の私生活上の自由」として、「何人も、その承諾なしに、みだりにその容ぼう…を撮影されない自由を有する」ことを公権力（国や自治体）との間でも確認している。[23] 公権力からの注視・監視を受けない権利という意味では、《政治的表現の自由》にも深く関わる権利と言える。

3-3　報道の自由と肖像権

　報道表現では、報道内容に関係する人物の写真が用いられることが多い。報道表現のうち、「公共情報」や「公人」に関わるものについては「報道

の自由」が優先されるという基本の考え方は、「プライバシー権」と同じ
である。一方で、公共性のあまりない私生活場面の写真報道については、
個人の肖像権が優先される、というところも、プライバシー権と同じ考え
方になっている。たとえば写真週刊誌『フライデー』が某有名作家の再婚
相手と噂される人物を無断で盗撮し掲載したことについて、裁判所が損害
賠償を命じた事例がある。[*24]

　裁判や犯罪に関する報道で、被疑者や被告人の肖像を媒体に出すことに
ついては、肖像権侵害とはならないと考えられている。しかし、過去に報
道対象となった人物が刑事責任を終えて一般社会に復帰したあと、その人
物の実名や肖像などの本人特定情報や犯罪歴は、引き続き公共情報として
扱われるべきだろうか、それとも本人のプライバシー権や肖像権が守られ
るべきだろうか。

　言い換えれば、犯罪・裁判のあった当時取材された本人情報や肖像は、
一定の時間がたったあとはプライバシー権や肖像権が発生し、媒体に掲載
されることを拒否できると考えるか、それとも、いつでも本人の許諾なし
に媒体に（再）掲載されうるものか、という問題である。これも、プライ
バシー権で解説したことと同じで、一定期間がたったあとは本人の権利保
護を優先すべきだと思うが、近年、性犯罪歴については意見が分かれてい
る。「忘れられる権利」の議論も参考にするべきだろう。

4　青少年の発達の権利

4-1　少年事件報道における「推知報道」ルール

　「犯罪」にあたる事件の実行行為者が一定年齢以下だった場合には、「少
年事件」と呼んで、一般の刑事事件とは異なる扱いをしている。これは少
年が発達途上の未熟な状態であることから、刑罰よりも保護矯正によって
健全な方向へ軌道修正をすることが優先されているからである。こうした
事柄は、「少年法」で定められている。

　この趣旨から、少年法第61条では、マスメディアが少年事件を報道す
る場合には、氏名、肖像など、本人を特定できる情報の報道（推知報道）

を行わないことを定めている。これは報道の自由にとっては制約になるため、国民が強い関心を示す凶悪犯罪の場合は、メディアの推知報道を認めるべきである、との議論があり、専門家の間でも意見が分かれていた。[*25] この議論を受けて2021年に、この推知報道禁止のルールに改正が入り、2022年に施行された。同じ少年犯罪でも18歳・19歳の時に犯した罪により公訴を提起された場合には、第61条ルールを適用しないというルールが追加された（改正少年法第68条）。つまりこの要件に当てはまる場合には、例外的に推知報道が解禁されたことになる。

4-2　有害情報からの「健全な発達」の保護

　性表現と未成年者（「青少年」「児童」）の関係についてはさまざまな法律・条例がある。これらの規制は、青少年の健全な発達の権利を保護するために、判断能力の未熟な本人に代わって、法律や条例によって有害情報を遮断するという考えに基づいている。

　青少年の健全な発達を守るために、青少年を性的虐待や不当な性的利用から保護することは必要なことである。しかし、そうであれば現実の虐待や利用を直接に防ぐことのほうが本筋であり、現実と「表現」とは異なるものなので、「表現の自由」に照らした考察が必要となる。

　現在ある法規制を見てみると、満18歳未満の者が性的表現の被写体となることは、当人の同意があっても、「児童買春、児童ポルノに係る行為等の規制及び処罰並びに児童の保護等に関する法律」によって禁止される（撮影・公表を行う者が処罰される）。また、インターネットとの関係では、「青少年が安全に安心してインターネットを利用できる環境の整備等に関する法律」が制定されている。また、各自治体でも青少年保護育成条例などによる制約が課され、「有害図書」に指定された図書の購入などが禁止されている。[*26] 近年ではとくに東京都の「青少年の健全な育成に関する条例」の第7条に漫画、アニメーション表現に対する表現規制が明記されたことについて、大きな議論となった。

　これらについては、子どもの保護（利益）に規制を求める大人と、当の子ども自身の自主性の尊重とのバランスが議論の対象となる。明らかに自

己決定能力のない幼年者を性表現の被写体とすることは、《現実の》性的虐待にあたるとみなして禁止すべきと考えられ、これを禁止することは憲法違反とは考えられていない。しかし、漫画やアニメーション、コンピュータ・グラフィックスに描かれた幼く見える人の画像に規制が及ぶことについては、憲法上問題ないと言えるかどうか、議論の成熟が待たれる。

第3節　表現の自由と民主主義

1　政治的表現の自由

1-1　アートランドの《No！》と《Do！》

　仮想国家アートランドでは、芸術家やデザイナーがいろいろな場所で、この国をどういう方向に持っていきたいか発言したり集会をしたりしている。幸いこの国には芸術表現を嫌う人はいないので、電柱や建物の外壁などの公共スペースはどれもアートの場として自由利用してよいことになっている。芸術表現の中に政治的メッセージを込めることも自由である。ただ、芸術としての真摯さに欠けるものや、人の人格を傷つける表現や差別表現については、一般市民が撤去を求める「NGシール」を貼ることがある。NGシールが多く貼られた作品は、撤去され、新しい作品に場を譲らなくてはならない。

　このNGシールは市民が自発的に使うもので、政府が使ってはいけないことになっている。そんなことがあれば市民は国に《No！》（余計なことをするな）と言える。公務員（議員や行政職員や裁判官）が公務中にこのシールを使うことも、禁止されている。

　価値のある作品がたまたまその時の市民に理解されなかった、ということもありえる。そこで行政が作品を撤去する時には、対象作品を撤去する前に、デジタルデータに記録する義務がある。市民は行政に対して、「過去に撤去された作品の記録を閲覧したい」「撤去決定のいきさつを記した議事録を閲覧したい」と情報公開請求をすることができ、行政はその請求

に応える義務がある。もしも「価値ある作品だったのに、間違った判断をした、復元してほしい」と思う市民の署名が一定数以上集まったら、議会はその請願について誠実に審議しなくてはならない。アートランドの行政は、そうした情報保存、情報公開、請願の受理、請願に基づく作品復元を、業務として行うことになっている。市民は、それについては国家に対して《Do！》（やってください）と言える請求権を持っている。

　残念ながらこれは架空の国の話で、日本には今のところ、上記のようなルールはない。さて、現実の日本国に戻って、日本国憲法のルールと現状を見てみよう。

　人権の保障の仕方には、《消極型》と《積極型》がある。消極型とは、人が自発的に行うさまざまな活動について、国に対して「自由を妨げるな（No！）」と、ネガティヴなことを求めるタイプの人権保障である。一方、権利保障のために国家が制度作り（立法）や行政を行う必要がある場合、国に対して「～せよ（Do！）」と積極的な活動を命じるタイプの人権保障も必要になる。現代の社会では、「民主政治と表現の自由」については、《No》と《Do》の両方の側面から権利の内容を理解する必要がある。

1-2　選挙運動における表現規制

　民主主義・国民主権との関わりから考えると、有権者が選挙期間中に一般市民とコミュニケーションをとり、自分の考えを伝えることは、大変重要なことである。しかし日本の公職選挙法では、選挙期間中の表現活動にさまざまな制限がある。とくに、候補者が有権者の家を訪ね歩く「戸別訪問」は全面的に禁止されている。これは、買収などの不正行為を招きやすいので、選挙の公正性を守る観点から必要な禁止だと言われるが、[27]これが規制の十分な根拠となるのかどうか、むしろこうした表現活動を自由にするほうが民主主義の趣旨にかなうのではないか、と疑問視する声も多い。戸別訪問禁止規定を含む日本の選挙運動規制は、全体としてメディアに広告を出す資力のある大政党に有利で、資力の少ない小規模の政党や個人の立候補者にとって不利な仕組みとなっていることも指摘され、見直しを求める声もある。

1-3 署名活動

一般市民が国家や自治体に政治的な要望を伝えたいと思う時、参政権の行使（選挙での投票など）とは別に、請願という方法もある（本書第3章を参照）。この請願を行う時に、多数の国民ないし住民が同じ要望を持っていることを示すために、署名簿が添付されることがある。請願そのものは憲法第16条「請願権」で保障されるが、この請願に添える署名を集める活動（署名運動）やこれに応じて署名をする行為は、「表現の自由」によって保障される[28]。国家や自治体は、この署名活動を妨害したり圧力をかけるような干渉をしてはいけない。

1-4 市民の政治的表現と表現の場

一般市民が自らの政治的意見を表明し、賛同者を募るためにビラを配ったり街頭演説を行うこと、会場を借りて講演を行うことは、「自由」である。しかし、そのための場所を確保することは、一般市民にとっては相当の苦労を伴う。

日本では、公園などの公共の場所は、「花火禁止」「芝生内立ち入り禁止」といったルールが定められていることが多く、そうした事柄は、国や自治体、または国や自治体から指定された管理者の判断に委ねられる。その管理ルールの一環として、許可なく演説や集会を行うことが禁止されていることも多い。

しかし、公園や市民集会場など公共性の高い場所は、表現の自由の実践に対しては可能な限り開かれるべきだとする考え方（「パブリック・フォーラム論」）がある。残念ながら日本ではこの考え方がなかなか定着せず、政治的主張のある集会や美術展が開催者（会場）の判断で中止になったり、会場使用許可が下りない例が目立つ[29]。たとえば、金沢市庁舎の広場を使って市民が集会をすることを市が不許可としたのは「集会の自由」を定めた憲法に違反するとして、市民団体が市に賠償を求めた訴訟で、最高裁はこの不許可を「合憲」と判断している（最高裁2023〔令和5〕年2月21日判決）。ただこれは、許可するか不許可とするかは市の判断に任せるという判決なので、自治体がそうしたことに自発的に理解を示して許可すれば、道は開

かれる。表現の自由の社会的・政治的価値を再確認すると同時に、公の施設がそれを支える役割を果たすものであることを再確認する必要がある。

　また、一般市民が、自分たちの政治的な主張を世間に広く知らせることを目的として、集団で行進することを「デモ」（集団示威運動）と言う。こうした政治的表現は、暴力を伴わない平和的なものである限り、その主張内容のゆえに排除されてはならない。しかし、公道を使って行うものであるため、一般通行人の交通の安全を守る必要から、届出制や許可制などのルール化が行われている。[*30]ここで行われる調整は、交通の安全を守るための調整に限られるべきであり、内容が「政治的である」ことを会場使用や公道使用の不許可の理由にすることは憲法に照らして許されない。

1-5　ビラ配り

　一般市民が自分たちの考えを社会に伝える道は、このように、かなり狭いものになっている。その中で、ビラ配りは一般市民に残された数少ない表現手段の一つである。この点で、「立川反戦ビラ事件」は深く考える必要のある事例である。自衛隊のイラク派遣に反対する市民団体がこの政治的主張を書いたビラを、自衛官の宿泊する官舎のポストに投函したところを、住居侵入で逮捕され、一審では無罪判決、二審と最高裁では有罪判決を受けたという裁判である。[*31]これを有罪とすることは「表現の自由」の重さに対して適正とは言えない衡量（バランス）となっている点、また深刻な萎縮効果を発揮する警察活動である点から、問題視されている。

2　知る権利

2-1　知る権利と報道の自由

　「知る権利」にも広狭二つの意味がある。広いほうは、表現の受け手として知りたいと思うことを知る自由、という意味で、その内容は国家からの干渉に《No》という「消極的自由」にとどまり、表現の送り手・受け手の関係は、私的自治に委ねられる。推理ドラマの結末を今すぐ知りたいと要望する視聴者と、「ネタバレ予告はしません」と言っているテレビ局

との間に国家が介入して「知る権利」に積極的に応えるようなことはない。

これに対して、主権者としての国民の立場からとくに考慮される「知る権利」がある（憲法学で「知る権利」と言う時の通常の意味はこちらである）。民主主義を支えるためには、社会の中で起きるさまざまな出来事（公共情報）に関する情報交換・意見交換の自由が必要である。この観点から、国民が自分の意見を形成するために必要な情報をえようとする時には、「知る権利」の対象として、消極・積極の両面から保障を受ける。

メディアは国民のこの意味での「知る権利」に応える情報（報道）の発信主体として、強い公共性を担っているので、その意味での「報道の自由」は憲法上とくに強い保護を受ける。また、報道の前提となる「取材活動の自由」も、憲法上の権利として認められる。

このことからすれば、メディア（取材者）と取材源（情報提供者）との間の信頼関係を損なうような形で、法規制や警察などが二者の間に踏み込むことには、慎重でなければならない。「報道の自由」が憲法上の「表現の自由」の内容に含まれることはたしかだが、「取材活動の自由」については、最高裁は「憲法21条の精神に照らし、十分尊重に値いする」という微妙な言い回しを使っている。実際の結論では、警察実務の必要性のほうが重く考慮され、この権利を尊重した結論となっているか疑問視される事例もある。[*32]

2-2　知る権利と情報公開

メディアは営利企業なので、広告収入をえる、人気のえられそうな内容で視聴率を上げる、といった活動を行っている。公共情報に属するニュース報道についても、多くの人が注目してくれそうな題材に偏る傾向が出てくる。

したがって、国民の「知る権利」の実現のためには、メディアの自由の確保（消極型の保障）と並行して、国民がメディアに依存せずに直接に情報をえるルートを、国や自治体が確保する必要がある（積極型の保障）。そのために、国や地方自治体が保有する議事録などの公共情報を開示する「情報公開制度」が生まれ、その手続を定めた法律として「情報公開法」（「行

政機関の保有する情報の公開に関する法律」）ができた。日本では、各自治体が自主的に定める「情報公開条例」のほうが先に実現し、法律の制定はかなり遅れ、1999年に制定、2001年に施行となった。

　ただ日本では、この情報公開制度は情報開示がされない事例が多く、そもそも政府が記録を保管していない時には無意味となる。さらに、政府が「記録が存在しない」と答えた文書について外国で存在が確認されたケース[33]、政府が「記録はすでに廃棄した」と答えた文書につき、後から国内で存在が確認されたケース[34]もあったため、文書の作成・保管義務など制度の誠実な運用を行政に義務づけるルールが必要であると指摘されている。

2-3　公共情報

内容の公共性　これまで何度か「公共情報」という言葉を使ってきたので、ここで整理をしておこう。「表現の自由」と他の権利・公共ルール（人格権や選挙の公正性確保の必要や知的財産権）とが衝突している時、どちらを優先するかを判断するにあたっては、その表現が「公共情報」かどうかが大きな分かれ目になる。「公共情報」とは、社会に影響のある事柄で、国民や住民として関心を持つことが当然に認められるような情報のことである。国政や地方自治などの統治に関わる事柄や災害情報など、国民・住民の安全や環境に関わる事柄が代表的なものである。

　公共情報については一般社会に知らせる「表現の自由」・国民・住民の「知る権利」を優先することが求められるが、これに対して個人情報やプライバシー情報については、一般社会の目から個人を保護する方向が優先される。「情報公開制度」もこの考え方に立って、「公共情報は開示するが、個人情報は開示しない」という線引きをしている。

公人　常に公共の関心事に関わる立場にあるような人物は、「公人」と呼ばれる。国政に関わっている議員や閣僚は、「公人」の典型である。こうした人々の場合は、職務以外の事柄であっても、飲食や旅行や資産状況などが公共の関心事に関わる可能性があるし、個人としての発言であっても重大な政治的意味を帯びる場合もある。公共の関心事となるべき事柄に関

連している時は、国民の「知る権利」の趣旨から、報道の自由や情報公開が優先されるべきと考えられる。

| column 3 | 特定秘密保護法と知る権利 |

●何が問題か

　2013年秋の臨時国会で可決・制定された「特定秘密の保護に関する法律」は、公務員（今のところ国家公務員のみ）に課される法律で、それ自体も公務員の「良心の自由」と一般国民の「知る権利」に重大な影響を持つ法律となるが、マスメディアの取材も情報漏洩行為の「そそのかし」にあたってしまい、結果的に取材・報道の自由と国民の「知る権利」が狭められるのではないか、と疑問視されている。

　この法律で実際に禁止される情報漏洩・入手活動とは、どのようなものだろうか。そのヒントとして、法案の審議過程で法務大臣が、「西山記者事件」のようなケースは対象となりうると述べた一幕があった。

●西山記者事件

　「西山記者事件（外務省秘密漏洩事件）」とは、新聞記者が外務省事務官に機密文書の漏洩をそそのかしたとして、国家公務員法第100条違反に問われた事件である。

　1971年に日米の間で沖縄返還協定が調印され、正式に沖縄が日本に返還されることになった時、西山氏は日米間に特殊な密約が存在するという情報を報道した。これにより西山氏と、彼に情報を渡した外務省の女性事務官が逮捕・起訴された。一審では、その行為によってもたらされる国民の利益が重視されて西山氏は無罪判決を受ける。しかし二審と最高裁では、西山氏は公務員に情報漏洩をそそのかしたとして有罪が確定した。

　その後、日本で「情報公開法」が施行されてから、市民有志がこの密約の情報公開を請求したが、政府は密約文書の不存在を理

由に開示には応じなかった。しかしアメリカで、この密約に関する公文書の存在が確認された。これを国民に公開しない日本政府の姿勢を憲法違反に問う訴訟も起き、一審（東京地裁）では国に開示を命令する判決も出たが、二審と最高裁は、密約文書の存在について立証が不十分として、原告側の請求を退けた（最高裁2014〔平成26〕年7月14日判決）。

こうした事例からすると、アメリカのような機密解除後の公開制度の整っていない現状では、秘密保持期間の終了後も適切な公開がなされるのかどうか、不安が残る。より確実な制度が望まれる。

第4節　表現の自由と共存社会

民主主義をとるかどうかという問題をいったん脇に置いたとしても、人間は生きるために社会を必要とする。しかし人間の集団は、気づきの不足によって弱者を追い詰める危険を持っているので、すべての人が孤立せずに社会参加できて情報共有できる社会づくりのためにも、「表現の自由」の保障が必要である。その一方で、人間の集団は、他の集団を制圧することで優位を確保しようとして攻撃的になる危険も持っている。すべての人が暴力を克服して相互理解や対話をしていくためにも、「表現の自由」は必要である。しかし同時に、弱者が圧迫されることを防ぐための表現規制が必要であることも、議論されている。

1　性表現に対する規制

1-1　規制のための法律・条例
日本の法律には、多くの性表現規制の規定がある。

刑法第175条は、国内で流通するわいせつ表現物を規制している。これ

によれば、わいせつな文書、図画その他の物を人々に配ったり、販売したり、陳列したりすることが罰せられ、人目に触れない状態で自分だけで所持していた場合にも、販売の目的があった場合には罰せられる。海外から輸入される物品については、関税法第69条の11の7号と8号で、「公安又は風俗を害すべき書籍、図画、彫刻物その他の物品」と「児童ポルノ」の輸入が禁止されている。ほかにも、性表現を規制する法律は多くのものがあるが、[*35]こうした規制は「一切の表現」の自由を保障した憲法第21条と強い緊張関係に立つので、規制にはそれに見合うだけの強さで正当な理由がなければならない。

1-2　わいせつ表現規制に関する主要判決

　わいせつ表現と言われる性表現はどんな表現を指すのか、どのような理由で禁じられるのか、憲法第21条違反ではないのだろうか、という議論が長く続いてきた。この問題に関する主要判決を見てみよう。

　刑法第175条の適用が憲法違反になるのではないか、あるいは刑法第175条そのものが法令として憲法違反なのではないか、ということが争われた初期の事件として、「チャタレイ夫人の恋人」事件がある。ここで最高裁は、刑法第175条には最小限の性道徳を維持する目的があり、法律自体は合憲としつつ、その適用範囲を憲法違反とならない範囲に絞るため、「わいせつ」と判断されるにあたっての基準を示した上で、被告を有罪とした（最高裁 1957〔昭和32〕年3月13日判決）。

　その後に出された「悪徳の栄え」事件判決では、この考え方に修正が加えられ、作品全体の芸術性や社会的価値が高い場合には「わいせつ」にはあたらない場合もあるという「全体的考察方法」がとられた（最高裁 1969〔昭和44〕年10月15日判決、ただしこの事例は有罪とされた）。その後、「四畳半襖の下張り」事件判決でも、作品のわいせつ性は、その作品において意図された社会性や芸術的価値を勘案して判断するとする「相対的わいせつ概念」という考え方がとられた（最高裁 1980〔昭和55〕年11月28日判決、ただしこの事例は有罪とされた）。近年の事例では、女性作家が自分の性器をかたどったオブジェ作品を展示し、3Dデータを販売したことについて、上

記の判断方法に基づいて前者については無罪、後者については有罪とする判決が出された（「ろくでなし子事件」最高裁 2020〔令和2〕年7月16日判決）。[*36]

1-3　税関検査

　憲法第21条は、「検閲」を絶対的に禁止している。税関検査の中には拳銃や麻薬といった項目と並んで表現物に関する項目があるが、これが憲法第21条の禁止する「検閲」にあたり、「表現の自由」に反するのではないか、ということが長く疑問視されてきた。

　これについて最高裁は、「検閲」の定義をかなり絞り込んだ上で、税関検査は検閲にあたらず合憲としている（最高裁 1984〔昭和59〕年12月12日判決）。

　こうした中で、最高裁は「メイプルソープ写真集」事件で「芸術性」に言及して、それまでと異なる判断を示した。この事例は、海外で発行されたロバート・メイプルソープの写真集を個人が国内に持ち込もうとしたところ、税関で没収されたという事例である。最高裁は税関検査制度（法令）は合憲としつつ、この制度に基づく没収をこうした芸術表現についてまで及ぼしたこと（適用）は違法だったと判断し、処分の取り消しを命じた（最高裁 2008〔平成20〕年2月19日判決）。

　日本の裁判では、「芸術に該当するものは罪にならない」という明確な理論が確認されているわけではない。しかし「メイプルソープ写真集」事件最高裁判決は、税関検査の分野で一歩前進を見せた判決であり、税関検査だけでなく、国内での人体表現への摘発事例でも先例として参照されることが望まれる。

1-4　害されているもの、保護するもの、自己決定か配慮か

　こうした性表現規制は、実際に侵害されている「他者の権利」が存在しないにもかかわらず規制が行われている点で、不必要な規制であって憲法違反なのではないか、また、このままでは規制対象が広すぎて憲法違反となるのではないかという疑問も出されてきた。

　まず、規制の理由が（裁判所の言うように）最小限の性道徳の維持にあ

るとして、そうした事柄は市民の自由な判断に委ねることが憲法の「表現の自由」の趣旨にかなうことではないのか、との疑問がある。

　見たくない者の自由を守ることは必要である。しかしこの観点からは、性表現が含まれていることの告知の義務づけや、遮断の技術の提供、見たくない者を必然的に巻き込んでしまう公共の場所での表現のみを禁止する規制（時・場所・方法に関する規制）で足りる。現行法は、この観点からは処罰範囲が広すぎることになる。

　被写体となった人が受ける実害については、もしも被写体が合意なく強制的に性表現の被写体にされた場合には、「不同意わいせつ罪」（刑法第176条）が成立するし、被害者が人格権に基づいて出版や拡散の差止めを請求することは当然にできる。ここに重ねて表現物への処罰をすることは、本来の法律の筋としては的が外れている。ただ、性的な被害は被害者が自力で救済を求めにくい事柄なので、《沈黙せざるをえない被害者に代わって》警察が動くのだ、という理由は、弱者への配慮としては、ありうる。

2　差別表現・ヘイトスピーチ

2-1　差別表現

　差別表現とは、人が持っている特性を、その人の価値を低める方向で表現したり、ある特性を持つ人々に対して、社会が抱いている偏見を助長するような内容を表現することである。ある単語が、それが使われる時の社会的文脈から、そのまま差別表現の効果を持つと考えられる場合、そうした言葉を「差別語」と言う。

　歴史的に慣行化されてきた差別がまだ部分的に残っているということは、社会の重要な克服課題である。差別表現や差別用語について知識と反省的自覚を持つことは、平等な共存を基調とする社会にとって必要なことである。しかし、そうした目的のために「表現」を法律で規制することは、「表現の自由」の保障と強い緊張関係に立つことになるので、慎重さが求められる。

現在のところ、差別表現は、法律による規制という形をとらず、メディアの自主規制と個人の自覚、そして政府や自治体の啓発活動に委ねられている。したがって、個人が出版・放送メディアを介して発言する時には一定のフィルターがかかるが、インターネットなどで発言する時には、この問題は個人の判断に委ねられている。SNS誹謗中傷トラブルが増加していることの背景に、このことが関係していると考えられる。

2-2　ヘイトスピーチ

偏見を助長する差別表現のうちでも、ある特性を持つ人々に対する憎悪や暴力や社会的排除を悪化させるような言論のことを、「ヘイトスピーチ」（憎悪表現）と呼ぶ。人種、民族、宗教、性別、性的指向を理由とする差別が、残酷な暴力的事態を引き起こしてきた歴史を反省するという観点からは、その克服は各国の最重要の課題である。ヨーロッパやアメリカで人種的マイノリティに対して起きてきた憎悪暴力は凄惨なものが多く、組織的なものも少なくないため、これを煽ったり助長したりする言論を強力な法規制によって禁止・防止する必要性が高かった。ドイツを代表とするヨーロッパの多くの国では、これを刑事犯罪としている。また、ヨーロッパ諸国を中心として採択された「人種差別撤廃条約」にも、この種の表現を刑事罰の対象とするように各国に求める条項がある（「あらゆる形態の人種差別の撤廃に関する国際条約」第4条）。

日本とアメリカは、こうした刑事罰をそのまま国内で法律にすることは憲法が保障する「表現の自由」に抵触するという考えから、この部分だけを留保したまま、上記の条約に加盟している。アメリカの場合には、国（連邦レベル）ではこの問題を留保したまま、州の判断に委ねている。

日本でも社会的弱者（少数民族や外国人）を狙った悪辣なヘイトスピーチや、社会的発言をした人々への沈黙強制と見られるヘイトスピーチ・誹謗中傷が社会問題化している。京都の学校周辺で起きたヘイトスピーチの被害に関する裁判では、一審・控訴審・最高裁が一致して、被告に高額の賠償と街宣活動の差止めを命じる判決が出た。これは民事裁判である（大阪高裁 2014〔平成 26〕年 7 月 8 日判決、最高裁 2014〔平成 26〕年 12 月 9 日決定）。

こうした状況を受けて、2016年、ヘイトスピーチ解消法が制定された（正式名称「本邦外出身者に対する不当な差別的言動の解消に向けた取組の推進に関する法律」）。これは各自治体にヘイトスピーチの解消努力を求めるもので、罰則のない「理念法」と呼ばれるタイプの法律である。そのため、より確実なヘイトスピーチ解消のためには罰則が必要だとの声も多い。川崎市など、深刻なヘイトスピーチに悩んできた自治体が自主的に条例で罰則までを定めている。

第5節　表現の自由と経済社会

1　広告表現

　日本国憲法は、人間が精神的自由を必要とする存在であることと、経済活動を通じて現実の社会生活を営む存在であることの両面から、人権を保障しようとしている。

　表現活動は、一般には、対価を取る・取らないにかかわらず、「表現の自由」の保障を受ける。法的な「表現の自由」の保障を受けることについては、古典芸能も商業映画も、同じ扱いとなる。しかし表現のうちでも広告表現は、経済活動に属する要素が多いことから「営利表現」とも呼ばれ、通常の「表現の自由」よりも多くの制限を受ける。たとえば、「不当景品類及び不当表示防止法」や「不正競争防止法」や「医療法」や「薬機法」などに広告表現への制限がある。

　広告表現は、情報弱者となりやすい消費者を保護するという観点から規制が必要と考えられ、裁判で規制の合憲性が問題になった時にも、緩やかな基準で判断されている。

　これについては、次の観点から、その規制が本当に必要かどうかが問われる必要がある。

　広告表現には、単なる営利にはとどまらない美的表現や、文化的魅力を持った創作的言語が含まれることも多い。現在の広告表現規制は、こうし

た部分には立ち入らず、情報の適正性の観点から行われている。総じて、虚偽広告や誇大広告など消費者の自己判断を歪めることを禁止し、たばこの警告表示義務など消費者自身の安全を守るために必要な情報を提供することを義務づけている。[*37]法律上、こうした禁止や義務づけを受けているのは商品・サービスの提供者（メーカーなど）だが、その広告デザインを請け負ったデザイナーは、そうした法令上の制約を心えた上で仕事をすることが求められる。

　なお、この分野では、商品などの広告が一般人の評価や感想の形を装って出される「ステマ」（ステルスマーケティング）が、公正性の観点から問題視されてきた。消費者が広告・宣伝と思わず第三者の感想であると誤認してしまうと、自主的かつ合理的に商品・サービスを選ぶことができなくなるおそれがあるからである。2023年10月から上記の景表法に、この「ステマ」への規制が導入された。いわゆる「インフルエンサー」が企業から依頼を受けた場合があてはまるが、この規制の対象は企業のみである。企業はその表現が自己の広告であることを明示しなくてはならない。

2　著作権の保護と表現の自由

2-1　知財の保護強化と表現の自由への負担

　表現活動（情報へのアクセスや流通を含む）は、知的財産権の保護のためのルールによって制約を受ける場面がある。本書ではこのうち、著作権法について簡単に扱うことにする。[*38]

　著作権は憲法上の人権とまでは言えない、政策と法律によって作り出された権利だが、表現の自由と財産権の両方に関連し、かなりの影響を与えている制度として知っておく必要のある分野である。著作権法は、絵画や音楽や映画、文芸、学術論文といった創作物を「著作物」として法的に保護している。

　表現をすること自体は表現の自由で保障されているが、作者や企業がその表現物（著作物）から利益をえようとする時、その利益を横取り（フリーライド）されずに正当にえるためのルールが、著作権法によって細かく定

められている。「著作権によって保護されている」というのは、このルールによって利益が守られるということを意味する。

　ここで「保護する」というのは、他人が無断で利用して不正な利益をえたり、ネット上で無断で公開共有して経済価値を失わせたりすることを禁止し、権利者の人格的な意思と経済的な利益を守る、ということである。これは表現者の財産権を守り、文化を健全な状態に保つということで、憲法の趣旨にも合っている。しかしこの利益保護は、世の中のいろいろな著作物をもっと自由に利用したいというユーザーの活動と対抗または緊張の関係にある。著作権保護を強化しすぎると、憲法上の表現の自由や幸福追求権を狭める結果になってしまう、という問題も、考える必要がある。

　著作権法は一定の表現を禁止するような規制を行っているのではなく、他人の著作物を楽しむ時や自分の表現活動に利用したい時に、対価を支払う、もとの著作者の許諾をえる、などのルールを守ることを求めている法律である。しかし場合によってはこの《許諾＋有料利用》のルールが表現活動にとって負担となるため、表現の自由への制約として憲法問題になってくるのである。

　日本では「違法ダウンロード」を刑事罰の対象とした2012年の法改正が、表現の自由への萎縮効果の面から大きな議論となった。またアメリカでは、著作権の保護期間延長を憲法違反として争う訴訟が何度か起きている。

2-2　コラージュやパロディにおける表現の自由と著作権

　現行の日本の著作権法の下では、著作物のパロディとしての利用をどうするかについて特段の規定がないため、コラージュやパロディなどの二次的著作物が適法に成立する余地が少ない。しかし、一からの創作とは別に、すでにある作品に新たな視点から創作を加える形で創作表現を楽しみたい人や、社会にメッセージを発信したい人は多い。そのため、著作物のパロディとしての利用について、著作権のほうを制限して二次的著作物創作の自由度を高めることが必要ではないかとの指摘が行われてきた（アメリカには「公正な利用」fair use の規定があり、フランスにもパロディに関する規定がある）。日本では、法改正によってその解決を明記する案と、現

行著作権法の解釈・運用を柔軟にすることによって対応を図る案が検討されてきたが、現在のところ、後者の考え方がとられている。

＊註

1 本章の内容については、志田陽子編『あたらしい表現活動と法』（武蔵野美術大学出版局、2018年）で、より詳しく扱っている。

2 最高裁 1984（昭和59）年12月12日判決。

3 最高裁 1986（昭和61）年6月11日判決。

4 「犯罪捜査のための通信傍受に関する法律」（通信傍受法）にルールが定められている。

5 「特定電気通信役務提供者の損害賠償責任の制限及び発信者情報の開示に関する法律」（2001年制定、2002年施行）。

6 芸術表現が戦争・紛争に翻弄された例については、司修『戦争と美術』（岩波新書、1992年）、サム・キーン（佐藤卓己・佐藤八寿子訳）『敵の顔：憎悪と戦争の心理学』（柏書房、1994年）などが参考になる。

7 この観点からおすすめしたい映画は多い。1950年代の冷戦期、アメリカのハリウッド映画関係者の表現と思想に国による執拗な介入が行われた経緯を描いた『真実の瞬間』（1991年、アメリカ）、『トランボ　ハリウッドに最も嫌われた男』（2015年、アメリカ）、1980年代の東ドイツで舞台芸術家たちに対して行われた盗聴監視の様子を描いた『善き人のためのソナタ』（2006年、ドイツ）、第二次世界大戦下の日本での検閲の様子をコミカルに描いた『笑の大学』（2004年、日本）、国の政治方針に合わないとされた芸術家の生涯を描いたアンジェイ・ワイダの『残像』（2016年、ポーランド）などがある。志田陽子編『映画で学ぶ憲法』および『映画で学ぶ憲法II』（法律文化社、2014年、2021年）に詳しい解説がある。

8 芸術に関係する法令についての総合的な参考書として、山口裕博『芸術法学入門』（尚学社、2006年）、小林真理・小島立ほか『法から学ぶ文化政策』（有斐閣、2021年）。

9 人格権全体に関する参考文献として、五十嵐清『人格権法概説』（有斐閣、2003年）、斉藤博『人格権法の発展』（弘文堂、2021年）を参照。どちらも本格的な研究書。

10 名誉毀損に関する参考書としては、山田隆司『名誉毀損─表現の自由をめぐる攻防』（岩波新書、2009年）、浜辺陽一郎『名誉毀損裁判』（平凡社、2005年）が参考になる。

11　イラストや漫画などをSNSに投稿する人に知っておいてほしい事例がある。ある漫画家が、性被害を裁判や社会に訴えた女性を侮辱・嘲笑する内容のキャプションをつけた漫画イラストをSNSに投稿した。このキャプションが侮辱や名誉感情侵害になることは間違いないが、それを認定する際に、イラストが当該女性を表す似顔絵であることによって、この言葉が当該女性に向けられたものだったことが認定され、損害賠償が命じられた。漫画家のほうは「これは風刺だ（公共性のある内容だ）」と主張したが、裁判所は、発言に相当の根拠があるとは言えないとしてこの主張を退けた（最高裁2023〔令和5〕年9月14日決定）。

12　個人情報保護とプライバシーに関する参考文献として、岡村久道『個人情報保護法の知識 第5版』（日本経済新聞出版、2021年）、宮下紘『プライバシーという権利─個人情報はなぜ守られるべきか』（岩波新書、2021年）。

13　東京地裁1964（昭和39）年9月28日判決。この裁判では、三島由紀夫による小説「宴のあと」の中でモデルとされた有名政治家が、私的な交友関係について小説中で書かれ出版されたことにつきプライバシー侵害が認められ、作家と出版社は損害賠償の支払いを命じられた。

14　東京地裁1995（平成7）年5月19日判決。

15　「『エロス＋虐殺』事件」東京高裁1970（昭和45）年4月13日決定。原告は自分の犯罪歴を映画中のエピソードとして描かれたことについて訴えを起こしたが、この原告はその事実をすでに自伝小説の形で公表していたため、プライバシー侵害が否定された。

16　「週刊文春販売差止め事件」東京高裁2004（平成16）年3月31日決定。

17　「前科照会事件」最高裁1981（昭和56）年4月14日判決。

18　「ノンフィクション小説『逆転』事件」最高裁1994（平成6）年2月8日判決。アメリカでは、過去の犯罪情報は時間がたっても公共情報に属するという見方が強い。これに対して、欧州では「忘れられる権利」が認められ、ネット情報サービス業者がこの権利に対応した削除義務を負うことが条件つきで認められた。日本国内では、教育関係者が仕事に就くにあたって性犯罪歴がないことを求める制度が検討されており、アメリカ型の発想に近づいていることがうかがわれる。

19　「『石に泳ぐ魚』事件」 最高裁2002（平成14）年9月24日判決。

20　写真表現の実践面で参考になる解説として、日本写真家協会編『スナップ写真のルールとマナー』（朝日新聞社、2007年）、法律解説として佃克彦『プライバシー権・肖像権の法律実務 第3版』（弘文堂、2020年）。

21　代表的な判例として、「ピンク・レディー事件」（最高裁2012〔平成24〕年2月2日判決）がある。

22　大阪高裁 1965（昭和 40）年 3 月 30 日判決。

23　最高裁 1969（昭和 44）年 12 月 24 日判決。

24　東京高裁 1990（平成 2）年 7 月 24 日判決。

25　少年事件報道の参考文献として、子どもの人権と少年法に関する特別委員会・子どもの権利に関する委員会編『少年事件報道と子どもの成長発達権—少年の実名・推知報道を考える』（現代人文社、2002 年）、少年法の全体については、廣瀬健二『少年法入門』（岩波新書、2021 年）。

26　たとえば「有害図書」指定を受けた図書を自動販売機で売ることを禁止する条例（最高裁 1989〔平成元〕年 9 月 19 日判決、最高裁 2009〔平成 21〕年 3 月 9 日判決など）を、最高裁では合憲と判断しているが、専門研究者の間では疑問視されている。

27　最高裁 1981（昭和 56）年 6 月 15 日判決。

28　署名活動と「表現の自由」の考え方については市川正人『表現の自由の法理』（日本評論社、2003 年）を参照。

29　美術のジャンルでは、「天皇コラージュ」や「平和の少女像」を含む一連の「表現の不自由展」問題が長く続いている。また、集会（学習会）の成果としての俳句のうち、憲法第 9 条への見解が含まれることを理由に公民館が発行する冊子への掲載が拒否された「九条俳句事件」（最高裁 2018〔平成 30〕年 12 月 20 日決定）では、裁判所が原告への人格権侵害を認めた。

30　「新潟県公安条例事件」（最高裁 1954〔昭和 29〕年 11 月 24 日判決）、「東京都公安条例事件」（最高裁 1960〔昭和 35〕年 7 月 20 日判決）などで、このルール化が憲法違反とならないかどうかが争われた。

31　最高裁 2008（平成 20）年 4 月 11 日判決。

32　「博多駅フィルム事件」最高裁 1969（昭和 44）年 11 月 26 日決定。

33　column 3「特定秘密保護法と知る権利」を参照。

34　2016 年に自衛隊が南スーダンに派遣された際に現地で作成された「日報」（業務日誌）について、当初、防衛大臣は「すでに廃棄された（存在しないので開示できない）」と述べていたが、その存在があとから確認され、国会で大きな問題となった。

35　主要なものを挙げると、電波法第 108 条、「児童買春、児童ポルノに係る行為等の規制及び処罰並びに児童の保護等に関する法律」「青少年が安全に安心してインターネットを利用できる環境の整備等に関する法律」第 2 条 4 項、風営法第 3 条 2 項などがある。

36 これらの問題については、志田陽子編『あたらしい表現活動と法』（武蔵野美術大学出版局、2018年）で、より詳しく扱っている。

37 「あん摩師、はり師、きゆう師及び柔道整復師法」第7条では、広告できる項目を法律で限定しており、適応症や効果について広告に掲げることができなかった。最高裁判所はこの問題は国会の立法裁量に任せるとしてこの法律を合憲とした（「広告規制事件」最高裁1961〔昭和36〕年2月15日判決）。この判決では、この規制は正当な広告までも規制する内容となっている点で憲法違反だと論じた少数意見もあった。また、「不当景品類及び不当表示防止法」第7条2項の「不実証広告」への規制が、憲法第21条1項・第22条1項に違反するかどうかが争点となった裁判で、最高裁はこの規定を「合憲」と判断した（最高裁2022〔令和4〕年3月8日判決）。

38 知的財産権のうち、特許権、意匠権、商標権などの産業財産権（プロのルール）については、本書では立ち入らない。著作権を含めた知的財産権については、前掲註36を参照。

第5章　精神的自由
―思想良心の自由、信教の自由、学問の自由

　アートランドは表現者の契約国家だから、芸術表現やエンタテイメント
には喜んで参加する人間だけが集まっていると、みんなが漠然と考えてき
た。しかしアポリア君は、自分自身やこの国のあり方に疑問を持つように
なった。「人の生命に関わることのほうが、アートやエンタメよりも切実
な問題だ。世界の紛争や難民や貧困問題、国内に起き始めた経済格差の問
題などが改善するまでは、芸術やエンタメ系イベントや、実益の少ない大
学の学問は停止して、みんなで難民支援や医療・福祉ボランティアに時間
を使うべきだ」。

　アポリア君はとあるエンタテイメント系イベントの会場入り口で、その
ような主張を書いた自作のパンフレットを配った。

　一方、エンタテイメント系のコンテンツをたくさん育てて国力を上げて
いこう、そうすることで国内に出始めた貧困問題に対応できる福祉政策や、
海外への人道支援を実現しようと考えていたエンタメ大臣は、この話を聞
いて顔を曇らせた。

　「イベントに水を差されるのは困るね。見込んでいた収益が得られなく
なるかもしれないし、海外への印象も悪くなるかもしれない」。

　「表現者の国なんだから、表現イベントに批判的な考えを持っている人
は、メンバー資格を取り消して、国外に出てもらいましょう」。

　「いや、政府が批判者を頭ごなしに敵対者扱いにするのも、《表現の自由
の国》に反することになってしまうからね…。まずは国民にポリシーを説
明して、批判者の意見を聞くところから始めよう」。

　政府が開いた公聴会で、アポリア君は緊張しながらも、自分の意見を整
理した原稿を読み上げた。その後、アポリア君の主張は、「良心的エンタ

メ拒否」を認めるルールへと発展した。これは、紛争や飢餓問題が解決しないうちは良心が痛むのでお祭りイベントに参加する気持ちになれないというアーティストが、医療や農作業、生活インフラ復興などの人道支援に出かけるために、一時的に学業や仕事を休むことを認めるルールだ。この制度を利用して国内外の支援事業に協力した人は、戻ってきたら不利益に扱われることなくもとの学業や職場に戻れることになった。

　数年後、このルールによって海外や被災地へ出かけたアーティストたちが、アートと福祉、アートと平和構築といった複合領域に大きく貢献することになったので、国際社会でのアートランドの評価は上がったし、支援を受けた国の人々が感謝を伝えるためにアートランドを訪問したり芸術祭に参加したりして、国際交流もさかんになった。このことによって、エンタメ大臣が目論んでいたインバウンド（観光収入）による国力アップも軌道に乗った。結局、アポリア君が投げかけた不協和音は、アートランドの人々の活動と国際評価を高める役割を果たしたことになる。

　さて、架空の国アートランドのこのエピソードは、現実の世界の状況とはなかなか一致しない。だからこそ憲法では、さまざまな精神的自由権を《保障》する必要がある。ここからは現実の社会と日本国憲法の内容を見ていこう。

第1節　思想良心の自由

第19条　思想及び良心の自由は、これを侵してはならない。

1　保障される内容

　憲法第19条の「思想及び良心の自由」は、世界にはさまざまな価値観や世界観があることを前提として、各人の考え方は各人のものであって国

家が干渉してはならないということを言っている。

それにしても、この条文の「侵してはならない」という言葉は、かなり強い「No！」の響きを持っている。第二次世界大戦終了前の日本では、国家が国民の思想内容や人生観を一つの方向に教化・統一しようとした結果、各人が主体意識を持つことが罪悪視され、社会から自己治癒力が奪われてしまっていた。これは個人にとっても社会にとっても大きな損失である。「思想良心の自由」はこれに対する深い反省から明文化された。アメリカやドイツでは、徴兵制があった時期に「良心的兵役拒否」が認められるかどうかという形で、「良心の自由」が議論され、このことが強く確認されることとなった。

ここに言う「思想及び良心」は、世界観、人生観、政治信条、主張など、個人の人格を支える内面的精神作用を広く含む。各人が内心でどのような考えを持とうとも、国家がその考えを禁じたり、その考えを理由として不利益を課したり、その告白を強制したり調査したりすることは許されないし、特定の考えをとるように強制することも許されない。その内容が仮に実行されたら違法で危険な行為だったとしても、それが内心にとどまる限りは、国家は干渉してはならない。「思想良心の自由」の保障のうちのこの部分は、「表現」することの自由とは異なるものとして、「内心の自由」と呼ばれている。この「内心の自由」は絶対的な保障を受ける。

一方、自分の思想・良心を外部に表出する時、つまり語ったり書いたりする時には、「表現の自由」と重なってくる。

ただ、「表現」そのものは自由にさせておいて、表現された内容から読み取れる思想傾向を問題視して監視・注視の対象にしたり、反省謝罪を強要したりすることは、「表現の自由」に対する事後的不利益の問題と同時に、「思想良心の自由」の侵害の問題にもなる。このような例としては、本書第1章で紹介した「横浜事件」や「小林多喜二事件」がある。

現在の「思想良心の自由」への侵害は、より目立ちにくい形をとるようになっている。かつては「内面の自由」は侵害されえないものと考えられ、上記のような詮索や告白強要の場面、表現に表れた思想を根拠とした不利益扱いの場面が問題とされてきた。しかし近年の理論では、人間が他者と

のコミュニケーションの中で徐々に人格や思想・良心を形成、修正し続けるものであることから、公権力がこのプロセスに関与して、人の内面的価値態度に影響を与える局面（誘導や操作を目的とする「プロパガンダ」の問題）を考えていく必要が認識されてきた。2022年2月末以降、世界中を憂慮させているロシア・ウクライナ戦争でも、それぞれの当事国が戦いの一環として自国内の表現活動を制限したり、自国に有利な情報を選択的に出したり、起きた事実への解釈や経緯説明が両国で真逆になったりしたため、「フェイク」「プロパガンダ」という言葉が意識されるようになった。

2　主要な裁判例と残されている課題

2-1　企業社会と「レッド・パージ」

　内面の自由については、個人は、国家による一切の干渉を拒否できると考えられている。外面に表した表現や行動については、他人の権利を侵害したり企業に不利益を与えた場合に、その行為が法的責任を問われたり懲戒の対象になったりする。それが起きていないのに思想内容を詮索して不利益を与えることは、憲法第19条「思想及び良心の自由」の侵害となる。また、憲法第14条の「信条」による差別にもあたる。しかし現実には、冷戦下のアメリカや日本で起きた「レッド・パージ」などに見られるように、人々が思想信条を理由に不利益な扱いを受けた事例は数多い。

　アメリカの映画界で起きた共産主義者排斥（レッド・パージ）は、表現者の思想良心の自由問題を考える上で、とくに参考になる事例である。映画『追憶』（1973年、アメリカ）や『真実の瞬間』（1991年、アメリカ）や『トランボ　ハリウッドに最も嫌われた男』（2015年、アメリカ）にその様子が描かれている。[*1]ここではでき上がった表現作品を政府が検閲し公開禁止にすることは、憲法に「表現の自由」保障の規定があるため、正面からは行われない。しかし、表現に携わる人々が、内心の思考傾向を詮索され、結果によっては現実の生活基盤を奪われる不安にさらされるとしたら、それに逆らってでも自由な考えを持ち、自由な表現活動をすることができるだろうか。

次に見る「三菱樹脂事件」は、その流れの中で起きた日本の事例である。

重要な裁判例   **三菱樹脂事件**

最高裁1973（昭和48）年12月12日判決

　ある大学の法学部を卒業した原告は、1963年、三菱樹脂株式会社に採用されたが、試用期間中に、「面接時に学生運動歴を秘匿していた」ことを理由として、採用を取り消された。原告はこの採用取り消しの違憲無効を訴えた。企業は労働者の思想・信条を理由として雇用を拒否することができるのだろうか。

　第一審（東京地裁1967〔昭和42〕年判決）、第二審（東京高裁1968〔昭和43〕年判決）では、試用期間の実態を雇用関係にあると見た上で、憲法第14条、第19条と労働基準法第3条から「人が信条によって差別されないこと」を確認し、原告の「地位確認」と賃金支払いの請求を認めた。これに対し上告審は、試用期間はまだ雇用関係には至っていないと見た上で、企業は「契約の自由」（経済活動の自由）の一環として望ましい人物を選別する自由がある、この中で思想信条を選別の対象とする自由もある、との見解を採用し、二審の判決内容を破棄した。

　国や自治体は当然に憲法第19条の要請を守らなければならないが、企業は法的には個人と対等な関係にある《私人》なので、社員や顧客を選ぶ自由もあると考えられる。最高裁はここを強調した判決だった。しかし一方、企業は「雇用差別」をしてはならない、労働基準を守らなくてはならないなど、憲法上の人権に配慮した各種のルールに服しており、人権保障についてとくに責任を負っているとも考えられている。これは「憲法の私人間効力」の問題として議論されている問題である。

　なお後日談として、その後、原告と被告は和解に至り、原告は定年までこの会社に勤め続けた。裁判での勝敗と、人間社会の中で発揮される歩み寄りの知恵とは、時に一致しないこともある。

2-2 教育の場での「思想良心の自由」

学校教育の場で、生徒の思想良心の自由やそれを表現する自由と、学校側の規則や指導とが衝突する場合がある。学校教育下にある学生の思想良心の自由の問題を扱った事例として、麹町中学校内申書訴訟がある（最高裁1988〔昭和63〕年7月15日判決）。

また、学校に勤務する教員に学校側が課している服務規則や職務命令が、教員の思想・良心に踏み込んで従わせる内容が含まれている場合、こうした規則や命令や、その根拠となっている行政命令などが憲法違反となるのではないか、という問題がある。代表的な裁判例をいくつか見てみよう。

重要な裁判例　　　　**君が代斉唱拒否事件、ピアノ伴奏拒否事件**

　2006年9月21日、東京地方裁判所は、各学校に対して教員全員に国家斉唱とピアノ伴奏を行うように指導することを求める東京都教育委員会の「通達」は、教育基本法にも憲法にも反している（違法・違憲）として、教員には国旗に向かって起立し国家を斉唱する義務がないことを確認した。また、音楽の教員には式典の国家斉唱の際にピアノ伴奏義務がないことを確認した。そして東京都教育委員会に対しては、これら教員に対して処分を行ってはならない、と命じる判決を出した。[*2]

　しかしこの翌年には、最高裁判所で、この地方裁判所判決を打ち消す内容の判決が出された。式典当日にピアノ伴奏を40秒間行わなかったために、東京都から戒告処分を受けた音楽教員について、最高裁は、ピアノ伴奏を求めることを内容とする職務命令がこの教員の歴史観や世界観を否定するものと見ることはできず、また、この教員に特定の思想を持つことを強制したり禁止したり、特定の思想の有無について告白することを強要するものでもないので、この職務命令に違反したことで処分を受けたことは違法・違憲ではないとしている（最高裁2007〔平成19〕年2月27日判決）。

その後、最高裁は、2012年に次のような判断を示した。国歌斉唱時の不起立に対する処分は、「思想及び良心の自由」への一定の制約はあるものの第19条違反ではなく、一定範囲で懲戒処分をすることは基本的に懲戒権者（都教委）の裁量権の範囲内である。このうち最も軽い戒告処分は違法ではないが、それを超える重い処分（停職や減給）は原則として違法となる（最高裁2012〔平成24〕年1月16日判決）。

　この2012年判決の扱いによって、この問題は一段落したように見えるが、比較的軽い懲戒ではあれ、懲戒をもって強制すること自体が人権侵害なのではないか、との議論は続いている。

第2節　信教の自由と政教分離

第20条　信教の自由は、何人に対してもこれを保障する。いかなる宗教団体も、国から特権を受け、又は政治上の権力を行使してはならない。

2　何人も、宗教上の行為、祝典、儀式又は行事に参加することを強制されない。

3　国及びその機関は、宗教教育その他いかなる宗教的活動もしてはならない。

第89条　公金その他の公の財産は、宗教上の組織若しくは団体の使用、便益若しくは維持のため、又は公の支配に属しない慈善、教育若しくは博愛の事業に対し、これを支出し、又はその利用に供してはならない。

1　個人の精神的自由としての「信教の自由」

　現在の日本社会には、さまざまな宗教がある。私たちはどの宗教を信じてもよいし、まったく宗教というものを持たない自由もある。しかし歴史を見ると、国家が宗教を強制したり禁止したりして、人々の精神を圧迫した出来事は世界中にある。そこで、国家の強制や禁止を拒否する《個人》の自由として、「信教の自由」が保障されている。

　宗教を信じる自由・信じない自由、信じる教義の内容など、内面の信仰は一切の制約を受けない。この点は思想良心の自由の考え方と同じで、仮に実行されたら危険と思われる内容が含まれていたとしても、それが当人の内面にとどまる限りは、絶対的に自由が保障される。また、宗教団体内部の教義の真偽などについては、国家は介入しない（裁判の対象にならない）。

　一方、宗教団体内部の人間関係であれ、外部の社会との関係であれ、他者との関係で行われる宗教上の行為の自由は、他の自由権と同じく、憲法第13条の「公共の福祉」による制約を受ける。たとえば犯罪などの反社会的行為を含む場合である。

重要な裁判例

　宗教行為が裁判になった事例は多い。ここではとくに憲法問題となった代表的判例を2件取り上げるが、一般市民と宗教団体の間で起きた民事・刑事の裁判例は多く、2022年以降、その実態を把握することが政治課題にまでなっている。[*3]

◆加持祈禱事件　　　　　　　　　　最高裁 1963（昭和38）年5月15日判決
　ある宗教団体のメンバーが、精神疾患のある信者に、平癒祈願の祈禱と称して暴行を加え、死なせてしまった。この事件について最高裁は、宗教行為として加持祈禱行為がなされた場合でも、他人の生命、身体等に危害を及ぼす違法な行為によって被害者を死なせたものである以上、憲法第20条1項の信教の自由の保障

の限界を逸脱したものであり、これを刑法第205条（傷害致死）によって処罰することは憲法に反しない、とした。

◆**剣道実技拒否事件**　　　　　　　　最高裁1996（平成8）年3月8日判決

　公立学校の学生が、信仰する宗教（「エホバの証人」）の信条に反するという理由で、必修科目である剣道実技の履修を拒否したため2年連続で留年となり、学則によって退学処分となった。この処分の取り消しを求めた行政訴訟。最高裁は、「高等専門学校においては、剣道実技の履修が必須のものとまではいい難く、…他の体育種目の履修などの代替的方法によってこれを行うことも性質上可能というべきである」との考察をした上で、学校側の措置は裁量権の逸脱であり違憲違法なものであったと認定し、原告の主張を認めた。

2　国家が守るべき原則としての「政教分離」

　「政教分離」の原則は、政治と宗教の癒着や抗争を防ぐことで個人の信仰の自由を確保しようとするもので、欧米の国々では、宗教戦争の歴史への反省から、フランスをはじめ多くの国が採用している。[*4]ただしイギリスは国教を持ちながら「信教の自由」を認める方向をとっている。映画『王妃マルゴ』（1994年、フランス・イタリア・ドイツ）、『エリザベス』（1998年、イギリス）といった作品を見ると、こうした状況を克服するために「政教分離」という選択をしていくフランスと、あえて国教を立てたイギリスのそれぞれの背景を知ることができる。またイスラム教系の諸国のように、政教分離とは逆に、特定の宗教を国教としている国々もある。

　そのような中で、日本は、欧米の多数の国々がとった「政教分離」の原則を採用している。日本特有の事情としては、戦前の国家神道が多様な思想や宗教的知性を抑えてしまったことへの反省が込められており、ここには世界史と日本史の両方の理解が必要となる。

　「政教分離」ルールのもとでは、国が「国教」を定めて国民に強制する

さまざまな宗教を信仰する人々が暮らす「モザイク国家」と呼ばれるレバノン。その首都にあるアルメニア正教の日曜ミサ。　　　　　　　（2006年9月 ベイルート、レバノン）
写真：豊田直巳

ことは当然に禁止されるが、そこまであからさまではなくても、国が特定の宗教・宗派を支援したりしなかったりすることで、宗教に優劣関係を作り出してはならない。国や自治体の公金についても、そうした支出をしてはならないという財政ルールが、憲法第89条に定められている。また、たとえ金銭は支払われなくても、政府要職にある人物（公人）が特定の宗教を支援・推奨するふるまいを示すことは、政教分離に反すると考えられる。この観点からは、政府の職にある公人が靖国神社に参拝することは政教分離違反となることが指摘され、訴訟も起きている。

　2022年7月、元首相が銃撃された事件に関連して、日本の政府要人や議員と特定の宗教団体との間に「政教分離」に反する利害関係があったことが指摘され、政府・政党の対応が注目されている。

重要な裁判例 　　　　　　　　　　　　　　　　　**地鎮祭、首相参拝、文化財**

◆多数の判例

　国や自治体が政教分離に反する宗教行為や宗教支援を行ったことを訴える訴訟は数多く提起されている。政教分離は、国民の信教の自由を守るために必要な前提であるため、国民の側からの訴訟も多い。代表的なものとしては、①津地鎮祭訴訟（最高裁1977〔昭和52〕年7月13日判決）、②愛媛玉串料訴訟（最高裁1997〔平成9〕年4月2日判決）、③首相公式参拝訴訟（最高裁2006〔平成18〕年6月23日判決）、といった判決がある。

　①は、地鎮祭は日本の慣習に照らすと宗教行為ではなく、世俗的行為なので合憲と判断した判決である。②は、愛媛県知事による靖国神社への公金支出（「玉串料」という名目での寄付金）を憲法第89条違反とした違憲判決である。③は、複数の地域で原告が「人格権」を侵害されたとして提訴したが、最高裁は、本件参拝によって侵害された利益はないとの理由で、この首相参拝が政教分離に反する違憲なものであるかどうかを判断せずに請求を棄却している。

これら一連の裁判で、裁判所は「目的効果基準」と呼ばれる判断方法を採用してきた。これは、訴訟となった国家や公人の行為について、「行為の目的が宗教的意義を持ち、その効果が宗教に対する援助、助長、促進又は圧迫、干渉等になる」場合には、憲法第20条3項に言う「宗教的活動」に抵触する（実際に公金支出をしている場合には第89条にも反する）、という判断方法である。この基準では、多くの宗教行為が「宗教的活動」とは言えず世俗的行為だ、との判断を受けることになるため、政教分離の意味を緩めすぎている、との批判もある。

　近年になると、裁判所はこの「目的効果」という判断基準よりも「総合的判断」という言い方で判断をするようになってきた。これに基づいて違憲判決が出るようになっているものの、つかみどころのない場あたり的な判断に陥らないようにするために、この「総合」の中に含まれている論理を明らかにする学問的努力が行われている。このタイプの判決として、①空知太判決（最高裁2010〔平成22〕年1月20日判決）、②孔子廟判決（最高裁2021〔令和3〕年2月24日判決）がある。

　①は、市が連合町内会に対し、市有地を無償で神社施設の敷地として利用させていた行為が憲法第89条、第20条に違反するとされた事例である。

　②は、市が特定の団体に対し、市有地を無償で「孔子廟」と呼ばれる宗教施設の敷地として利用させていたことが憲法第20条に違反するとされた事例である。

◆宗教にルーツを持つ古美術品や建築物は

　上記の空知太判決も孔子廟判決も、憲法学の学術研究レベルでは、判断基準のあり方について議論がある。しかし、文化政策や文化行政の道に進む可能性のある表現者は、これらの判決から、以下の実践的なルールを学び取ってほしい。

　日本国内には、宗教にルーツを持つ寺院や絵画・彫刻が「文化財」に指定されて国の費用で保護されていたり、その保護のため

に博物館という場所が使われ、維持費に公金が支出されていたりもする。そういう場合のすべてが政教分離違反になるというわけではなく、宗教信者による信仰心とは別に、世俗的な文化芸術保護の観点から、保存すべき文化的価値があると認められることが必要である。この観点から見た時、本件で問題となった「孔子廟」は、施設運営の実態が宗教活動と判断され、憲法違反との判断となった。

第3節　学問の自由

第23条　学問の自由は、これを保障する。

1　学問の「自由」

　日本国憲法以前の「大日本帝国憲法」には、「学問の自由」の規定はなかった。とりわけ第二次世界大戦中は、政府が特定の学説を公認し、それに反する学問領域や学説の公表を抑圧したり、大学に対しても大学構内に警察官が立ち入ったり、特定の大学教員の解雇を要求するなどの干渉を行っていたため、大学における学問研究は著しく妨げられた。こうしたことが繰り返されないよう、第23条で「学問の自由」が保障されている。

　学問の自由には、学問上の研究活動、研究の発表、教授の自由が含まれる。学問の内容について、国が権力を用いて禁止したり強制したりすることは許されない。

　「学問の自由」は、社会権としての「教育を受ける権利」とは性質が異なる。国家が学問の発展を支援するために、大学の研究・教育に政策的な助成を行うことは国民の福利の観点から望ましいことだが、「学問の自由」

の基本は、大学以上の高等教育機関で行われる学問について公権力による学問への介入を防ぐという、「自由権」にある。

　ただ、先端科学技術の分野については、生命倫理などの観点から一定の抑制が必要であるとの認識が進み、「クローン技術規制法」（正式名称「ヒトに関するクローン技術等の規制に関する法律」、2000年制定）などの規制法も定められている。

2　「大学の自治」

　学問の自由は、人間の精神的発展の自由を高いレベルで保障することを主眼とするが、それだけであれば「表現の自由」や「思想良心の自由」の保障で足りるだろう。この自由をわざわざ取り出して保障していることから、個々の研究者の自由だけでなく、これらの自由を保障するための制度面への保障として、組織としての学術研究機関を対象とした「大学の自治」の保障も、この条文の内容に含まれると考えられている。したがって、大学内の運営の問題に国が権力を用いて、学問内容や学者人事の圧迫や統制となるような干渉をしてはならない。

　たとえば美術大学の場合、一般社会で公の場に出したら「わいせつ」に該当して法規制を受ける可能性のある人体表現が、作品として作製されたり、参考にされたりすることもある。仮に一般社会では「わいせつ」などの違法性を帯びる表現物であっても、大学内で専門家教員が研究教育上正当と認めるならば、大学の自主的な判断が優先し、警察などの公権力が大学の授業・研究に介入すべきではない。この考え方を、①正課授業に限って認めるべきか、②大学敷地内で大学が認めた行事であれば、「大学の自治」を尊重すべきか。この問題について、次に見る「東大ポポロ劇団事件」最高裁判決は、①の考え方を採用している。

最高裁 1963（昭和 38）年 5 月 22 日判決

　　警察官が警備公安活動のために、大学内で行われた演劇上演会
　場に立ち入ったことが問題となった事件である。最高裁判決は、
　次の趣旨の判断を示した。大学における学生の集会は、特別な自
　由と自治を享有するものではなく、それが真に学問的な研究のた
　めのものでなく、実社会の政治的社会的活動にあたる場合には、
　学問の自由と自治の保障を受けるものではない。大学構内で社会
　的政治的問題（松川事件）に関する演劇を企画し、一般の公衆が
　入場券を買って入場できるような状態にあった本件集会に、警察
　官が立ち入ったとしても、学問の自由と大学の自治を侵害するも
　のではないので違法ではない。

　　この判決については、大学の自治の重要性を十分に理解してい
　る判決かどうか、憲法学研究者の間では、疑問視する見方が多い。

3　政府による人事介入―日本学術会議任命問題

　「学問の自由」の保障は、大学機関に対してだけ及ぶものだろうか。こ
の問題を社会に強く意識させたのが、2020年10月にメディアの報道に
よって発覚して以来、社会の注目を集めた、「日本学術会議任命拒否問題」
だった。

　本来であれば、学術会議の推薦に基づいて105人が新会員となるはず
だったが、そのうち6人が、内閣の意向によって任命されなかった。安全
保障関連法への見解つまり思想信条を理由にした排除だった可能性が疑わ
れ、数度にわたって研究者や市民による情報公開請求も行われているが、
今でも拒否の理由は明らかになっていない。

　憲法の領域では、これを大学における学術研究に国が介入した問題では
ないので「学問の自由」の問題とならないとする見解と、大学以外にも学

術研究が社会貢献をする場は多数あり、そこに「学問の自由」の保障は及ぶとする見解がある。後者の見解は、これまで関係法令に基づいて適法に行われてきた学術活動の人事や内容・見解について、国が、正当な理由（よほどの必要性）なく介入をすることは「学問の自由」に反して憲法違反だ、という考え方である。

　後者の考え方を裁判で誰が主張できるかについては、実務的には難しいところもあり、かなり高度な議論が必要となってくるが、国（内閣や国会議員）に対して守ってもらうべき憲法上の要請という意味では、後者の見解をとって「学問の自由」の範囲や内容を発展させていくことは、可能であるし必要な作業といえるだろう。

＊註

1　志田陽子ほか編『映画で学ぶ憲法 II』（法律文化社、2021年）でもこの問題を扱っているので、参照してほしい。

2　この時代の君が代訴訟については、西原博史『良心の自由と子どもたち』（岩波新書、2006年）、柳瀬昇『教育判例で読み解く憲法 第2版』（学文社、2021年）などが参考になる。

3　学校教育と「信教の自由」との関係について、柳瀬昇『教育判例で読み解く憲法 第2版』（前掲註2）が参考になる。

4　憲法における「政教分離」に関する研究書として、芦部信喜『宗教・人権・憲法学』（有斐閣、1999年）、「信教の自由」についてさまざまな国の状況を取り上げたものとしてナタン・レルナー（元百合子訳）『宗教と人権』（東信堂、2008年）、21世紀に入って世界中で取り上げられるようになった「イスラム・スカーフ問題」については内藤正典・阪口正二郎編著『神の法 vs. 人の法』（日本評論社、2007年）などが参考になる。

第2部

人身の自由・経済的自由・社会権

第6章　人身の自由と法の適正手続

　ドイツのマイセン磁器は、西洋白磁工芸の最高峰と言われている。17世紀まではこの技術は中国だけのもので、西洋上流社会の憧れの芸術だった。この技術を実現するため、当時の国王アウグスト2世は、錬金術師ヨハン・ベトガーを幽閉し、白磁の開発を命じた。開発は1709年に成功したが、ベトガーはその後さらに仕事を命じられ、幽閉されたまま30代の若さで死亡したと伝えられる。

　いくら価値の高い美術工芸品を生み出すためとはいえ、人をこのように拘束・監禁して働かせることは、現在の国際社会では絶対に許されない。アーティストの国アートランドでは、作品制作に打ち込むあまり、寝食を忘れてアトリエにこもりきりになったり、グループでそういう状態を煽り合ってしまう危険があるので、このベトガーの物語は、決して陥ってはならない事柄として語り継がれている。とくに映画など、大勢のチームワークで進めていく作品づくりでは、体力の限界を超えて頑張りたくなってしまった人が、他の人に無理な分量の作業を求めてしまいがちだが、そういう時にこそ「意に反する苦役」を押しつけていないか、「奴隷的拘束」になっていないか、確認する必要がある。どれだけすぐれた作品でも、制作過程にそのような人権侵害があると、作品そのものも評価されなくなってしまうのだ。

　さて、アートランドでは、他の多くの国と同じく、人を奴隷的に拉致・拘束したり、意に反する労働を強制したりすることは犯罪となる。今日は巨大壁画の制作チームのリーダーであるイーガー君が、チームメンバーをアトリエに無理やり閉じ込めて脅して働かせた、という訴えがあり、イーガー君とチームメンバーを警察に呼んで話を聞くことになった。

「チームのみんなを閉じ込めようとしたんじゃなくて、壁画が完成するまでは世間に見せたくなかったからドアと窓を閉めたんです。もうすぐ締切だから、みんな完成するまでノンストップでやるよ、死ぬ気で頑張ろう、とは言ったけど、それが脅迫や強要にあたるとは思ってなかったです」と、イーガー君は警察の取調室で事情を説明した。

「それに、人を強制的に拘束したり意に反することをさせたりしてはいけないというのなら、今、僕は警察から強制的に取調室に閉じ込められていますよね？ 壁画の仕上げの仕事をしたいのに、意に反してこんな話をさせられていますよね？ これのほうが「人身の自由」を保障した憲法に違反していませんか？」

イーガー君の疑問にも一理あるが、そのあたりはどう考えたらいいのだろうか。日本国憲法の規定に沿って、実際の法ルールを確認してみよう。

第1節　人身の自由

第18条　何人も、いかなる奴隷的拘束も受けない。又、犯罪に因る
　　　　処罰の場合を除いては、その意に反する苦役に服させられない。

1　世界が共有する「奴隷制」の克服と禁止

本来、人間は生まれながらにして自由なのだから、自分の行きたい場所に行く自由があり、仕事や労役を引き受けるかどうかは自分の意思で決めることができるはずである。これは権利のあり方としては、不当な拘束や意に反する行為の強制に対して「No！」と言える拒否の権利、ということになる。国は、人間をそのように扱うこと、そして人間をそのように扱うことを許す制度（奴隷制）を採用することを、憲法によって禁止されている。この人権保障ルールを総合して「人身の自由」と呼ぶ。

1948年に故郷のパレスチナを追われて半世紀。難民キャンプで生まれ育った世代もい
まだにキャンプに暮らさざるをえない。　　　　　（2000年 ラシャディエ、レバノン）
撮影：豊田直巳

世界の歴史を見ると、この「人身の自由」を国家が組織的に剥奪する「奴隷制」が19世紀まで世界各地にあった[*1]。この歴史を繰り返さないように、多くの国が奴隷制を禁止している。また、国際社会で共有される人権ルールの中でも、この「人身の自由」は最も重要な普遍的人権と考えられている。

20世紀中ごろに成立した日本国憲法は、この流れにかなり遅れて合流した。日本には欧米諸国にあったような「奴隷制」は存在しなかったにしても、日本国憲法はこうした世界の流れを受け継ぎ、この歴史・反省を世界と共有している。

2 「奴隷的拘束」と「意に反する苦役」

日本国憲法を見ると、この「人身の自由」を定めた第18条には、「奴隷的拘束」を受けない権利と「意に反する苦役」に服させられない権利という二つの権利が定められている。

「奴隷的拘束の禁止」のほうは、たとえ本人の同意があったとしても、人間が人間をそのように扱うことは許されない絶対的禁止と考えられている。人間としてのあり方を否定するような身体の拘束は許されない。また、物理的な力（有形力）で身体を拘束するわけではないとしても、実質的に見て一方の当事者の生活・人生全体の自律を剥奪する奴隷契約となっている場合には、当事者同士の合意があったとしても、契約自体が無効となる[*2]。

これに対し、「意に反する苦役の禁止」のほうは、本人の意思が決め手となる。「奴隷的」であるかどうかと違って、「苦役かどうか」を判断することは、本人の意思を離れては不可能で、本人の意に反する何事かを強制されることがあってはならない、というのがここでの核になる考え方である。たとえば、スポーツにおける訓練など、他人から見れば苦しいことに見えても、本人の意思による場合は本条の問題とならず、逆に憲法第13条にある「幸福追求」ということになる。

日本ではさまざまな法律によって、私人間で「人身の自由」が侵害される事態を防ぐルールを設けている。代表的なものとしては、刑法の逮捕監

禁罪[*3]、労働基準法第5条の規定[*4]がある。本人の意思で「お堂にこもって修行する」「キツめの労働でガッツリ稼ぐ」というのは自由なのだが、これを本人の意に反して強制することは法律によって禁止されている。

　たとえば、本人の志願の有無によらず年齢などの条件によって一律に兵役を課す「徴兵制度」は、日本国憲法の下では、この第18条に反することになるため、認められない。また、職を離れて収入手段を失うわけにいかないという被雇用者の事情を利用して、労働契約時の合意を超える不当な長時間労働を強制することや、契約時の合意に反する労働内容を強制することは、「意に反する苦役」の強制となる[*5]。

　裁判員制度は、義務的な側面のかなり強い制度であるため、これを「意に反する苦役」とする主張を含む裁判も起きている。最高裁は、この制度は「意に反する苦役」にはあたらず憲法に反しないとしている（最高裁2011〔平成23〕年11月16日判決）。

3　現代における「人身の自由」保障

　さて、今日、「奴隷制」の問題はもう過去のものになった、と言えるだろうか。

　「奴隷的拘束」と言った時、私たちは、肌の色の黒い人々が鞭打たれながら綿摘みや荷物運びなどの労働をさせられているイメージだけを思い浮かべて、「それは過去の出来事だ」とか「日本にはなかったことだから日本国憲法には不要だ」と考えるべきではない。本質的に見て《人間にとって強制されるべきではない奴隷的状況》がある場合には、第18条の問題として考えるべきである。

　そう考えると、残念ながらこの問題はまだ過去のものになったとは言えない。今日でも、世界の各地で、非合法に「人身売買」や「児童労働」が行われていることが報告されており、人間をそのように利用することを禁止する条約や国内法が作られている。国際条約としては、「人身売買及び他人の売春からの搾取の禁止に関する条約」（国連1949年採択、日本1958年加盟）、「児童の権利に関する条約」（国連1989年採択、日本1994

年締結）、「国際的な組織犯罪の防止に関する国際連合条約を補足する人（特に女性及び児童）の取引を防止し、抑止し及び処罰するための議定書」（国連2000年採択、日本2002年署名）といった条約がある。また日本の国内法としては、2005年に刑法の第226条の2に「人身売買罪」が追加される法改正が行われている。

　ところで、日本国憲法第18条には、「犯罪に因る処罰の場合を除いては」、という条件がついている。「犯罪による処罰の場合」には、「人身の自由」の例外として、本人の意に反する苦役が課されることがあることを、憲法が認めているのである。では、この場合は、人の身柄は国の判断に委ねられるのでどう扱われてもいいのかというと、そうではない。その場合のルールは別に定められている。次の項目では、この問題を扱う。

第2節　法の適正手続

1　国民全体にとって必要な権利

　犯罪（刑事事件）が起きると、警察が実行行為者を特定し、検察が取り調べ内容を取りまとめて起訴し、刑事裁判が行われ、有罪判決が出た場合には刑罰が科される。この一連の流れを「刑事手続」と言い、この一連の流れに関わる国の組織・機関を総合して「刑事司法」と言う。

　刑事手続のために人の身柄が拘束される場合には、その必要性から、憲法第18条の例外となる。この場合、国（刑事司法）は、第31条から第40条までに定められたルールを守らなければならない。これらのルールを、「法の適正手続」と呼ぶ。

　この第31条から第40条までの規定について、法律の知識のない人から「犯罪加害者にばかり手厚く権利保障をしている」と言われることがあるが、それはこのルールを誤解した言い方である。何かの偶然で犯罪の実行者として疑いをかけられる可能性は誰にでもあるのだから、これらの権利は、すべての人にとって必要な権利なのである。

さらに国内外のさまざまな例を見ると、国（正確には、その時々の政治的指導者）にとって都合の悪い内容を公表した表現者が警察によって身柄を拘束され、表現の機会を奪われたり、生命を奪われたりした事件は多い。たとえば戦前の日本では、第1章で見た小林多喜二や三木清の例、スペインでは詩人ロルカが逮捕連行中に殺害された事例、ドイツではナチスの政策に反対するビラを撒いた大学生が死刑となった事例がある。さらに20世紀後半になっても、1960年代アメリカ南部で政治運動家が警察官によって射殺された事件、1970年代の南アフリカで大勢の黒人政治運動家が獄中で死亡している事件など、警察が公正な裁判なしに人々を殺害した例がある。[*6]

　こうした事例を見てみると、「法の適正手続」を要求する権利は、すべての人にとって必要な権利であり、とくに歴史に照らすと、表現者にとって重要な意味を持つ人権と言える。

　日本の警察は規律をよく守り、高い水準を備えた組織だと海外から称賛されることがある。しかし、もしもその実力が間違って使われれば、深刻な暴力になりうる組織なので、ルールでその行動をしっかりと枠づけしておく必要がある。したがって、たとえ戦前の反省はもう不要だと言えるほどに警察活動が適正になったとしても、「法の適正手続」を定めた憲法条文が不要となることはない。

2　法の手続の適正性、公正性

....

　　第31条　何人も、法律の定める手続によらなければ、その生命若しくは自由を奪はれ、又はその他の刑罰を科せられない。
　　第39条　何人も、実行の時に適法であつた行為又は既に無罪とされた行為については、刑事上の責任を問はれない。（以下略）

....

2-1 法律の定める手続

　国が、犯罪の防止と処罰のため、あるいは税金の徴収など、必要に応じて国民に不利益や負担を課す場合がある。この時、国の機関（公務員）は法律に基づいて行動しなければならず、その法律の内容も適正なものでなければならない。この第31条は、このあとに続く第32条から第40条までの条文全体の基本的意味を定めた総則規定と考えられている。

　この第31条は、まずは刑事手続のことを言っているが、その趣旨は行政罰など、国が国民に不利益を課す場合に広く及ぶ、あるいは及ぶべきだと考えられている。[*7]

2-2 罪刑法定主義と「公正な告知」

　第31条の趣旨からは、各人の自由を保障するためには、何が刑罰の対象（犯罪）になるのか、どのような刑罰が科されるのかという情報があらかじめ法律で明確になっている必要がある（罪刑法定主義）。犯罪となるべき行為が明確に決まっていれば、それ以外の行為については自由に行うことができるが、何が処罰対象なのかわからない不明確な法律があると、人は処罰の可能性をおそれて自由に行動できなくなるからである。

　また、国家があと出しで犯罪規定を作って処罰することができるとなると、今は自由とされている事柄も、いつ「犯罪」とされてしまうかわからないので、やはり人は自由に行動できなくなる。

　そこで、第31条と第39条から、人を刑事犯罪に問う場合は、あらかじめ「それは犯罪です」という告知が法律で明確に行われていることが必要で、そういう告知がなかった場合には刑事犯罪の責任を負わせてはいけない、というルールがある。また、社会の新しいニーズによって新しい犯罪規定が設けられることがあるが、[*8] こうした場合も新しい規定は、それが施行されたあとに行われた行為に対してだけ適用され、それ以前に行われた行為について、遡って警察の摘発や処罰の対象にしてはならない。

　ただ、いくら「前もって告知をする」といっても、その内容がそもそも憲法に反する内容だった場合には、当然に憲法違反と判断される。その意味での犯罪と刑罰の内容の合憲性は、この条文だけでなく、憲法のあらゆ

る条文に照らして検討されるべきこととなる。

　以下では、刑事手続の流れに沿って解説する。柱となる考え方は、「公正性の確保」と「暴力の禁止」と「人間の尊厳性を奪わないこと」である。

3　被疑者の権利：逮捕から取り調べに至るルール

第33条　何人も、（略）理由となつてゐる犯罪を明示する令状によらなければ、逮捕されない。

第34条　何人も、理由を直ちに告げられ、且つ、直ちに弁護人に依頼する権利を与へられなければ、抑留又は拘禁されない。（以下略）

第35条　何人も、その住居、書類及び所持品について、侵入、捜索及び押収を受けることのない権利は、第三十三条の場合を除いては、正当な理由に基いて発せられ、且つ捜索する場所及び押収する物を明示する令状がなければ、侵されない。（以下略）

第36条　公務員による拷問及び残虐な刑罰は、絶対にこれを禁ずる。

第38条　何人も、自己に不利益な供述を強要されない。

2　強制、拷問若しくは脅迫による自白又は不当に長く抑留若しくは拘禁された後の自白は、これを証拠とすることができない。

（以下略）

3-1　捜査〜逮捕に至るまでの「令状主義」

　警察によって、犯罪を行った疑いを受けた者を「被疑者」と言う。以下、《被疑者の権利》を、順序を追って見ていく。

　先に見たように、憲法は第18条によって「人身の自由」（不当な拘束や苦役強制を受けない権利）を保障している。これを曲げて人の身柄を拘束する「逮捕」には、明確で正当な理由（必要性）がなければならない。この理由を明示したものが「令状」で、これは「人身の自由」への侵害を必要最小限に抑えるための手続である。

これと同じ考え方に基づいて、逮捕された被疑者が取り調べを受ける際の身柄拘束、裁判中の身柄拘束についても第34条で理由開示のルールを定めている。

　犯罪行為者の特定のためには、疑わしい者の持ち物や住居の中を捜索して、証拠を押収することも必要となる。しかし、国民は、意に反して自分の住居に踏み込まれたり、荷物を開けられたりしない「プライバシー」の権利を持っているし、自分の持ち物を奪われない財産権を持っている。これらの権利を曲げて住居への侵入、捜索、証拠物の押収を行うためにも、上記のような「令状」が必要となる。これらの「令状」は、警察または検察の申請に基づいて、裁判官が発行する。

3-2　取り調べ段階

　取り調べは密室性の高い状況で行われることになるので、公権力による人権侵害が起きやすく、冤罪が生まれる可能性もあるため、これを防止するルールが必要となる。こうした問題を防ぐために、取り調べの「可視化」が取り入れられた。

　逮捕した被疑者（公判前の取り調べ段階）・被告人（公判中）を、自宅に帰さず継続的に拘束する時は、逮捕段階の令状に示された理由とは別に、拘束を継続することの正当な理由（逃亡のおそれが高い場合など）が必要である（第34条）。

　取り調べで、自白させるために暴力によって苦痛を与えることを「拷問」と言う。これを第36条は絶対的に禁止している。「拷問」を受けた人は、その苦痛から逃れたい一心で無実であるにもかかわらず、有罪の自白（虚偽自白）をしてしまう傾向があることが多くの専門家から指摘されており、真実発見の観点からも、暴力的な取り調べには擁護すべき点がない。第二次世界大戦終了前の日本は、そのような暴力的な取り調べが多く行われていたため、この反省から暴力的な取り調べは「絶対に」禁止されている。暴力以外にも、強制や脅迫、不当に長い身柄拘束によって自白をとることも禁止されており、警察や検察がこのルールに反する方法で自白をとった時には、公判段階で採用されない（第38条）。

第36条は、取り調べ段階だけでなく、有罪判決を受けたあとの刑罰についても「残虐な刑罰」を禁止している。ここから、この条文は刑事手続の全体から残虐性・暴力性を取り除こうとしている条文だと読むことができる。では死刑制度は「残虐な刑罰」にあたらないのか、という問題は、このあとの「刑罰の制度と受刑者の人権」の項目で扱う。

4　被告人の権利：「裁判を受ける権利」と公正性を確保するルール

第32条　何人も、裁判所において裁判を受ける権利を奪はれない。

第37条　（略）被告人は、公平な裁判所の迅速な公開裁判を受ける権利を有する。

2　刑事被告人は、（略）証人を求める権利を有する。

3　刑事被告人は、（略）資格を有する弁護人を依頼することができる。（以下略）

第38条　何人も、自己に不利益な供述を強要されない。

2　強制、拷問若しくは脅迫による自白又は不当に長く抑留若しくは拘禁された後の自白は、これを証拠とすることができない。

3　何人も、自己に不利益な唯一の証拠が本人の自白である場合には、有罪とされ、又は刑罰を科せられない。

犯罪の疑いを受けた人（被疑者）は、取り調べが終わると検察官によって起訴され、裁判の「被告人」となる。第32条は「裁判を受ける権利」を、第37条、第38条は公判段階の刑事被告人の権利を定めている。第32条の「裁判を受ける権利」は民事裁判、行政裁判、刑事裁判のすべてに関わる権利だが、[*9]第37条と第38条はとくに刑事裁判の被告人の権利を定めている。裁判は、刑事裁判の被告人にとって、自分の側の事情や正当性を示したり、不当に重い責任を負わされないように自己防御をしたりするための最終段階として、重要な場面になる。

第37条は「公平」で「迅速」な「公開」の裁判を保障している。公平性を保障するためには一方的な断罪とならないよう、裁判官と裁判員[10]が、検察側と被告人（弁護人）側のそれぞれの弁論を公平に聞いて判断する《当事者主義》がとられている。

　「迅速」の目安として、「裁判の迅速化に関する法律」では、第一審を2年以内に終結させることが目標とされている。裁判では、不当に長引いた裁判は憲法第37条に反するとして打ち切られた例がある（「高田事件」最高裁1972〔昭和47〕年12月20日判決）。

　「裁判の公開」の意義については、裁判を受けることもできずに取り調べ中に死亡した人々の例を考えてみると、その意義がわかる。国民の目が届く場所で犯罪の認定と刑罰の決定が行われることは、被疑者・被告人を最悪の事態から守るためのルールである。

　公平な裁判の保障の一環として、第37条3項は「弁護人依頼権」を定めている。被告人には弁護人と接見して話し合う権利がある。この権利が実際には相当に制約されていること、公判以前の取り調べ（被疑者）の段階で、弁護人の助言がえられる仕組みが拡充される必要があることが指摘されている。

　第38条の自白の採用に関するルールは、先に見た取り調べのルールとの連続で理解してほしい。国家（警察、検察）の側が憲法に反する強制的な方法で自白をとっていた場合には、裁判官と裁判員は、その自白を有罪判断の根拠にしてはいけない[11]。また自白以外に証拠がない場合にも、有罪にはできないというルールがあるのだが、これが守られてきたか、疑問に思われる事例もある。

5　無罪判決と刑事補償

第40条　何人も、抑留又は拘禁された後、無罪の裁判を受けたときは、法律の定めるところにより、国にその補償を求めることができる。

犯罪の疑いを受けて身柄を拘束された人が、結果として無罪となった場合、拘束を受けた人は、社会活動を妨げられていたことにより損害を受けていることになる。この場合には第40条の「刑事補償請求権」によって、国に金銭補償を求めることができる。金額などの内容については、「刑事補償法」に定められている。[*12]

　無実の者が有罪として扱われることを「冤罪」と言うが、日本では冤罪事件が多い。「免田事件」（1983年再審無罪）、「松山事件」（1984年再審無罪）のように死刑判決後20年以上が経過してから無罪となったケース、「足利事件」（2010年再審無罪）のように無期懲役判決後約17年が経過してから無罪となったケース、「袴田事件」（1980年死刑確定）のように死刑確定後30年以上がたってようやく再審が認められ釈放されたケース（2014年3月）、「狭山事件」（1977年無期懲役確定）のように再審請求が今も繰り返されているケース（2023年11月現在）などがある。これらのケースも無罪となれば刑事補償の対象となることはもちろんだが、それ以前の問題として、冤罪を作り出さないよう適正手続の遵守が求められる。

---

column 4	正義に名を借りた暴力を防ぐために

　ドキュメンタリー映画『袴田巖 夢の間の世の中』（金聖雄監督、2016年、日本）および創作映画『BOX 袴田事件　命とは』（高橋伴明監督、2010年、日本）には、刑事事件における適正手続の問題が凝縮されている。この裁判の第一審で主任判事にあたっていた裁判官は、「虚偽自白」の疑いが濃厚であり証拠として採用できないと考えていたが、不本意ながら有罪・死刑判決を下すことになったことを、退官後に公言している。

　憲法は、正義の名の下にであっても、刑事手続に暴力を持ち込むことを禁じている。映画『BOX』は、この基本を見失った「正義」の暴力性を、確認できる情報をもとに、映像化している。

　このような不正義を放置していていいのか、いや、間違った見込みのもとに冤罪を作り出すことは許されない…。『BOX』の劇

中、裁判官同士で戦わされた「正義」をめぐる議論が、映画『疑惑』（松本清張原作・野村芳太郎監督、1982年、日本）では弁護士と新聞記者の間で戦わされる。『疑惑』で被疑者となった女性は、同情など少しも感じられない、したたかなワルだ。しかし司法における「正義」は、冤罪を作り出さずに事実を認定することであり、みんなが嫌悪するような人物をそのことのゆえに有罪とすることではない。この作品は、被疑者を同情も共感も寄せつけない人物として描くことで、司法における手続的正義の意味をよく浮かび上がらせている。

いや、『疑惑』における被疑者は、じつはそう見えただけ、かもしれない。私たちは、文化の違いから相手の人間性を読み取り損ねることがある。映画『ヒマラヤ杉に降る雪』（S・ヒックス監督、1999年、アメリカ）では、第二次世界大戦直後のアメリカで、一人の日本人が殺人事件の被告人となる。検察官も裁判官も陪審員も、無口で感情表出をしない彼の態度を、平然と殺人を犯した冷血漢という心象に結びつけてしまう。この作品は、刑事手続における法的正義と「裁判を受ける権利」の重要性を、《外国人》《異文化》という状況から浮かび上がらせている。

6　刑罰の制度と受刑者の人権

第36条　公務員による拷問及び残虐な刑罰は、絶対にこれを禁ずる。
第37条（略）被告人は、公平な裁判所の迅速な公開裁判を受ける権利を有する。（以下略）

6-1　塀の中の人権保障の意味
刑事ドラマの多くは、逮捕の場面または判決が出たところで物語が終わ

る。しかし当事者にとってはここで終わりではない。刑務所のように、厳重な塀で区切られ隔離された場所では、万が一人権侵害が起きた時、救済が難しくなる。1940年代にアメリカで起きた「ヘンリー・ヤング事件[*13]」、2002年に日本のメディアと国会で大きく取り上げられた「名古屋刑務所事件[*14]」のような実例もある。塀の中の人権保障は一般人にとって日頃意識しにくい事柄だが、だからこそ、人権侵害防止のルールと侵害があった時の救済ルールをしっかり定めておく必要がある。

　憲法には受刑者の権利について明記した箇所はない。しかし憲法第31条から第40条までを見通した時、そこには一貫して、刑事司法から暴力性・嗜虐性を取り除こうとする趣旨が見てとれる。この趣旨は当然、刑事司法の最終段階である刑の執行の段階でも貫徹されるべきである。

　「犯罪を行ったのだから、人権保障の例外となるのは当然」と考えるべきではない。「裁判を受ける権利」や「罪刑法定主義」の原則があるということは、公開ではない刑務所内で、公正ではない手続によって、裁判によらず実質上の罰の追加となることを、刑務所が法律の根拠なしに独断で行ってはならないということである。

　たとえば処遇の実態が、規律を守ってもらうために必要な限度を超えて、人としての健康な生存が妨げられるような異常なものであることは、刑の執行を超えた国家による虐待となり、許されない。

　こうしたことはもともと公務員による職権乱用として、「特別公務員暴行陵虐罪」（刑法第195条）で処罰対象とされていたが、そうした法令があっても、受刑者の側から刑務所外へそれを知らせるルートがなかったために発覚しないということが、大きな問題だった。

6-2 「監獄法」から全面改正

　日本は1990年代に、国連などの国際機関から刑務所内の処遇について人権侵害の危険が高いことが指摘され、制度の改善を求められていた。21世紀に入って極端な虐待死亡事件（名古屋刑務所事件）が社会に報じられたことを受けて、国会で制度全体が見直され、「監獄法」が全面改正された結果、「刑事収容施設及び被収容者等の処遇に関する法律」へと変更さ

れた。ここでは、一定の条件を満たした模範的な受刑者に外泊や電話の使用を認めるなどの処遇改善策が盛り込まれ、刑務所の運営改善のため、受刑者の不服申立制度も新設された。[*15]

6-3　死刑制度をめぐる議論

現在日本で行われている「死刑」は「残虐な刑罰」ではないのか、という問題については、多くの議論がある。[*16]

最高裁は、死刑は第36条の禁止にはあたらず、憲法違反ではないとの立場をとっている（最高裁1948〔昭和23〕年3月12日判決）。国際的には死刑制度を残している国は少数であり、国連総会でも「死刑廃止条約」が1989年に採択されている。[*17]

一方、仮に将来、絞首刑よりも残虐でない手段がとられるようになったとしても、そもそも人の生命を奪う死刑制度は第36条に言う「残虐な刑罰」にあたる、との議論がある。[*18]

国際社会の合意や文化度を参考にしながら、正義にかなう刑罰の限界を考えていく必要がある。

7　社会復帰後の人権

刑事責任を果たし終えた人間は、社会復帰することになる。

刑罰の制度は、社会復帰を予定して有期の刑を原則としている。さまざまな制度改革も、社会復帰のための教育を充実させる方向をとっている。しかし、社会復帰後、社会の側に、出所した元受刑者を受け入れる器はあるのか、という問題が残っている。これは憲法第31条から第40条の規定から直接には答えを導き出せない。

しかし、制度全体の趣旨からは、刑事責任を終えて社会復帰をしようとする者や、社会復帰を果たしている者の新しい生活を台無しにするような情報提供を、公権力が行うことは自制すべきことになる。

こうした事情から、個人の犯罪歴はプライバシー（保護すべき個人情報）に含まれるか、それとも公共情報であって、知りたいと思う側の「知る権

利」が優先する事項と考えるか、という問題が出てくる。[*19]

　公権力による犯罪歴情報の取り扱いについては、社会復帰後、自己の犯罪歴を隠して職に就いている人の前科情報を弁護士の照会に応じて開示した区役所の行為を、「公権力の違法な行使」にあたるとした「前科照会事件」（最高裁 1981〔昭和56〕年4月14日判決）がある。

　私人同士の場合はどうだろうか。これについては、「表現の自由」とのバランスが問われた「ノンフィクション小説『逆転』事件」がある。この事例では、社会復帰後、自己の犯罪歴を隠して職に就き、新たな家庭も築いている人物が、自分が被告人となった裁判について実名で描かれたことについて、原作小説の作者を訴えた裁判である。最高裁は、憲法第13条に照らして、「人は、みだりに前科等にかかわる事実を公表されないことにつき、法的保護に値する利益を有する」として原告の主張を認めた（最高裁 1994〔平成6〕年2月8日判決）。

　現在では、自分の生活上不利となる犯罪歴情報がインターネットの検索サービスで表示されることについて、検索サービス業者に削除を求めることができるか、ということが実践的な議論となっており、裁判所の判断にも揺れがある。最高裁は、かなり高い理論ハードルを設けつつ、削除請求が認められる余地があるとしている（最高裁 2017〔平成29〕年1月31日決定）。

＊註

1　19世紀まで世界各地にあった奴隷制とその廃止の歴史や、奴隷貿易の禁止の歴史について扱った大作映画は多く、『アミスタッド』（1997年、アメリカ）、『アメイジング・グレイス』（2006年、イギリス）、『リンカーン』（2012年、アメリカ）、『ミッション』（1986年、イギリス）、『それでも夜は明ける』（2013年、アメリカほか）などがある。奴隷制の後遺症としての人種差別問題については、猿谷要『検証 アメリカ500年の物語』（平凡社、2004年）、クリント・スミス（風早さとみ訳）『場所からたどるアメリカと奴隷制の歴史』（原書房、2022年）が参考になる。

2　こうした契約は、民法の総則規定によって「公序良俗に反する」ために無効と判断されることになるはずだが、その背後に憲法のこうした規定がある。

3 　刑法第220条「不法に人を逮捕し、又は監禁した者は、三月以上七年以下の懲役に
　　処する。」

4 　労働基準法第5条「使用者は、暴行、脅迫、監禁その他精神又は身体の自由を不当
　　に拘束する手段によつて、労働者の意思に反して労働を強制してはならない。」

5 　近年問題となっている「ブラック企業」問題とは、このような憲法問題性を含む社
　　会問題である。

6 　ロルカ殺害については『ロルカ、暗殺の丘』（1997年、スペイン・アメリカ）、南
　　アフリカで起きた黒人政治活動家の獄中死事件については『遠い夜明け』（1987年、
　　イギリス）、アメリカ南部1960年代の政治権運動家射殺事件については『ミシシッ
　　ピー・バーニング』（1988年、アメリカ）といった映画に描かれている。どれも実
　　際にあった事件をもとにしている。

7 　たとえば、交通違反に対する行政罰、財産権の制約、少年法による保護処分、伝染
　　病予防のための強制処分などが含まれる。

8 　たとえば2012年の著作権法改正によって、著作権侵害に刑事罰を科す規定の中に、
　　新しく「違法ダウンロード」を含めるというルールが新設されたが、こうした規定
　　は、その規定が施行されたあとに行われた行為に対してだけ適用される。施行前に
　　行われた行為については、処罰の対象にはならない。

9 　「裁判を受ける権利」については、本書第3章の「国務請求権」、第12章の「司法
　　と裁判所」の項目も参照。

10　刑法上一定の重罪に関する裁判には、一般市民が判断に参加する裁判員制度が
　　2009（平成21）年から導入されている。第3章の「国務請求権」、第12章の「司法
　　と裁判所」の項目を参照。

11　「刑事訴訟法」第311条では、憲法第38条を受けて「黙秘権」を定めている。

12　刑事補償については、本書第3章の「国務請求権」の項目を参照してほしい。

13　1940年に起訴された事例。その裁判記録の多くが破棄されているため事実の詳細
　　は確認できないとされているが、断片的な資料にフィクションを組み合わせて作ら
　　れた映画作品として『告発』（1995年、アメリカ）がある。

14　名古屋刑務所で2001年、男性受刑者が刑務官から暴行を受けて急死した事件がきっ
　　かけとなり、国会で国政調査が行われた。事件に関わった刑務官は裁判で特別公務
　　員暴行陵虐致死の罪に問われた。

15　この分野の参考として、菊田幸一・海渡雄一編『刑務所改革―刑務所システム再構
　　築への指針』（日本評論社、2007年）、NPO法人「監獄人権センター」のホームペー
　　ジなど。

16 この問題の参考書として、団藤重光『死刑廃止論』（第6版）（有斐閣、2000年）がある。

17 「死刑の廃止を目指す『市民的及び政治的権利に関する国際規約』の第2選択議定書」。死刑廃止を定める内容となっており、1989年国連総会で採択、1991年発効。日本は批准していない。

18 「生命権」の問題として、国家が行える刑罰の限界として死刑の憲法適合性を問う、という論じ方もある。「生命権」については本書第10章を参照してほしい。

19 アメリカでは、犯罪歴情報をプライバシーと見ることには否定的な傾向があり、性犯罪者の復帰後の居住地情報を一般人が知ることができる「メーガン法」があるが、これは社会からの排除・監視の度合いが強すぎ、事実上、一生涯社会復帰を認めない制度になってしまうのではないかという疑問がある。その一方で、市民の知る権利の側から情報開示を擁護する議論もある。この問題をめぐる議論として、松井茂記『性犯罪者から子どもを守る─メーガン法の可能性』（中央公論新社、2007年）などがある。

第7章　経済的自由

　アートランドは、表現者が集まって建設した独立国家で、テーマパークや博物館、芸術祭などの収入で各人が生計を立て、その一部を税金とすることで国を運営している文化立国である。

　芸術で利益を得るのは大変な苦労がいる。芸術系の映画や絵画・彫刻は、アーティストにとっても映画館や画廊にとっても、経済的成功の難しい分野である。それに比べて、スマホなど売れている実用品のデザインや、人気のあるキャラクターで集客を見込む映画館やテーマパークは、人が大勢集まるので、すぐに利益を上げることができる。建国当初は芸術鑑賞リテラシーの高い人々だけが集まっていたので、芸術系の人々も十分に収入が得られたのだが、世界の人々が観光で訪れるようになると、瞬間的なわかりやすさや、すでに世界で人気を確立しているものの後追いのほうが収益を得やすくなってきた。

　「各人の生計は各人の才覚と勤労で立てること」というのがこの国のルールなのだから、できるだけ有利な道を選びたいと思うのは当然のことだろう。まして、次の芸術活動のために必要な実費も自分自身で稼がなくてはならないとなれば、赤字覚悟で純粋芸術や伝統工芸に献身するのはリスクが高すぎる。このことが、アートランドの議会でも話題となった。

　「クリエイティブな人々にとって何より大切なのは自由ですから、経済も、各人が自己責任で競争する自由主義が一番です。いいものは評価されるし、ダメなものは淘汰されていく。そこは市場に任せればいいんです」

　「それは、たまたま成功できた人だけが言えることですよ。市場に任せる経済は、じつは自由ではなくて、大衆のその時々の好みや人気に従属してしまうことになるんです。そうすると、価値が理解されるのに時間がか

かる内容の濃い芸術は、芽を出す前に淘汰されてしまうし、そもそも会場を借りるお金がないので芽を出せない。真に自由なアートやデザインは、大衆迎合とは違う視点で、国が財政支援する必要があると思うんです」

「しかしそこに公金を使うとなると、利益を上げているテーマパークやキャラクターグッズのほうの人たちが、不公平だと文句を言ってきそうだな」

「いや、儲からなくても芸術的評価の高いものを世界にアピールしていくことで、私たち全員のイメージが保たれると思うので、そこを国が後押しすることは、儲かっている人たちにとっても利益のあることなんです。公共の福祉になるんですよ」

（この議論の続きは、第9章の冒頭の「文化芸術支援政策」の話につながっていくことになる。）

そんな議論をしているところに、悪いニュースが舞い込んだ。アートランドのテーマパークで爆売れしていたお土産用のキャラクターグッズが、海外のアニメキャラクターと類似しているために、著作権侵害と不正競争防止法違反で訴えられたというのだ。

「まいりました。模倣品で人気と収益を稼いでいたとなると、アートランドのイメージがガタ落ちです。早急に調査と対応をしましょう」

「やはり早く利益を出そうとして焦ると、そういう失敗が出ますね。芸術家やデザイナーも、経済活動をするときには経済活動のルールがあることを知っておかないと…」

「まずは国を挙げて、経済ルールと知財ルールの啓発教育をやりますか」

私たちが暮らす日本は、自由主義経済をとりつつ、国民の福祉の観点からそこに修正を加えている福祉国家である。人が経済的な豊かさを求めることや、職業選択を通じて自己実現の道を見出すことは、日本国憲法が認める「自由」である。その一方で、自由放任の経済が招く貧困・格差の問題を修正するために、日本国憲法は、福祉国家における国民の権利を「社会権」として明記した。経済的自由と福祉国家との間で、どこに適切なバランスを見出すかは、民主主義の中で国民が決めていくことが期待されている。この章ではまず経済的自由について学び、次の章でこれを修正する

社会権について学んでいこう。

◇経済的自由と社会権と統治を俯瞰すると…

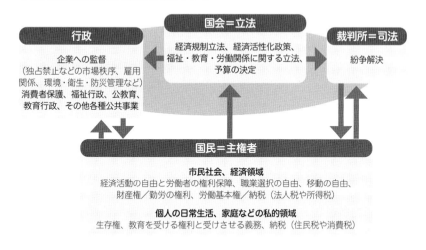

第1節　経済領域の自由と「公共の福祉」

1　表現者にも身近な経済規制

　クリエイティブな仕事に就きたいと思う人は多いと思う。クリエイティブな仕事の中でも、商品のデザイン（プロダクトデザイン）やその包装のデザイン（パッケージデザイン）や広告表現は、表現であると同時に、経済活動の側面を持つため、いろいろな規制を受ける。自由なイマジネーションの表現として、乗り手を振り落とす勢いで跳び跳ねる自動車を描くことは「表現の自由」として自由だが、市場で販売する製品として自動車をデザインする時には、安全性を配慮したさまざまな基準を守る必要がある。また、パッケージデザインを手掛ける人々にとっては、食品の原材料表示などのたくさんの表示義務は、美観を邪魔する面倒なものかもしれない。たばこのパッケージに健康への危険を表示する義務なども、収益性・デザ

イン性の両方を制約するルールである。

　経済活動の自由は、精神的自由や人身の自由に比べて、「公共の福祉」のための制約が多い。その理由と憲法問題性について、考えてみよう。

たばこのパッケージの表示　　　　　　　　食品のパッケージの表示

2　経済活動の自由の出発点と発展

2-1　出発点としての近代

　私たちは、給与所得者として、商品を購入する消費者として、住居や絵画展示スペースを借りる借主として、家計を切り盛りする家庭人として、日々さまざまなお金の算段をしながら生活している。そこでは自分の財産を自分で考えて使ったり、自分の名義で貯金をすることができる。また自分の土地や家を人に貸したり、雑貨をショップやオークションで売るなど、自分の財産を使って経済活動を行うこともできる。そこでは、やりくりに苦労はするにしても、自らの目的や意志によって主体的に判断をしている人々の姿がある。経済活動の「自由」とは、不自由のない生活のことではなく、このことを指す言葉である。

　主権や人権や国の組織を定めた近代憲法は、17世紀から18世紀にかけてイギリス、アメリカ、フランスで次々に起きた市民革命によって生まれた。この時期の変化の大きな原動力となったのが、経済的自由を求める動きだった。近代革命以前の経済は、各人の職業が身分制によって決まっていた。しかし産業のあり方が変わり、君主制・身分制・奴隷制が世界中で廃止されていく。ここでは、すべての者が平等に同じスタートラインに立って、働きと能力・才覚に応じた結果を受け取ることのできる社会が考えられていた。

じつはこの時点で、すでに経済力（資本）をえていた者とそうでない者との間には力の格差があった。この格差が憲法の世界で考慮されてくるのは、もっとあとの時代のことになる。[*1]

2-2　近代から現代へ─国家の役割の変化と「公共の福祉」

　経済的自由に関する権利は、獲得された初期には、国家からいっさい制約を受けることのない「不可侵の権利」と考えられていた。この考え方に基づいて、国の仕事についても、経済社会に干渉せず（自由放任）、犯罪の取り締まりだけを任務とすべきだと考えられていた（近代消極国家）。

　この自由放任の経済から、社会的・経済的弱者の問題が生み出されてきた。そこには、前時代の身分制や奴隷制以上の困窮状態や、劣悪な労働環境による健康被害も見られた。また、少数の強者による市場の独占とそれ以外の者の無力化が起きれば、「経済活動の自由」そのものも成り立たなくなってくる。

　こうした社会ニーズから、国が引き受ける仕事には、弱者に人間らしい生存を保障することや、公正な経済活動を維持するためのルール作りが含まれるようになった。こうした役割を担う国家を、現代型積極国家（福祉国家）と言う。積極的役割を担う福祉国家は、消極的な国家よりも多くの財源（金銭）を必要とするため、国民の負担金（税金）が増える傾向にある。消極型（小さな政府）と積極型（大きな政府）のどちらがいいかについては、異論や揺れがあり、多くの国で、その時々のバランスが民主主義の中で決まっていく。日本もそのタイプの国だが、自由重視の方向と福祉重視の方向のどちらに振れたとしても、どちらもゼロにしてはいけない、というバランス枠が憲法に定められている。

　日本国憲法では、経済的自由を、第22条「職業選択の自由、居住・移転の自由」と第29条「財産権」の二つに分けて保障している。両方の条文に「公共の福祉」という言葉が出てくる。この言葉は第13条に出てくる「公共の福祉」と同じ言葉ではあるが、経済領域に関する条文にだけこの言葉が繰り返されていることは、より強い政策的な調整がありうることを表している。

3 裁判所が憲法判断をする時

　今ではコンビニで、風邪薬などの一般医薬品（2類・3類）が買える。ただし一部のもの（1類）は医師または薬剤師がいる店でないと買えないので、規制が緩和されたとはいえ、ルールによって制約を受けていることになる（薬機法および薬剤師法）。こうした規制は、国民の生命や安全や健康を守るための規制であり、前述の説明で言えば「消極国家」の発想から必要とされる規制である（消極的規制）。こうした規制が「憲法違反ではないか」と訴えられた時には、正当な目的があるか、規制の仕方がその目的に噛み合っているか・過剰でないかということが審査される。*2

　これに対して積極目的による規制とは、福祉国家実現の一環として、過剰な格差を是正し、経済的弱者を保護するために行う規制である。このタイプの規制が憲法訴訟になった時には、国会（立法府）の判断に委ねることとして原則合憲という考え方（立法裁量論）がとられている。*3

　経済活動の自由に対する規制が裁判で憲法違反に問われた時には、このように、規制目的の違いに応じて、異なる基準で合憲か違憲かが判断される。

　ここまでを整理すると、まず、精神的自由権が第13条の「公共の福祉」によって制約を受けている場合の裁判所のチェックは厳しい姿勢となるが、経済活動の自由が第22・29条の「公共の福祉」によって制約される場合の裁判所のチェックは、それより緩やかな姿勢になる。この違いを「二重の基準」と言う。次に、経済的自由への制約についてはその目的に応じて区別して判断することになり、問題となった規制が消極目的による規制の場合には、第13条型に近い高いハードル（「厳格な合理性」の基準）で判断し、積極目的による規制の場合には、立法府（国会）に広い裁量を認めて緩やかに憲法適合性を認める判断がされる（合理的根拠の基準）。この考え方を「新二重の基準」と言う。*4

第2節 職業選択の自由、居住・移転の自由

第22条 何人も、公共の福祉に反しない限り、居住、移転及び職業
選択の自由を有する。

2 何人も、外国に移住し、又は国籍を離脱する自由を侵されない。

---

1 職業選択の自由と営業の自由

職業選択の自由と居住・移転の自由が認められていることは、隷属状態
ではない「自由人」であることの最小条件と言える。

憲法第22条1項が定めている「職業選択の自由」とは、各人が自分の
職業を自分で決定することのできる自由を言う。これは国家や社会的権力
によって、意に反して特定の職業に就くことを強要されたり妨害されたり
することはない、という「自由」である。第27条で国民には勤労の権利
と義務があることが定められているが、この義務を、国家が本人の意に反
する労働強制の形で課すことはできない。

また、選択の自由は、自分が選んだ職業を実際に行う自由があって初め
て意味を持つ。そこで、あとに見る憲法第29条の財産権とこの第22条と
を合わせて、「営業の自由」が憲法上の権利として保障される。

憲法第22条は「公共の福祉に反しない限り」、第29条には「公共の福
祉に適合するやうに」と規定している。これは同じ「公共の福祉」を定め
た第13条よりも踏み込んだ規制が行われる場合があることを示したもの
と考えられている。「職業選択の自由」と「営業の自由」に関わる規制には、
職業・営業の届出制（理容業など）、許可制（飲食業、貸金業など）、資格制・
免許制（弁護士、医師など）、特許制（電気、ガス、鉄道などの公益事業など）
といったものがある。たとえば医師の仕事は、国民の生命・健康と直結し
ていることから、その資格に厳しい試験が課されている。一方で、職業選

択や営業の自由には、各人の自己実現や幸福追求も含まれているため、不必要な規制や的外れな規制は、活動主体の自由のほうが優先することになり、憲法違反と判断される。

重要な裁判例

◆薬局距離制限事件　　　　　　最高裁 1975（昭和50）年4月30日判決

　薬局の開設の条件として、適正配置の距離制限（既存の薬局がある場合、ここから一定の距離以上離れていること）を要求する旧薬事法第6条2項が争われた。最高裁は、本件薬局距離制限は、国民の生命・健康に対する危険の防止という消極目的のものであるとした上で、消極目的の規制には①規制の必要性・合理性の審査に加えて、②その目的の達成について人権への制限の度合いがより少ない手段がなかったかどうかを検討すべきであるとして、問題となった適正配置規制を違憲とした。

◆酒類販売免許制事件　　　　　最高裁 1992（平成4）年12月15日判決

　酒類販売の免許を申請した者が、酒税法第10条10号により「経営の基礎が薄弱である」ことを理由に免許交付を受けられなかったため、この規定の合憲性を争った。最高裁は、この許可制が「重要な公共の利益のために必要かつ合理的な措置」かどうかを審査し、酒税法が定めている免許制に合理性はあるとし、また酒類は致酔性を有する嗜好品であるために販売秩序維持のために規制を受けてもやむをえず、立法府の判断が「著しく不合理」とは言えない、との理由で、合憲とした。

◆医薬品ネット販売事件　　　　最高裁 2013（平成25）年1月11日判決

　2009年6月の改正薬事法の施行で、ネットを含む通信販売の規制が強化された。厚生労働省はこれに基づいて、一定の薬品の通信販売を禁止する省令を出した。この省令に対してネット通販事業者が、医薬品ネット販売の権利確認を求めて厚生労働省を訴えた裁判で、業者のネット通販再開を認める判決が出された。この

裁判は改正薬事法の合憲性を争う憲法裁判ではなく、省令の内容が薬事法を逸脱する過剰な禁止になっていたことを違法とする判決だが、経済活動の自由と消費者保護行政が衝突した一例と言える。

◆**風俗営業法ダンス規制事件**　　　最高裁 2016（平成 28）年 6 月 7 日決定

　2012 年、大阪にあるクラブが、許可なく客にダンスをさせたため風俗営業法（風俗営業等の規制及び業務の適正化等に関する法律）違反の疑いで逮捕され、起訴された。風俗営業法は一定の店舗営業に対して健全性を守るためのルールを課している。これがダンスにまで及ぶのは違憲だ、との反論が被告人側から出された。

　これに対して最高裁は、「風俗営業法にいう禁止事項に、この件のダンスは含まれない」という考え方で本件を「無罪」として二審（大阪高裁）判決を支持する決定を出し、被告人の無罪が確定した。この法律のダンス規制の部分が憲法上の「営業の自由」や「表現の自由」を過剰にまたは不当に規制するものではないか、との主張については、直接の判断は示されなかった。

2　居住・移転の自由

　学びたいことがあって遠い場所にある大学に入学する人、仕事の場所に合わせて引っ越しをする人、旅行して写真を撮ったり紀行文を書いたりする人、離れた土地で現地の産物を買い、それを持ち帰って売る人（貿易商）、宅配サービス（流通業）との連携を駆使したオンライン・ショップ。こうしたさまざまな活動にとって、移動の自由は不可欠である。

　憲法第 22 条 1 項は、「居住、移転」の自由を保障している。これは、自己の住所または居所を決定して引っ越しをする自由、旅行の自由、その他多様な移動の自由を保障した規定と考えられる。

　この自由が「経済的自由」の条文の中で保障されていることには、歴史

イスラエルが安全保障を名目にパレスチナ自治区に建設した「分離壁」がパレスチナの人々の暮らしを破壊している。　（2004年10月 エルサレム郊外、パレスチナ）

撮影：豊田直巳

的な経緯がある。近代以前の身分制・封建制の社会では、多くの地域で領民や農民の離脱が禁止され、人の身分・職業が土地に拘束され、自主的な職業選択や商業活動は困難だった。また、力をつけてきた商人たちも、身分制ルールの下では自分の判断で臨機応変に動くことは困難だった。そのため、人間を土地から解放して移動の自由を保障することが、経済活動の自由を実現する前提として不可欠だったのである。

　ところで、私たちは転居した時にはそのことを役所に届け出て、住民登録をしなければならない。自治体が特定の者の転入届を拒めば、その人は事実上、転居の自由を奪われるか、各種の法的権利や行政サービスを享受できない無住所の状態になってしまう。ここから、自治体は転入者の受け入れについて、人物の選別をしてはならない。[*5]

　また現在では、旅行をして自分の人生を充実させたい（幸福追求権）、学会出席や留学などによって学究を深めたい（学問の自由）、取材などの表現活動のために現地へ行きたい（表現の自由）、といったように、移動の自由は人格発展や精神的自由権の実現の前提ともなっている。そのため、この自由に対する制約が憲法違反の疑いを受けた時には、一律に経済活動への規制と見て緩く判断するのではなく、その具体的場面に応じて、厳しい審査が行われる必要がある。このことは、次に見る「海外渡航の自由」についても同じである。

3　海外渡航の自由

　居住・移転の自由全般については、憲法第22条1項が規定している。2項では、とくに日本国の国境をまたいで海外へ移動、移住することの自由と、日本の国籍を離脱することの自由が定められている。第22条の本来の趣旨としては、海外渡航の自由をすべての人に最大限に保障することが望ましいのだが、歴史上はさまざまな国際情勢への配慮から、人の出入国の可否は国家の強い関心事となってきた。実際の海外渡航には旅券（パスポート）の所持が義務づけられているが、旅券法第13条では、外務大臣が裁量によって旅券の発給を拒否できることになっている。これが憲法第22

条違反ではないかということが争われた裁判がある（旅券発給拒否事件）[*6]。

　営利活動とは関係のない学問追究や幸福追求や家族形成の自由に関連する移動については、憲法第22条ではなく憲法第13条のほうの「公共の福祉」の原則に戻って、他者の権利や安全を守るためといった必要からやむをえない場合に限り、最小限度の規制にとどめる考え方が確認される必要があるだろう。

4　外国人の入国、在留の権利

　みなさんの中には、海外のアーティストが来日することを心待ちにしている人も多いだろう。

　憲法第22条2項は、日本国内から外国への移住の自由は認めているが、外国から日本への移住については何も言っていないので、外国人が日本に入国する自由、移住する自由は憲法上の権利としては認められていないと考える説が多い。この考えによれば、日本国籍を持たない外国人が日本に来る際に、その入国を認めるか否かは日本国（具体的には外務省）の行政裁量に委ねられることになり、これに優越するものとしての憲法上の権利は存在しないことになる。

　では、日本国内にすでに適法に入国して在留する外国人が在留延長をして滞在を続けることについては、どうだろうか。これについては、「マクリーン事件」判決がある。在留アメリカ人のマクリーン氏が、日本在留延長の許可を受けられなかったことを憲法違反として争った事例である。最高裁判所は、この件で問題となった再入国の可否については外務大臣の裁量に委ねられるとした（「マクリーン事件」最高裁 1978〔昭和53〕年10月4日判決。この判決については第11章のcolumn 14を参照）。

第3節　財産権

第29条　財産権は、これを侵してはならない。
　2　財産権の内容は、公共の福祉に適合するやうに、法律でこれを定
　　める。
　3　私有財産は、正当な補償の下に、これを公共のために用ひること
　　ができる。

1　財産権保障の意味

　私たちは、自分の金銭は自分で使い道を決定できることや、自分の所有
物は自分の判断で使ったり貸したり売ったりできることを、普通のことと
考えている。このような自由は近代において確立されたものであり、それ
以前は、財産（とくに土地）は封建制と身分制によって強い制約を受けて
いた。ここから脱却した「財産権」は、近代憲法ができてきた18世紀には、
国家による制約を受けない「不可侵の権利」と考えられていた（たとえば
1789年 フランス人権宣言17条）。

　しかしその後、現代福祉国家の発想においては、財産権は一定の社会的
制約を受けるべきものと考えられるようになった（たとえば1919年 ワイ
マール憲法）。

2　財産権の制限と「公共の福祉」

　財産権の規制は、他者や社会の安全を守るためといった消極目的による
規制と、産業の活性化や弱者保護などの積極的政策に基づく規制とに分か
れる。規制が憲法上の財産権を不当に制約しているのではないかという裁
判が起きた時には、どちらのタイプの規制かによって、裁判所の判断方法

が異なってくる（前述）。

「財産」には二種類のものがある。自分が住むための住居や家具、自分が普段の生活で使う自家用車など、自分やその家族が生活するための財産のことを「生活財」と呼ぶ。一方、貸すための不動産や農業用地としての土地、運送業に使われる自動車や工業品を生産する工場など、経済活動のための財を「生産財」と呼ぶ。

日本国憲法第29条は、上記のような生活財と生産財の違いに配慮している。1項で「侵してはならない」というのは、生活財への規制は3項の場合以外は政策目的で規制されるべきではなく、規制は消極目的で必要最小限に、という意味と考えられる。一方、経済活動のための生産財は、政策上の必要があれば積極的な規制に服する場合があり、2項はそのことを定めた規定だと考えられる。各種の経済規制立法（独占禁止法や不正競争防止法など）、産業規制立法（環境保護のための廃棄物排出規制や設備の義務づけなど）、雇用関係に関して雇用者側が守るべきルールなどは、こうした考え方に基づいていると考えられる。

---

column 5	契約の自由と消費者保護

大学生は、高額商品の販売勧誘を受けることが多い。私たちは民法の規定により、18歳になれば自己の判断で「契約」ができる、つまり、経済活動の主体として認められる。[*7] しかし経済活動の世界で主体としてふるまうことは、時に大きな責任が伴うので、不利な契約や自分の支払い能力を超えた契約に同意してしまうことのないように、十分な情報や熟考が必要となる。

「契約の自由」の基本の考え方では、契約の当事者同士がいったん合意した内容は、どのような内容であれその合意が拘束力を持ち、国がこの内容に介入すべきではない。しかし現実の社会では、対等とは言えない状況の中で契約が行われることもある。そこで、奴隷契約、人身売買契約のように憲法の趣旨に反する契約は、合意があっても無効とされる。また、社会権のところで見る

ように、国が法律によって企業に雇用ルールを課し、このルールによって一般の勤労者を守る仕組みがとられているが、ここでも国が「契約の自由」に踏み込んで修正を行っている。

とくに現在では、消費者保護のための法ルールが拡充されてきている。消費者保護のための規制は、消費者の安全や健康の保護（被害防止）という意味では消極目的だが、情報量に格差があることに着目して保護を講じている点では積極的な弱者保護とも言えるので、消極・積極の両局面を併せ持っている。表現との関連では、広告表現はこの消費者保護の観点から、誇大広告や虚偽広告が禁止されている（第4章の「表現の自由と経済社会」の項目で前述）。

業者と個人とのやり取りでは経験と情報量に圧倒的な差があるため、個人は断れない心理状態に追い込まれたり、損失リスクを十分に認識できず不利な契約をしてしまうことがある。こうした状況がある時には「契約の自由」の原則を修正して、消費者保護の観点からいくつかの特別ルールが定められている。これについては、「消費者基本法」を中心として、消費者契約法や、割賦販売法、クーリング・オフ制度を定めた「特定商取引に関する法律」といったさまざまな法律がある。また、こうした消費者保護や食品安全の問題を扱う消費者行政については、内閣府に「消費者庁」が設置されている。

3　財産の公用と補償

人が自宅として住んでいる土地が、国や自治体の道路用地になることに決まったり、建物が重要文化財指定を受けて改築できなくなったりすることがある。日本国憲法第29条1項によれば、個人の生活財は消極目的によってしか制限できないと考えられているが、このような公共事業のためには、個人の財産権よりも公共目的を優先させる必要も出てくる。

このような場合について、第29条3項は、「私有財産は、正当な補償の下に、これを公共のために用ひることができる」と定めている。これは1項で「侵してはならない」と定めていることに対して、例外的な場合を認める規定である。この規定に基づいて、国や自治体は、上記のような必要がある時、人の私有財産を公共事業のために収用したり、使用方法を制限したりできる。[*8]

　このように国や自治体が私有財産を収用するさいには、それに見合う「正当な補償」を、収用を受ける個人に対して行うことが必要である。たいていの場合、金銭で補償が支払われる。[*9]

　一方、使用の仕方を制限する場合には、すべての場合について補償が必要なわけではないと考えられている。農地として使うために所有していた土地で「耕作をしてはならない」と命じられた農家の事例については、考え方が分れている（次の「奈良県ため池条例事件」を参照）。

重要な裁判例

◆奈良県ため池条例事件　　　　　最高裁 1963（昭和38）年6月26日判決

　奈良県は、大雨時の水害に悩んでいた。そこで、1954年、ため池の決壊による災害を防止するため、条例で、ため池の堤とうに農作物を植えること（耕作のため土をほぐすこと）を、補償なしで禁止した。この条例制定以前からこの土地で耕作を行ってきた被告人は、この条例制定後もこの場所での耕作を続けたために、罰金刑の判決を受けた。最高裁は、これは災害を防止し、公共の福祉を保持するためにやむをえないものであり、財産権を有する者が受忍しなければならない責務であるとし、補償なしの禁止条例を合憲とした。これについては、本件のように財産が本来の目的に使用できなくなる場合には、国または自治体が第29条3項の補償をすべきではないかとの疑問もある。

◆森林法事件　　　　　　　　　　最高裁 1987（昭和62）年4月22日判決

　森林法では、森林を複数名で共有している所有者は、その森林

の共有分を分割するよう請求することはできないと規定していた。そこで森林の分割を望んだ所有者が、この規定を憲法第29条に反し無効であると主張した。最高裁は、森林法第186条の立法目的は、森林の細分化を防止することによって森林経営の安定と森林の保護を図り、これによって国民経済の発展に資することであるとした上で、一律に分割を禁止するのは、この目的を達成するにつき必要な限度を超えた規制にあたり、合理性と必要性のいずれも欠いている、との違憲判決を出した。

4　知的財産権と憲法

4-1　知的財産権とは

　「知的財産法」と呼ばれる法分野は、理系の技術分野や音楽・美術・出版・デザインのプロのレベルの人々の間で知られてきた分野だったが、誰でも発信者となれる今日では、すべての人が共有すべき一般知識となっている。[*10]

　これは、発明や芸術などの創作物を、経済利益を受けるべき「財産」として保護する制度によって、文化や産業を活性化させようという目的を持つ制度である。ここで「保護する」というのは、権利者（作者や企業）に一種の独占権を与え、この権利者の許可なしに他人がその創作成果を利用することを禁止し、そうすることで利益の流出やフリーライド（不正なただ乗り）を防ぐということである。

　たとえば、自動車や携帯電話などの価値の高い物品があった時、その個々の物品の財産価値とは別に、その物品の機能を成り立たせる技術や、魅力を成り立たせる優れたデザインに経済価値を認め、これを模倣被害から守り、権利者の収益が確保されるように工夫された制度である。

　この知的財産をめぐる権利に関するルールを定めた法律群を総称して「知的財産法」と呼ぶ。この知的財産法は、その目的によって、大きく次の二つのグループに分かれる。

一つは、産業の発展を目的とした「産業財産法」のグループである。ここには、技術の発明に関する権利（特許権）について規定する特許法、デザインに関する権利（意匠権）について規定する意匠法、いわゆる模倣品から権利者の利益を保護する不正競争防止法などが含まれる。これらの法律群は、経済的自由の領域に属する事柄を立法目的としている。

　もう一つは、文化の発展を目的とした「著作権法」である。これは、文芸、音楽、美術、映画などの作品から生じる経済的利益および人格的利益が、正当な権利者によって享受されるように、各種のルールを定めた法律である。この著作権法は、経済的自由と精神的自由（表現の自由など）の両方の領域にまたがった内容を持っている。

　現在のデジタル技術社会・インターネット社会では、劣化のない複製が可能になったこと、情報を瞬時に無限に拡散させることが可能になったことにより、権利侵害の質と量が飛躍的に高まってきているので、これに対応するために、罰則強化など、権利保護を強化する必要性が主張され、その方向での法改正が行われている。この流れの中で、憲法が保障する人権（主に「表現の自由」）との衝突の問題が生じるようになってきた。

4-2　憲法と知的財産権

　創作表現の経済的利益を守る知的財産権は、憲法上の財産権に法的なバックグラウンドを持ち、憲法によって肯定・許容されていると考えられるが、国家の政策によって生み出された権利であるという点では、「人権」とまでは言えない法律上の権利と考えるべきだろう。優越的権利ともいわれる重要な人権である「表現の自由」と著作権法のルールが衝突した場合には、切迫性のない理由や過剰な規制手段で「表現の自由」を制限してはならないことが確認されなければならないだろう。

　また、政策の問題としても、権利者の経済的利益を強く保護していくのか、それとも、「表現の自由」や「学問の自由」の領域で広くその価値が享受される公共財産としての側面を重視して、一般者にとって利用しやすいものにしていくのか、二つの方向の間で適正なバランスの模索が要請される。

●先端医薬品の特許と後発地域の医療福祉

　特許権の対象となるような先端発明をした者（企業）は、その発明から収益をえる権利が認められるが、その権利に一定の制限をかける必要が、国際問題として意識されるようになった。先進国で開発された医薬品の多くは特許権があり、経済的に苦しい後発国ではその特許料を支払うことができない。人命を救う医薬品の製法がわかっているにもかかわらず、経済力がない国ではこれを作れず人命が失われていく状況は、人道に反するのではないか…。

　現在ではWHOの主導により、こうした人命救助に関わる先端医薬品の製法については、企業は特許料による利益をえずに知識提供をすることが求められている。国際社会でも、知的財産について格差と人道を考慮したバランスが意識されている。

●著作権の保護が表現の自由と衝突するとして争われた裁判

　アメリカでは、著作権法が最初に制定された18世紀終わりには、著作権の保護期間は14年と定められていたが、知的財産の社会的意義が増すにつれて、法律改正によって保護期間が延長され95年の長さになった時、これを憲法違反として訴える裁判が起きた。原告は、以下のような訴えをした。

　①合衆国憲法はもともと独占権の保護期間を、意図があって短く定めていた。したがって、このような期間延長を定める法律は、憲法違反となるのではないか。

　②著作権保護期間が切れたあとの著作物は、一般市民が自由に共有できるはずだが、これが妨げられたことは、合衆国憲法で保障されている「表現の自由」に反するのではないか。

　アメリカの連邦最高裁判所は、両方の争点について、この法律は憲法に反しない、との判断を下したが、学者の間では、疑問視する評論が多い。[11]

＊註

1　近代市民革命と近代憲法の基礎、「近代」と「現代」の憲法における意味については、樋口陽一『憲法 第四版』（勁草書房、2021年）序章、芦部信喜（高橋和之補訂）『憲法 第八版』（岩波書店、2023年）第1章、辻村みよ子『憲法 第7版』（日本評論社、2021年）第1部を参考にした。

2　本章でこのあとに「重要な裁判例」で見る「薬局距離制限事件」は、規制目的について消極目的の規制と判断された例である。

3　デパートや大型スーパーマーケットなどの大規模店舗から小型小売業を保護するための競争制限や、「高齢者、障害者等の移動等の円滑化の促進に関する法律」（「バリアフリー新法」）などは、積極目的の規制にあたる。判例としては、「小売市場距離制限事件」（最高裁 1972〔昭和47〕年11月22日判決）がある。

4　経済的自由と「公共の福祉」の関係については、麻生多聞ほか『初学者のための憲法学（新版）』（北樹出版、2021年）の中の「経済的自由権」の章（志田執筆）も参照してほしい。

5　無差別殺人事件の実行行為者を出した宗教教団に所属していた元信者の転入届を受けた自治体が、これを受理しなかったことについて、自治体の不受理は違法であるとして、自治体が敗訴した（最高裁 2003〔平成15〕年6月26日判決）。

6　「旅券発給拒否事件」最高裁 1958（昭和33）年9月10日判決。元参議院議員が、モスクワで開催される国際経済会議に出席するためソ連行きの旅券を申請したところ、外務大臣が旅券発給を拒否した。最高裁は、「公共の福祉」のために合理的な制限を定めたものだから違憲ではないとした。学説からは、このケースをこのように緩い判断基準で合憲とするべきではないとの指摘がある。

7　2022年4月の改正民法施行により、「18歳」となった。それ以前は「20歳」だった。

8　収用とは、ある土地を鉄道や道路の建設用地として使うなど、その財産を剥奪することである。制限するとは、その建物の改築を禁止する、建物を取り壊して更地（さらち）にすることを禁止するなど、財産として利用できる範囲を制限することなどである。

9　この「正当な補償」は、第29条1項と3項の趣旨からは、完全補償を原則とすべきである。道路建設のための土地収用の場合には、完全補償が必要との考えを示した判例がある（最高裁 1973〔昭和48〕年10月18日判決）。

10　知的財産権は、志田陽子編『あたらしい表現活動と法』（武蔵野美術大学出版局、2018年）で詳しく扱っている。

11 Eldred v. Ashcroft, 537 U.S.186, 123 S. Ct. 769 (2003). 日本では「エルドレッド事件」の名で知られている有名判例である。

第8章　社会権

　表現者が集まって作った独立国家アートランドでは、毎年大がかりな「芸術祭」が行われる。

　一つの敷地内で多くのイベントが同時進行で行われる。誰がどのような催しに参加するかは参加者の自発的意思に委ねられている。とはいえ、参加を受けつけて場所や時間を振り分ける仕組みがなくては、この意思は実現に結びつかない。そこで、企画委員会や実行委員会が、多くの参加希望を集約して、場所と時間と予算の配分を─《統治》を─行っている。

　さらに目立たないが大切な活動としては、参加者全員の身の安全を守るため、防犯の観点から来場者に法律の遵守を求めたり、会場見回りをしたりするポリス・チームがある。このポリス・チームは会場の安全のことだけを関心事としているので、展示作品などの内容に介入はしない。過去に一度、屋内イベントで打ち上げ花火を実演したいという企画をポリス・チームが止めたことがあったが、これは火事の危険があったからで、決して表現の内容に介入することを目的としたものではなかった。これもアートを支える統治の重要な役割である。

　ところで、アートランドも人口が増え、経済力や生活事情に格差が出てくるようになってきた。それに加え、先日は、台風による土砂災害によって大勢のアーティストの自宅やアトリエが損害を受けてしまい、生活が成り立たなくなる人が多数出てしまった。アートランドでは臨時国会を開いて対策を講じ、生活が困窮している人は税金を免除し、芸術祭への入場料も無料とすることにした。こうして社会の弱い部分に財源の一部を回すことによって、できる限り全員が生活と表現活動を続けられるようにすることにしたのだった。

「こういう対応をしていいかどうか、災害が起きるたびに議論するのは時間がもったいない。仲間のピンチを助ける福祉政策なんだから、みんな大筋では賛成でしょ？」

　「たしかに、どの項目にいくら使うかは、その都度、細かい話し合いをしないといけないけど、不運や災害に遭って生活が苦しくなった人を、運よく成功している人たちが助けるっていう基本の考え方は、これからもずっと続けていっていいよね」

　「だったら、この大筋合意のところを憲法の条文に書いておきましょうよ。また一から議論をするより、必要な策についての議論をサッと始められるように」

　アートランドの人々は、成功して裕福な暮らしができている人たちと、作品がまだ評価されずに苦しい生活をしている人々や災害に遭った人々の差を、運の差だと考えている。運が良かった人々が、不運に遭っている人々に支援金を出す仕組みを、《国の仕組み》として正式に採用するかどうか。この考え方を憲法の条文に入れる憲法改正をするかどうか。今後、アートランドの議会は、この議題で盛り上がることになりそうだ…。

第1節　福祉国家の視点

1　イメージと歴史

　これまで見てきたように、すべての者が平等に同じスタートラインに立って自分の働きに応じた結果を受け取ることのできる社会、というイメージが、自由と平等の最も基本的なイメージと言えるだろう。日本国憲法もまずはこの考え方を土台としている。しかし現実の社会はその通りにはいかないことも事実である。

　経済力の違いによる貧困や格差の問題が国家の責任として明確に意識され制度化されてくるのは、20世紀に入ってからである。[*1]

　貧困問題は国家にとって無視できない問題となり、より実質的な平等を

実現するために、国民の生活実態に即した政策を行う現代型の福祉国家が現れる。この福祉政策を、国民の側の「権利」として規定したものが「社会権」である。

こうした支援の仕組みは、国家が制度を作って積極的に政策的取り組みをしなければ実現しない。*2 その側面を指して、こうした取り組みを任務とする国家を現代積極国家と呼び、この種の権利を積極的権利と呼ぶ。

2　権利保障の意味と国家の仕組み

限られた予算の中で、弱者への支援に多くの予算をかけるか、それとも勤労者全体の収入が上がっていくような循環を作るために、産業社会を活性化させることに多くの予算をかけるか…。

民主主義の社会では、立場の異なるさまざまな人間が、異なる利害や意見を持ち寄り、議会（国レベルの議会は「国会」）で最終判断を行うことになる。この中で、経済的自由の保障と社会権の保障（福祉国家の実現）とは緊張関係に立つことが多く、これが政治的「争点」となる。そのバランスのとり方は、民主主義のプロセスの頂点にある国会で政策として決定され、その決定は法律という形で確定される。これが国会で行われる「立法」である。この時、国会は憲法上「基本的人権」として保障された部分を奪う決定はできない。また、すでに法律によって実現している社会権保障を、あとから奪ったりレベルを下げたりすることは、憲法に反すると考えられている。

第2節　生存権

....

第25条　すべて国民は、健康で文化的な最低限度の生活を営む権利
　　　　を有する。
　2　国は、すべての生活部面について、社会福祉、社会保障及び公衆

衛生の向上及び増進に努めなければならない。

1　健康で文化的な最低限度の生活の保障

　2011年3月に起きた東日本大震災以来、メディアでは生活保護の財政負担が増えたことや、生活保護不正受給者の問題が多く報道された。しかし国の予算を圧迫している事情には多くのものがあり、この話だけを取り出して過剰に問題視することは誤りである。私たちは少数の不正に敏感になるあまり、社会権の本来の意義を見誤ることのないようにしたい。本当に生活保護が必要な受給者が、厳しすぎる基準で保護費支給を打ち切られたり、過度な生活監視を受けて心理的な圧迫を感じるとなると、「人間に値する生存」の保障の意味が失われてしまう。

　第25条1項は、すべての国民に対して「健康で」「文化的な」「最低限度の」生活を営む権利を保障すると定めている。この条文は日本の識者（森戸辰男）が第二次世界大戦終了直後の日本の貧困状態を少しでも改善する必要から、その明記を主張して実現させた条文である。[*3]

　ここで参考にされたドイツのワイマール憲法の条文は、各人に「人間に値する生活を得させること」を国家の任務として規定している。日本国憲法の「健康で文化的な最低限度の生活」の意味は、この「人間に値する」という言葉に照らして理解する必要がある。

　「最低限度」とはどういうレベルをいうのだろうか。最高裁判所は、1項と2項とをまとめて国家の努力目標と読むことで、《最低限度のラインはどこか》という問題と、《最低限度を満たす保護が実現しているか》という問題をともに国の判断（立法裁量）に委ね、裁判所では判断できない、という考え方を示している（プログラム規定説）。しかし最高裁判所の見解をそのままとると、社会権を「権利」として規定したことの意味がなくなってしまう。これに対して、国民はこの権利を実現するための法律がない時には、憲法第25条によって、立法不作為の確認を求める訴訟を起こせるとする説がある（具体的権利説）。学説では、この中間と言える考え

方で、《いったん法律によって制度が実現したあとはその法律を廃止したり保障内容を切り下げたりすることは第25条違反となる》という考え方が有力である（抽象的権利説）。

現在、憲法第25条を実現するための法律として、「生活保護法」がある。

---

column 7　　　　　生活保護法に定められている保護の内容

生活保護法は、生活保護を次の八分野に分けている（生活保護法第11条～第18条）。

生活扶助：生活困窮者が日常生活の需要を満たすための扶助。

教育扶助：生活に困窮する家庭の児童が、義務教育を受けるのに必要な扶助。

住宅扶助：生活困窮者が、家賃を支払う必要がある時や、その補修など住宅を維持する必要がある時に行われる扶助。

医療扶助：生活困窮者が、けがや病気で医療を必要とする時に行われる扶助。

介護扶助：要介護または要支援と認定された生活困窮者に対して行われる給付。

出産扶助：生活困窮者が出産をする時に行われる給付。

生業扶助：生業に必要な資金、器具や資材を購入する費用、または技能を習得するための費用、就労のための支度費用等が必要な時に行われる扶助。2005年度より高校就学費がこの扶助により支給されている。

葬祭扶助：生活困窮者が葬儀を行う必要がある時に行われる給付。

重要な裁判例

◆朝日訴訟　　　　　最高裁 1967（昭和42）年5月24日判決

結核を患い生活保護を受けながら入院していた朝日氏は、実兄

から仕送り月額1,500円を受けたために、社会福祉事務所から保護費を減額された。朝日氏は、保護費は低額すぎるとして本件訴訟を起こした。この訴訟では、《憲法第25条生存権は国民の具体的権利か》、《「最低限度」の判断方法は》、《本件の生活保護基準は最低限度の生活水準を下回っているか》、といった点が争われた。本人が訴訟係属中に死亡したため、最高裁は、本件訴訟は原告の死亡と同時に終了したとしつつ、「念のため」生存権は国民に具体的権利を付与したものではないとの意見を示した。それによれば、生存権は具体的な権利を保障したものではなく、国の政策努力目標を定めたものだとされた。この最高裁判決には専門家からの批判が多い[*4]。

◆**堀木訴訟**　　　　　　　　最高裁 1982（昭和57）年7月7日判決

　視力障害者として障害福祉年金を受給していた堀木氏は、離別した夫との間の子を養育するにあたり、児童扶養手当の受給資格の認定を請求したが、併給調整条項に基づいて却下された。堀木氏は、この併給調整が憲法第13条、第14条、第25条に違反し無効であるとの訴えを提起した。最高裁では上告棄却。

◆**サラリーマン税金訴訟**　　　最高裁 1989（平成元）年2月7日判決

　現行の課税制度では、事業所得者は必要経費の控除が認められているが、給与所得者にはこれがないという区別がある。原告は現行の税制は第14条違反であることと、最低生活費への課税は第25条違反であることを主張して、国に対し不当利得返還請求の訴えを起こした。一審、控訴審、最高裁とも請求を棄却。

◆**学生無年金障害者訴訟**　　　最高裁 2007（平成19）年9月28日判決

　平成元年以前の国民年金法は、20歳以上60歳未満の者を強制加入とする一方で、20歳以上の学生は任意加入としていた。また、20歳前に障害を負った者には別に障害基礎年金が支給されたが、この制度は20歳以上の学生には適用されなかった。

　原告は、大学在学中に障害を負ったが、国民年金に加入していなかったので障害基礎年金の支給が認められなかった。そのため、

不支給決定の取り消しと、この制度について国の立法不作為による国家賠償を求めて提訴した。最高裁では上告棄却。

◆生活保護基準引き下げ違憲訴訟

大阪高裁 2023 (令和5) 年4月14日判決

2013年8月1日から、保護基準の切り下げが行われた。この切り下げに対して、全国でこれを違憲・違法とする複数の訴訟が起こされた。一連の訴訟は29地裁に起こされ、2023年4月時点までで出された1審判決19件のうち、処分を適法としたものと、違法としたものとで、判断が分かれていた。このうち大阪提訴の訴訟を見てみると、2021年2月の1審・大阪地裁判決は、国の算定について「判断過程に過誤や欠落がある」として減額処分を取り消した（大阪地裁2月22日判決）。これに対して2023年には高裁で逆転・原告敗訴となっている。

2 福祉国家としての努力義務

第25条2項は裁判になりにくい条文なので注目される機会が少ないが、この2項に基づく国の仕事は多岐にわたる。たとえば、介護問題や児童福祉、障害者福祉といった問題は「社会福祉」、国民年金の問題は「社会保障」、医療政策や上下水道の整備は「公衆衛生」にあたる。また、生活に不可欠の公共財である電気・ガスなどのエネルギー供給も、国営ではなく民間企業の経営によって行われているが、その公共性から国家が管理監督している。

この第25条2項によって国に権限が与えられている仕事の中には、国民の生命や健康や生活に重大な影響を与えるものが含まれる。この規定は「努力義務」であって国を拘束するものではないと考えられているが、それは「どのくらい高い水準で実現できるか」に関してのことである。たとえば文化的生活という観点から、知的豊かさを実現するために、各市町村にメトロポリタン美術館のような高水準の文化施設を建設することができ

れば理想ではあるが、実際には無理かもしれない。だからどこまでできるかは国や各自治体の判断に任せよう、というのが「努力義務」の趣旨である。

しかしこの問題と、必要のない政策を強制することや、国民の生命や健康を守るどころか侵害したり危険にさらしたりする政策をとることが許容されるかという問題は、異なる問題である。「努力義務ではすまされない」というべき事柄については、別の人権条項の趣旨も補いつつ、国の義務と考えられる部分を見分けていくべきだろう。

とくに、この条文に基づいて行われた国家の政策（たとえば伝染病予防のための政策）が、他の条項に定められている人権（たとえば人身の自由や幸福追求権）を侵害している疑いがある場合には、第25条2項の「努力義務」を出発点とせず、違憲の疑義の根拠となった条文に従って憲法訴訟が行われるべきだろう。

この必要を痛感させる痛ましい事例が、2001年に判決のあったハンセン病裁判である。

重要な裁判例　　　　　　　　　　　　　　**ハンセン病訴訟**

熊本地裁 2001（平成13）年5月11日判決

第25条2項に基づく伝染病予防の政策が人権侵害となっていた事例として、ハンセン病問題がある。ハンセン病を発症した患者は、薬で治せる病気であるにもかかわらず、また病気自体は治っている場合であっても、1953年に定められた「らい予防法」によって、一生涯、強制隔離状態に置かれた。これは人身の自由や幸福追求権をはじめとするさまざまな人権を奪われていた状態である。

熊本地裁はこのケースを「国の裁量の問題」とはせずに、起きている人権侵害の内容に踏み込んだ判断を行い、この政策の合理性を現在の医療水準に照らして具体的に検討した。その結果、厚生省（現在の厚生労働省）が隔離政策の抜本的な見直しを怠った点で、厚生大臣の職務行為に国家賠償法上の違法性および過失が

あるとし、また国会議員が長い間法律の見直しに動かなかったことについても、立法不作為による人権侵害と認めた。さらに、福祉的措置だという理由によってこのような人権侵害が許容されるものではない、と「付言」として述べている。

第3節　勤労者の権利

第27条　すべて国民は、勤労の権利を有し、義務を負ふ。
2　賃金、就業時間、休息その他の勤労条件に関する基準は、法律でこれを定める。
3　児童は、これを酷使してはならない。
第28条　勤労者の団結する権利及び団体交渉その他の団体行動をする権利は、これを保障する。

1　勤労の権利義務と労働条件の法定

　「好きで始めた仕事だから、苦しくても、がんばる」というのは立派な姿勢である。「自分の意思で選んだのだから大変な場面があっても我慢すべきだ、嫌なら辞めるべきだ」という考え方は、「職業選択の自由」(第22条)に照らしても、「意に反する苦役」の禁止（第18条）に照らしても、ある段階までは正しい。しかし、人間らしい働き方や人間らしい生活ができなくなるような労働条件で働くことは、この「ある段階」を超えた事柄である。職業としてスポーツ選手や音楽家であろうとする人が、高い技能を獲得するために並大抵でない修練をすることと、そうした技能を認められて仕事に就いた人が人間的限界を超える条件で酷使されたり、技能習得とは関係のない差別や虐待を受けたりすることとは、問題の本質が異なる。憲法第

27条と第28条は、後者の問題について、自由権としての「職業選択の自由」とは異なる角度から、働く人を守る法制度を作ることを、国の任務としている。

ただ、職業のあっせんは「職業選択の自由」を害さない範囲で行うべきなので、当人の意思を無視した強制（意に反する苦役）にならないよう、情報提供や資格取得支援などの方策がとられることとなる。公共職業安定所（愛称「ハローワーク」）で職業紹介を行うなどの形がその例である。

第27条2項は、賃金、就業時間、休息その他の勤労条件に関する基準を、法律で定めるように国に要請する条文である。これは、雇用する側とされる側の現実の力関係を考えた時に、雇用する側の企業が一方的に条件を提示し、雇用される側はそれをのむか職を失うかの二者択一になる可能性が高いため、企業が提示する条件に法律で一定の枠づけをするということである。この規定に基づいて、労働契約法、労働基準法、男女雇用機会均等法（正式名称「雇用の分野における男女の均等な機会及び待遇の確保等に関する法律」）、育児休業法（正式名称「育児休業、介護休業等育児又は家族介護を行う労働者の福祉に関する法律」）、最低賃金法といったさまざまな法律が定められている。

このうち最低賃金法は、人が働いた時に支払われる賃金の最低限度を地域ごとに定めるように法で規定したもので、この最低賃金額を下回る労働契約は違法となる。[*5]この10年ほど、「ブラック企業」という言葉が流行しているが、それはここに挙げた労働法その他の法令に違反するような条件での労働を従業員に強いるような企業のことを指している。

同条3項の「児童酷使の禁止」については、第9章で扱う。

2　勤労者の労働基本権と企業の義務

労働条件が法で規制されていても、勤労者の側から自発的に条件の改善を求めたい具体的場面は多々出てくる。この時、雇用者である企業に直接にこの改善を求めることを、第28条では「権利」として保障している。雇用の世界で起きる一方的な状況は、19世紀・20世紀の世界の至るとこ

ろで見られた。そこで勤労者が労働条件の改善（賃金引き上げや休暇の確保など）を企業に申し入れ、対等な立場で交渉することを可能にするために、これらの「労働基本権」を定めたのがこの条文である。憲法のこの規定は、労働組合法や労働関係調整法によって具体化されている。

　まず第28条の「団結する権利」とは、労働組合を結成する権利のことである。国家と個人の関係では、第21条に集会・結社の自由があるが、ここでは国家との関係にとどまらず、企業との関係でこの権利が保障されている。

　「団体交渉の権利」とは、労働組合が雇用者側（企業の経営者）と労働条件について話し合い交渉する権利のことである。企業は、この申し入れを受けた時には応じる義務があり、正当な理由なく拒むことはできない。

　「団体行動の権利」とは、争議権とも呼ばれる。上記の交渉によって納得のいく結論がえられない場合は、勤労者は、業務を行わない（ストライキ）という実力手段によって主張の訴えを継続することができる。

　企業がこれらの権利を行使させなかったり、行使したことを理由に社員に不利益な扱いをすることは「不当労働行為」として禁じられる。

　これらの権利と「不当労働行為」については、労働組合法第7条1号〜4号に規定されている。

3　公務員と教員

　もしも自分の勤め先の給与や労働条件が引き下げられるとなれば、一般企業の正社員ならば、組合を通じて上記のような交渉を行うことができる。このような時、公務員については、特別の規定がある。公立学校の教職員も「公務員」として、ここに含まれる。

　公務員や教員も、勤労者としての権利が保障されることが原則である。しかし現在、国家公務員および地方公務員については、それぞれ法律（国家公務員法および地方公務員法）によって第28条の労働基本権がかなり狭められている。現在、公務員はいくつかのカテゴリーに分かれ、そのカテゴリーの特性に合わせて労働基本権の制約の度合いが調節されている。

警察、消防職員、刑務所職員、自衛隊員などの特別公務員は労働三権のすべてを制限されている。非現業公務員は団体交渉権（交渉は可能だが協約締結権がない）と争議権を制限されている。現業公務員は争議権を制限されている。また公務員の政治活動は禁止されている。

　一時期の最高裁は、「都教組事件」判決をはじめいくつかの判決で、公務員の争議行為の権利を認めたこともあったが（最高裁 1969〔昭和44〕年4月2日判決）、「全農林警職法事件」によってこれが否定され、現在では公務員の労働基本権への制限は合憲という立場をとっている（最高裁 1973〔昭和48〕年4月25日判決）。

　学説では、公務員の労働基本権の制限については、職務の性質、違いなどをもっときめ細かく考慮し、必要最小限にすべきだとする考え方から、現行の制限に対して批判的な説が多い。

4　今日の日本社会の問題

　今日では雇用の多様化と流動化が進み、憲法第27条と第28条が制定された時に予定されていた雇用形態と現実とが、かなりずれてきている。安定的な終身雇用（正規雇用）が中心だった社会から、現在では派遣労働のように短い時期の中で契約を繰り返す非正規雇用が、労働人口の相当数を占める社会へと変わってきた。多様化・流動化が進む現実社会に対して、憲法が保障しようとしていることの趣旨を汲み取り応用させて、生かしていく工夫をすることが求められている。第28条については非正規労働者も職種ごとの労働組合を作るなどの自発的努力を行う人々が増えている。アメリカでは映画など表現者の領域でも、労働組合が自発的に作られ、活動している。日本にもそうした例に見倣う流れがくるのだろうか。

　これと同時に、第27条2項については国家（立法府）の側が、社会的実情に合わせて憲法の趣旨を生かす法制度を工夫し続けることが求められる。

1　1919年にドイツで制定されたワイマール憲法や、アメリカで「大恐慌」と呼ばれる経済的混乱を収束させるために1930年代にとられた「ニューディール政策」や、これを支持する1941年のルーズベルト大統領演説や「大西洋憲章」が、第二次世界大戦後の世界に影響を与えた。ルーズベルト演説や大西洋憲章に登場した「恐怖と欠乏からの自由」という考え方は、日本国憲法前文「恐怖と欠乏から免かれ、平和のうちに生存する権利」にも引き継がれている。

2　たとえば映画『怒りの葡萄』『レ・ミゼラブル』『オリバー・ツイスト』、日本の『あゝ野麦峠』『蟹工船』といった映画は、自由放任経済の中で弱者が置かれる状況を描いた作品である。そこでは経済力のある者が困窮状態にある人々を拘束下において働かせる結果、人間の隷属化が繰り返されてしまう様子が描かれている。とりわけ深刻なのは、人間らしい生存ができないほどの不利な条件で労働契約をした人間が、状況を改善してほしいと言えない力関係に追い込まれてしまうことである。こうした力関係を放任せずに是正することが、社会権によって目指されている。映画を題材とした考察は、志田陽子ほか編『映画で学ぶ憲法 II』（法律文化社、2021年）を参考にしてほしい。

3　国立国会図書館サイト「日本国憲法の誕生」http://www.ndl.go.jp/constitution/ ©2003-2004。DVD『NHKスペシャル 日本国憲法 誕生』NHKエンタープライズ、2007年。

4　この裁判については、朝日訴訟記念事業実行委員会編『人間裁判―朝日茂の手記』（大月書店、2004年）が参考になる。

5　最低賃金は生活保護額との整合性に配慮して決定されるので、先に見た生存権と直接に関わっている。

第9章　教育を受ける権利と
　　　　　　子どもの権利

　表現者たちが集まって作った国・アートランドでは、学ぶこと、教え合うことは、どこでも盛んに行われている。街路でギターや歌や踊りを教え合うミュージシャンたち、公園で絵を批評し合い教え合う画家たちがいる。カフェではデザイナーたちがパソコンを広げてウェブ上のデザインやCGアートを競い合ったり、ソフトウエアの使い方を教え合ったりしている。近年はウェブサイト上の活動スペースで講師として世界的人気を集めるアーティストも増え、教えることを本業にしたいと考えるアーティストたちも出始めた。

　さて、教えることを本業にするとなると、生活のために受講料をもらう必要がある。絵画や彫刻を教えるには大きな作業スペースが必要だし、パソコンを使って高度なデザインを教えるには、講師と生徒の双方が専門のソフトウエアを持つ必要がある。たまたま時間のある時に気の合う人に教えるのと違い、「教える」ことを事業とするとなると、かなりのお金や取り決めが必要となることに、人々は気づいた。このことがアートランドの議会でも話題になった。

　「アートを知ることや学ぶことは、この国の国民である限り、全員が平等に享受できるものであってほしいものです。が、実際には、かなり裕福な人しか教育を受けられない状態になっています」

　「公教育の制度を作って、みんなの税金から作業スペースにかかるお金や講師に払う授業料を出すことにしたら、みんなが安く平等に教育を受けられるよね」

　「しかしアートの学びを公的な制度にしてしまうと、『これが正しい絵の描き方だ』みたいな押しつけを国がやることになってしまわないかな」

「え、それ、いけないんですか？　教えるからには、アーティストそれぞれが、『これがアートだ』っていう信念を伝えたいと思うのが当然では？」

「アーティストが自分らしい作品を作ることは自由であっていいけれど、『学校で教えるのにふさわしい作品とふさわしくない作品』の線引きは必要になりそうだね」

「そういうのは面倒だな。自由を重んじるなら、国が関わるのは余計なお世話なんじゃないだろうか」

「『教える』っていうイメージより、美術館や博物館をたくさん作って、みんなが自分の興味に応じていつでも学びに来ていい場所にするというのはどうだろう」

「何を教えるかについては今後も議論していくとして、まずは教育や美術館にかかるお金を国が持つことで、みんなが安くアートを鑑賞したり学んだりできる仕組みづくりを、先に作っておくことにしませんか？」

「まずは仕組みと予算を先に確保しておくわけだね。国民のみんなが、そのための税金を快く出してくれるかなあ…」

国が邪魔をしないという意味の「表現の自由」と、アートの鑑賞や学びを国が支援する「文化芸術支援政策」とでは、考えなければならない事柄が違ってくる。アートランドの議会は今、公教育の制度づくりや、文化芸術への公的支援政策をやってみようという話で盛り上がっているが、どこまでやれるか、どういう内容にするのかについては、まだまだ議論が続きそうだ。

公教育と公的文化芸術支援の話は、現実の世界では、多くの論争を呼びながら世界中で発展してきている。日本も例外ではない（日本国憲法の下で、これがどのように考えられているかは、第10章第2節の「個人の尊重と『幸福追求』権」の項目を参照）。

第1節　教育を受ける権利

第26条　すべて国民は、法律の定めるところにより、その能力に応
じて、ひとしく教育を受ける権利を有する。

2　すべて国民は、法律の定めるところにより、その保護する子女に
普通教育を受けさせる義務を負ふ。義務教育は、これを無償とす
る。

第27条（略）

3　児童は、これを酷使してはならない。

1　憲法第26条の原風景

1-1　ケニアの小学校学費無償化

　キマニ・ンガンガ・マルゲ（Kimani Ng'ang'a Maruge）は、史上最高齢
の小学生としてギネスブックに登録されている人物である。本人の記憶
によると彼は1920年、ケニアに生まれた。1963年にケニアがイギリスか
ら独立を果たすまでの約40年間、彼は教育を受けることができないまま、
人生の前半をケニア独立運動に費やした。2003年、ケニア政府はすべて
の小学校の学費無償化を決定した。翌2004年、マルゲは84歳で小学校へ
入学した。

　独立を果たしたあともケニアは貧困、自然災害、政情不安定に悩み続け
ていた。マルゲの暮らしもその影響で、難民テントでの生活を余儀なくさ
れる不安定なものだったが、それでも片道4キロメートルの道のりを歩い
て学校に通い続け、2009年8月、卒業を目前にして90歳で他界した。彼
は生前、2005年に国連で開催された会議の席上で、次のように発言した
と伝えられている。

　「私の夢は、私のように待たされることなく、誰もが教育を受けられる

ようになることです。これは人間の基本的な権利です」[*1]。

1-2 ある児童労働の告発

ある国で報告された児童労働の実例も見ておこう。

パキスタンの貧しい家庭に生まれたイクバル・マシー（Iqbal Masih）は、4歳で絨毯工場で働き始めた。彼の家庭は彼を住み込み労働に出すことと引き換えに、工場のオーナーから借金をしたのだった。工場の労働は連日12時間。本人への賃金支払いのない労働は5年続いた。1992年、10歳のイクバルは、自国パキスタンに借金による奴隷労働を禁止する法律があることと、奴隷状態に置かれた人々を救出しているNPOがあることを知り、このNPOのもとへ逃げ込んで保護を受けた。

こうしてイクバルは、10歳で「人身の自由」を取り戻し、NPOの援助で勉学もできることになった。さらに彼は、違法な児童奴隷労働を続けている業者の告発にも協力した。この活動によって1994年、彼は「リーボック人権賞」を受賞し、アメリカの大学から4年間の奨学金を得られることにもなった。

しかし1995年4月、イクバルは、13歳の誕生日を目前にして、パキスタンの村道で、遺体となって発見された。背中には、無数の銃弾が撃ち込まれていたという。この事件の実行行為者や指示者は、不明のままである[*2]。

1-3 児童労働の禁止と教育の機会保障を訴えた若者たち

1995年、カナダに住む12歳の少年クレイグ・キールバーガー（Craig Kielburger）は、このイクバルの記事を新聞で読み、バングラデシュ、タイ、インド、ネパール、パキスタンの5か国で児童労働の実態を確認し、その現状を世界に訴えた[*3]。

ILO（国際労働機関）の報告によれば、現在、世界ではまだ1億5000万人余の子どもたちが長時間労働を余儀なくされており、そのうちの半数以上は教育の機会を奪われていると推定される。2014年、銃撃によって命を失いかける経験をしながら「教育を受ける権利」を訴え続けたマララ・ユスフザイ（Malala Yousafzai）さんがノーベル平和賞を受賞したのも、こ

炭坑から子どもたちが掘り出した石炭を選別して運び出すのも、また子どもたち。隣国から連れてこられた子どもたちも少なくない。　　　（2010年5月 メガラヤ、インド）
写真：豊田直巳

うした困難な背景があってのことである。

　現在では先進国とされている欧米諸国でも、18世紀・19世紀あたりの歴史を見ると、炭鉱や農場での児童酷使が公然と行われていた時代がある。産業革命以後、心身を作る途上にある児童がこのような労働に長時間従事させられた結果、成長できずに疲弊して死に至った例は多い。日本も例外ではない。20世紀には多くの国で、この状況を克服するために、社会的弱者としての児童が不当に利用されることを防ぎ、教育が受けられるよう支援する福祉政策がとられるようになった。日本国憲法第26条「教育を受ける権利」も、この流れの中に位置づけられる社会権である。

2　子どもの側の「権利」と、親と国家の「義務」

　上記のような現実や歴史を見てくると、憲法第26条の保障の意味がわかってくる。

　家計が苦しい状況でも、企業の収支が苦しい状況でも、児童は安価で使いやすい労働力として利用してはならず、学校に通わせなければならない。このことについて憲法は、第26条2項で親に義務を、第27条3項で親と経済社会に禁止を課している。これが子どもの「教育を受ける権利」保障の社会的前提になる。

　その上で、憲法は、すべての子どもが教育を受けられる仕組みを確立することを、国に対して義務づけている。具体的には、「学校」を作ること（そのための費用を国が出すこと）、学校で働く教員・職員の人件費を国側が持つこと、そのための制度を整えることを通じて、貧富の差やその時々の政治経済の変動に関わりなく、すべての子どもが教育を受けられるように「機会」を保障することを義務づけている。総じて、教育のためのインフラを整備する仕事を国が引き受け、その福利をすべての人が享受できるようにする、ということが憲法のルールとなっている。

　この趣旨から、国が義務を負う「義務教育」については、無償で行うこととされている。この「無償」は、授業料を徴収しないという意味だととらえるのが判例の立場である。しかし学説には、授業料以外にも教科書や

学用品（音楽で使うハーモニカや美術・図画工作で使う画材など）にかかる費用も含むべきだとする見解が多い。

　こうした憲法の要請を受けて、教育基本法、学校教育法といった法律が制定されている。

　これらの学校制度の中で実現する子どもの側の学ぶ権利が、「教育を受ける権利」である。「学習権」とも言う。「義務教育」の「義務」とは、子どもの側の権利実現のために親と国家が負う義務のことである。

3　教育内容の「平等」と「自由」

　国が、少なくとも中学校までの教育の制度と外的条件を無償で整備する義務を負う、ということは、憲法の規定から明確に読み取れる。では、そこで行われる教育の内容についてはどうだろうか。

　教育内容を決めるのは誰かという問題は、「国民か国か」という二者択一の問題ではなく、抽象的原理的にはその担い手は国民ということになるが、具体的現実的にはこれを国が代行せざるをえず、その国の権限をどこまで認めるかが問題だ、という理解がとられている。その中で、国が権限を持って具体化していく「社会権」の側面と、国が介入をしないことによって、国民（子ども自身、親、そして教育現場）の自主性を尊重する「自由権」の側面とをどのように調整しバランスをとるか、ということになる。そのバランスについて、現在、さまざまな問題が議論されている。

　教育内容を国が統制する必要があるとされるのは、この権利を「ひとしく」保障するという「教育の機会均等」の要請があり、教育基本法など各種の法律がこれを受けてさまざまなルールを定めているからである。教員にはこれらのルールを遵守することが求められるが、憲法論としては、現在のような詳細な統制が必要かどうか、それが憲法第26条の本来の趣旨だったのかどうか、考えてみる必要がある。

　日本国憲法の条文の中には、「平等」を保障する条文がいくつかある。第14条「法の下の平等」、第24条「婚姻における両性の平等」、第44条「議員資格における平等」などである。そこで言われる「平等」とは、いわゆ

る画一化を要求するものではなく、各人の自由な幸福追求や人格発展や家族形成や政治参画を前提としながら、その機会が身分制や経済格差によって不平等なものとならないことを目指している。

　この基本発想に立って考えるなら、国は、国民の中の経済格差によって、教育の内容や機会に格差が生じている局面を発見した時には、社会権保障の発想に立って真摯に対応すべき義務を負っている。しかし、それ以上のさまざまな知識教養に関する教育の内容については、細部にわたって画一化する必要があるかどうか疑問である。

　高校までの教員と学校には、大学における教員の「学問の自由」や「大学の自治」と同じ意味での自由権が保障されるわけではないが、現場で教育を実践するにあたって、細かい判断を自主的に行う「教育の自由」や裁量権は認められる。教員の「教育の自由」は子ども・生徒に対しては教員の責任であり職務権限ということになるが、国（行政）に対しては教員自身の人権と考える見解が有力である。つまり、子ども・生徒に対して、学校と教員は一体となって、適切な教育を行う責任を負っている。裁量や「教育の自由」は、この責任を果たすにあたって最善と思われる判断をすることが前提で、その判断をするにあたり、それぞれの教員の人間的個性や良心というものを抜き去るわけにいかない場面がある時、国がこれを封じるような細かい拘束を課すことはやめよう、という考え方である。ここで言う個性や良心や自由は、このように方向づけられた職務上の裁量について言われていることなので、教育目的を外れたものまで許容せよという主張ではない。こうした前提に立った上で、個々の教員や学校の判断や創造性を可能な限り信頼し、肯定できるような教育行政が実現することが望ましい。

4　検定、教科書使用義務、学習指導要領

　教科書の内容はそのまま教育の内容に直結する。高校までの学校教育で使われる教科書は、国家（文部科学省）の検定を受ける。また、授業で教えるべき学習内容は、学習指導要領の拘束を受ける。この拘束が法規範と

しての強い拘束を意味するのかについては見解が分かれるが、最高裁判所はそのようにとらえている（このあとに見る「重要な裁判例」の中の「伝習館高校事件」参照）。

　教科書に対する検定や学習指導要領の策定は、子どもたちに「ひとしく教育を受ける権利」を保障するために実施されている。教育内容に地域格差や学校間格差が生じないように配慮するためである。しかし、こうした検定や学習指導要領が教育内容の細かいところに踏み込みすぎると、教科書執筆者の専門家としての良心や、現場教員の裁量の自由を封じてしまう結果になる。

　国がそのような方向で内容に踏み込みすぎていることを憲法違反として争う訴訟が、教科書訴訟と呼ばれる訴訟である。

| column 8 | 『検定不合格日本史』と教科書検定訴訟 |

　筆者がまだ高校生の時、書店の棚に、目を引くタイトルの本を見つけた。『検定不合格日本史』。その本の社会的意味を知ったのは、大学の法学部で憲法や教育法を学び始めてからだった。

　歴史学者・家永三郎氏の執筆した高等学校日本史教科書「新日本史」が、そのままでは検定不合格ということで、当時の文部省（現在の文部科学省）から多数の指摘と修正指示を受けた。家永氏は、1962年から1982年にかけて受けた検定について、このような教科書検定は憲法で保障された「教育を受ける自由」および「表現の自由」に反するとして、国に対して3回の訴訟を起こしている[*4]。

　裁判所は第二次訴訟一審では、「国民の教育権」の考え方に立って当該検定を教育基本法違反、「表現の自由」に介入している点では憲法違反と判断したが（東京地裁 1970〔昭和45〕年7月17日判決）、この判断は、その後の裁判に引き継がれなかった。のちの第三次訴訟で最高裁は、検定制度自体は合憲としながらも、検定における国の側の裁量権の逸脱が部分的にあったことを認めている[*5]。

また、合わせて主張された教科書執筆者の「表現の自由」については、教科書検定は不合格となったものを、一般書籍として社会に出すことを妨げるわけではないのだから、憲法が禁止している「検閲」にはあたらず、「表現の自由」の問題にはならないとしている（最高裁1997〔平成9〕年8月29日判決）。筆者が書店で偶然に見た『検定不合格日本史』は、こうした経緯で一般書籍として出版されたものだったのである。

●**家永教科書について行われた検定の一例**

　指摘を受けた内容の一例に、絵画につけられたキャプションがある。1人の女性と2人の子どもが、軍服と軍刀の前に正座している絵が掲載され、その下に「日清戦争の戦死軍人の遺族：はなばなしい勝利のかげには、こうした痛ましい犠牲者のあったことを忘れてはならない。松井昇の作品」と説明が付されていた部分[*6]について、主観的記述を改めるようにとの指示がなされた。

　絵画は、見る者が何らかの想像力を働かせて意味を読み取る必要があるもので、説明者の解釈や主観をまったく交えずにその内容を紹介することは難しい。結果的に、この絵画には、画家の名前と所蔵者の名前だけが説明として付されたが、戦時中の社会をまったく知らない私たちが、この絵画の意味を自力で読み取ることは可能だろうか。

松井昇「かたみ」1895年（皇居三の丸尚蔵館所蔵）

　ここでは、教育を受ける権利と学校教員の職務に関わる問題や、学校教育現場で生徒の人権と学校の管理権のどちらを優先すべきか、といった問題が問われた裁判例のうち、とくに重要な代表例を取り上げる。[*7]教科書検定をめぐる裁判は先にcolumn 8の中で扱ったので、それ以外のものを載せた。

◆旭川学力テスト事件（永山中学校事件）

最高裁1976（昭和51）年5月21日判決

　旧文部省の指示で行われた全国中学校一斉学力調査に反対するXは、実力行使でテストを阻止しようとしたため公務執行妨害で起訴されたが、「学力テストは違法で、公務執行妨害罪は成立しない」として争った。判決では、教育内容を決定する権利は国家・国民のいずれかにあるのではなく両方にあるとし、普通教育においては「学問の自由」で保障される「教授の自由」は完全には認められないことから、本件学力テストは国家の不当な介入にはあたらず合憲とし、Xを有罪とした。

◆伝習館高校事件　　　　　最高裁1990（平成2）年1月18日判決

　教育関係法規（学校教育法旧第51条、旧第21条所定の教科書使用義務）に違反する授業をしたことなどを理由とする県立高等学校教諭に対する懲戒免職処分が、懲戒権者の裁量権の範囲を逸脱したものとは言えないとされた事例。学習指導要領に法的拘束力はあるか（その違反に対して懲戒処分はありうるか）という問題につき、裁判所は肯定した。

◆尼崎高校事件　　　　　神戸地裁1992（平成4）年3月13日判決

　身体障害を理由として普通高校への入学を拒否することは憲法に反するか、が争われた事例。判決は、本件処分は身体的障害を唯一の理由としたもので、憲法第26条1項、第14条、教育基本法第3条1項などに反し違法であるとして、学校に入学不許可処分の取り消しを命じた。

◆**剣道実技拒否事件**　　　　　　　最高裁 1996（平成 8）年 3 月 8 日判決
　　信教上の理由から、体育の剣道実技授業を拒否した生徒が単位
　を認定されず卒業できなかったことについて、裁判所は、生徒の
　心身の発達に役立つ体育プログラムを提供することは、剣道以外
　の代替プログラムを課すことで果たすことができるので、剣道の
　実技を習得できないことをもって卒業を認めないというのは、学
　校側の裁量権の逸脱にあたるとしている。ここでは学校は、職務
　上の責任として、生徒の「教育を受ける権利」を保障するための
　最善の判断をする権限がある。そのように目的方向性を持った裁
　量権を反対の方向で使ったために、「裁量権の逸脱」とされた。

第 2 節　日本国憲法と「子どもの権利条約」

1　国際条約や宣言の意義

1-1　子どもの権利条約

　教育法規の中には、条約も含まれる。国際間の関係を規律する条約は、
批准・公布されると法律と同等の効力を持つ。ユネスコ憲章と呼ばれる国
連教育科学文化機関憲章、日本と特定国との間の文化協定、「子どもの権
利条約」（「児童の権利条約」とも訳されている）などの条約がここに含ま
れる。また、これらと深い関係を持つ「宣言」として、児童の権利宣言、
世界人権宣言、障害者の権利に関する宣言、教員の地位に関する勧告、教
師の倫理綱領、図書館の自由に関する宣言がある。ここでは教育法規の一
部としての「子どもの権利条約」について見てみよう。

　「子どもの権利条約」は 1989 年、国連で採択された。ここには、労働に
おける搾取の禁止（第 32 条）、児童売買の禁止（第 35 条）、その他子ども
の福祉を害する搾取の禁止（第 36 条）、搾取・虐待を受けた子どもの社会
復帰のための措置を講ずること（第 39 条）といった条項がある。日本国

憲法第26条と第27条3項、第18条「人身の自由」に示されている内容は、こうした世界の潮流と、方向を同じくしている。児童は自分一人では生きられず、親をはじめとして誰かの保護を必要としているため、紛争地域や貧困地域では、保護に名を借りた利用・搾取が起きやすい。そのため、世界各国が、児童の権利を守り、適切な保護を与えるためのルールを共有する必要がある。

　日本はこの条約を1994年に批准し、締約国となっている。条約の締約国は、条約の内容を誠実に遵守する義務があり、また、国内法の解釈にあたっても条約の内容を参考にすることが求められる。

1-2　児童兵士の禁止

　これらの問題と並んで、紛争地域で子どもが戦闘員となって実戦に参加していること（いわゆるチャイルド・ソルジャー）も、世界が憂慮する問題となっている。先に見たマルゲも、このような事例にあたると考えられる。これについては、もともとこの条約は15歳未満の子どもを戦闘に参加させることを禁止していたのだが、1998年の国際刑事裁判所（ICC）設置のための条約ではさらに、15歳未満の子どもを戦闘に参加させることを「戦争犯罪」として禁止している。

　前述のように日本は「子どもの権利条約」の締約国となっている。したがって教育を受ける権利の内容を解釈するにあたっても、この条約の内容を参考にすべきことになる。

2　多様性の尊重

　教育における平等と自由について考える時、現在では、多様性の尊重が重要度を増している。異なる文化・慣習・国籍を持つ人々が共存する国際化・多文化化した社会の中では、これが必須のものになっている。上記の「子どもの権利条約」も、差異と多様性を認め合えず紛争や戦争に至ってしまった国々で、児童・学童が翻弄され、人権剥奪状況に置かれてしまった歴史を反省してでき上がってきたものであるため、こうしたことが重要な関心

事となっている。

　教育の機会の平等を推進しようとするあまり、教育内容を画一化することは、さまざまなものの見方や文化が存在するという事実と出会う機会を摘み取ってしまうというマイナス面がある。「さまざまな人間がいる」という事実に出会うことを通じて、子どもが批判や相対化の能力を身につけていくことも、学校という「場」が担うべき重要な役割である。子どもが現在の科学水準や歴史研究水準で標準となっている知識に接することを許さないような、閉じた自文化中心型の教育を行うことは、教育の平等の理念から許されないが、そうした標準知識を教える一方で、異なる見方が存在することも参考として教えるという、開かれたタイプの多様性教育を妨げる理由はない。視点の複数性や答えの不確定性を認識すること自体は、子どもでもできる。むしろ、民主主義の担い手となるべき市民教育という観点からは、多様性に対して開かれた姿勢を養う教育が必要性を増してくるだろう。[*8]

　これが欠けている集団や社会は、異質な部分を持つ者や個性的な傾向を持つ者を排除する傾向に向かいやすく、これが《いじめ》につながりやすい。《いじめ》問題は、「教育を受ける権利」の実現を妨げるという意味で憲法第26条の問題であり、その克服のためにも、学校現場における多様性の肯定と確保は重要な課題である。

　こうした多様性と、各人の思想良心ということを考え合わせた時、公立学校の式典の際に国歌である「君が代」を斉唱することを、全員に《強制》することはどう考えられるだろうか。最高裁判例を見る限り、式典で国歌斉唱や伴奏を行わなかった教員は、職務命令に違反したことになり戒告処分を受けることになり、これは憲法や教育基本法に違反しないと判断されている（ただし戒告以上の重い懲戒処分は原則として違憲・違法となる）。[*9]

　私たちは、生身の「人」を通して「知」に出会う。教員一人一人は、人として、歴史や現代社会に対するさまざまな考えを持っている場合があるし、曲げることのできない信条を持っている場合もあるだろう。式典では、そうした教員が不ぞろいな印象を生徒に与えることが、生徒の心に禍根を残す（気の毒だ）と言われることもあるが、そのマインドにこそ問題があ

るのではないだろうか。仮に、教員がいじめ問題に対処せずに放置していたり、特定の生徒に対して学習の機会を奪うような差別的扱いをするような場面があれば、これは重大な出来事である。この重大さに比べた時、式典でそろった集団行動を演じることに、強制するほどの必要があるのかどうか、憲法的観点からは疑問である。

　日本に暮らす私たちは、先に紹介したマルゲやイクバルの「夢」がすでに実現した国家の中にいる。しかし私たちは、現在の日本の教育が、その保障が必要とされた時の原点から遠ざかってしまってはいないかと常に謙虚に問いながら、次の時代の教育のあり方について考えていくべきだろう。

---

column 9　　　不適切校則問題―ルールメイキングと主権者教育

●教員の卵たちの関心

　筆者が担当する「日本国憲法」の授業で学生が期末レポートに選択するテーマのうち、「不適切校則問題」と「主権者教育について考える」と「LGBTQの権利」（同性婚やアウティング問題）が、ここ数年の上位を占めている。

　いくつかの報道と専門家の指摘[*10]によれば、2017年ごろから学校現場で暴力（体罰、自殺など）の問題が目立って相次ぎ、その流れの中で不適切校則と不適切指導の問題も浮上してきたという。筆者が自分の授業を通じて学生の関心について感じた印象も、この指摘とかなり重なっている。

●法にできることとできないこと

　筆者の専門は法学である。そのためどうしても、裁判となった事例に目が行きやすい。しかし、裁判を中心とした法（司法）にできることは、不適切校則のうち、相当明確に人権侵害となっており学校の裁量権を逸脱している、と言えるものについてだけ《ダメだし》をして、あとは各学校現場にこれを参考にしてもらえることを期待するにとどまる。主体的ルールメイキングのプロセスを作り出すような、体質改善型の課題には、司法は立ち入ること

ができず、そこは学校の「裁量」に委ねることになる。ということは、そこに所属している教員たちが自ら体質改善に乗り出さない限り、変化は見込めないことになる。

　ところが、ある専門家の指摘によれば、教員集団の中の若手がルールを変える役割を担うことは難しいという。また、学校の裁量というものは、終局的には校長の権限になるので、ルールに服する側の生徒たちが民主主義に則った討論や意見集約を実践してみても、それが実を結ぶかどうかは校長次第ということになる。だから不適切校則や不適切指導の問題は、校長が決断をすればすむことだ、と指摘する専門家もいる。しかしそれと並行して、生徒と教員の両方に、ルールメイキングの当事者としての討論参加力（基礎体力）をつける教育も必要である。

●文部科学省のメッセージ

　文部科学省も、過剰な校則の問題には腰を上げた。2022年12月に改訂された文部科学省『生徒指導提要』では、「その意義を適切に説明できないような校則については、改めて学校の教育目的に照らして適切な内容か、現状に合う内容に変更する必要がないか、また、本当に必要なものか」、見直しを行うこととされた。そしてこの見直しを生徒が議論する図が、新聞やネットニュースに流れもしたが、これを学校側の「裁量」につなぐことが必要なのだ。ここで生徒の思考努力を参照するのも参照しないのも、学校の「裁量」ということになるのだが、ここで学校教員は、裁量という名目で生徒の思考努力を切り捨てる方向をとらないでほしいのである。

　筆者自身は、不必要な校則は早く廃止して、強制的ルールは勉学環境維持のための必要最小限にとどめてほしいと願っている。とくに、些細な外見的兆候を非行化の兆候と見て、《非行の芽を摘む》という名目のもとにささやかな自己表現を否定・禁止するような指導は、早く終了させてほしいと願っている。そして、ルールに服する当事者である生徒がルールメイキングにコミットする

のが当然だ、という自己統治型の民主文化が教育現場に受容され
てほしいと願っている。

◉希望をつなぐ

　少なくとも、筆者が授業で出会ってきた現役大学生の論稿の中
には、学校の管理職レベルにある人々が参考にするに値するもの
が多々ある。高校時代までは言語化しきれず溜めていたものが、
大学の授業で「幸福追求権」や「自己決定権」や「思想良心の自由」、
あるいは「子どもの権利条約」の中の「意見表明権」などの概念
に出会って、脳内で化合反応を起こしているのかもしれない。

　主権者教育にはさまざまなアプローチがありうる。選挙制度に
ついての知識を教えることだけではなく、ルールを作ったり改廃
したりする議論の当事者となることも、主権者としての思考を鍛
える重要な機会となるはずである。

　その意味の主権者教育としては、数年前の不満をストレートに
書くだけでは相手にしてもらえない…、人を説得する言葉と理路
をもってそれを表現しなければならない…、というイヤなハード
ルを課すのが、法学教員としての筆者の役割である。民主主義の
プロセスは説得のプロセスだからである。そして学期末には、こ
のハードルを飛び越えてくる学生が、毎年、必ずいる。筆者はそ
こに希望を見ている。

＊註

1　BBC News: Page last updated at 20:10 GMT, Friday, 14 August 2009 21:10 UK

http://news.bbc.co.uk/2/hi/africa/8202378.stm

2　スーザン・クークリン（長野徹・赤塚きょう子訳）『イクバルと仲間たち―児童労
　　働にたちむかった人々』小峰書店、2012年。

3　クレイグ・キールバーガー（佐光紀子訳）『僕たちは、自由だ！　クレイグ少年の
　　南アジア50日間の冒険記』本の泉社、2000年。

4 1965年提訴の第一次訴訟、1967年提訴の第二次訴訟、1984年提訴の第三次訴訟がある。

5 行われた検定の内容については、国家側の裁量権の逸脱を7件中4件認め、南京大虐殺、中国戦線における日本軍の残虐行為などの記述に関する検定を違法とし、国側に40万円の賠償を命令した。

6 家永三郎『検定不合格日本史』三一書房、1974年、208頁。

7 この分野の裁判例については、柳瀬昇『教育判例で読み解く憲法（第2版）』（学文社、2021年）などが参考になる。

8 エイミー・ガットマン（神山正弘訳）『民主教育論—民主主義社会における教育と政治』（同時代社、2004年）参照。

9 君が代斉唱問題については第5章第1節「思想良心の自由」の項目も参照してほしい。

10 内田良・山本宏樹編『だれが校則を決めるのか—民主主義と学校』岩波書店、2022年。

第3部

自由と平等　人権論の総仕上げ

第10章　人権保障の基本原理 (1)
―個人の尊重と「公共の福祉」

　アートランドは、今、国家レベルのイベントで盛り上がっている。

　世界中から来訪者を招いて、アートランドの存在価値をこれまで以上に認めてもらうチャンスになるような国際イベントの企画が進んでいる。ファインアート県の壁画制作村では、その企画の一部として、大きな仕事を国から任され、みんな張り切っている。作品の完成が近づくにつれてメンバーが帰宅せずに泊まり込むことも多くなった。納期までに高い水準の作品を仕上げたいリーダー君は、「栄えある壁画制作スタッフに選ばれた優秀なアーティストである君たちは、個人である前に芸術家だ！」と豪語して、メンバーの士気を上げようとしていた。

　ところがスタッフの一人であるパーソン君が、「今日は家族の誕生日祝いをしてやりたいので帰宅させてほしい」と願い出てきた。

　「私は芸術家である前に、個人としての自分の生活が成り立っていることのほうを選びたいのです。毎日6時間は眠りたいし、一日一食は、ランチ・ミーティングではなく、リラックスして食事したいです」

　「そんなことではこの村の芸術家としての尊敬は受けられなくなるぞ？」

　「それでいいです。でも、普通の人としての尊重は受けられますよね？」

　アートランドのメンバーシップを手に入れる条件は、「表現者に理解を持ち、相互に尊重し、支え合うこと」だった。リーダー君が思う「理解と尊重と支え合い」は、このような時にはみんなが一致団結して作品作りに協力することだった。一方、パーソン君の考え方は、その前に個人の生活が疲弊しない限度を互いに守り合うことが「理解と尊重と支え合い」になるというものだ。リーダー君の考え方では一時的に強い結束を作り出すことはできるが、一つ作品を完成させるとみんな燃え尽きてしまう。一方、

パーソン君の考え方のほうは、メンバーみんなが長く活動を持続していくことができる。

　自分たちの意思で表現者の国家を作った場合にでさえ、その内部ではこのように全体の価値と個人の選択が衝突する可能性がある。そのどちらを目指すかで、その国の政治・統治のあり方も変わってくる。さて、現実の世界の「日本国憲法」では、このあたりはどう考えられるのだろう。本章と次の第11章は、人権論の総仕上げであると同時に、国政の方向が問われる問題が多く含まれるので、人権論と統治の総合理解が必要となる章である。

第1節　憲法における《人》

　憲法における《人》の問題は、国際化と人の動きの流動化が進んだ社会の中で、ますます重要度を増しつつある。「国民」に保障するとされている人権を外国人にどこまで保障できるのか、すべきか。海外に出ている日本人についてはどうか。子どもを人権共有の主体として扱ってきたか。判断力や意思の表現力が弱ってきた高齢者の尊厳を尊重してきたか…。

　個人の尊重を定めた第13条、平等を定めた第14条も、常にそうした広い視点から問い直されるべき分野である。そうした観点から、憲法における《人》について見ていこう。

1　「国民」と「個人」

第11条　国民は、すべての基本的人権の享有を妨げられない。この憲法が国民に保障する基本的人権は、侵すことのできない永久の権利として、現在及び将来の国民に与へられる。

第13条　すべて国民は、個人として尊重される。（以下略）

憲法は、前文と第10条から第13条までと第97条で、人権に関する一般原理を表明している。基本的人権は人間が人間であることによって当然に持っているものだ、という考え方がここで示されている。国家や自治体は、この基本的人権を実現することを任務とすべきで、法律や条例や憲法改正によってこの「基本的人権」を奪うことは許されない。

　憲法は前文冒頭で、まず「国民」という言葉から始まっている。ここで言われる「国民」は、国政の意思決定の根拠となる集合体としての「国民」という側面と、基本的人権の保障を受ける個々の現実の人間、つまり第13条で言う「個人」の側面がある。

　第13条は、「個人」の尊重を明記し、基本的人権を保障すべき主体はまず第一に「個人」だと述べている。人間は現実には、さまざまな個性と個人差を抱え、自分なりの価値観や世界観、そして人生経験からえた考え方を持って生きている。そのような個性と人格性を持った一人一人の人間を個人として尊重する、ということであるが、次章の「法の下の平等」を理解する際にも共通する、憲法の思考の基盤となっている。この個人尊重主義は、決して利己主義を意味するものではない。利己的に生きるか利他的に生きるか、その両極の間でどのようにバランスをとるかは、「個人」各人が自分で決めることであり、憲法はその判断を「個人」に委ねている。

2　「国民」と「外国人」

　第10条　日本国民たる要件は、法律でこれを定める。

　憲法第10条を見ると、誰を国民とするかは法律で決めるとなっており、この役割を担っている「国籍法」では、国民とは日本国籍を持つ者のこととなっている。その日本国籍はどのような人に与えられるのか、ということも、国籍法で規定されている（多くの国が出生地主義をとるのに対して、日本は血統主義をとっている）。国籍法で何らかの限定をすることは避け

られないことだが、それは憲法全体の趣旨から見て普遍的な政治道徳（前文）にのっとった内容でなければならない。この「国民」のカテゴリーに入らない人は、「外国人」ということになる。

　世界中で人の流れが活発化し、国際化の流れは加速している。その中で、それぞれの国が、これまで自国民と考えられてきた人の範囲を超えて、どこまでの人に人権を保障できるかという問題に直面している。

　日本国憲法が制定された時に「国民」という言葉が使われたのは、主権者は君主ではなく国民であるということ、《君主の臣民》という身分はなくなり「国民」になったのだということを意味していた。その時点では予測されていなかったような国際化が進んだ社会の中で、この憲法の趣旨が新たな時代に適合する方向で生かされていくことが求められている。

　憲法第10条と国籍法の組み合わせによれば「外国人」となる人についても、「人」として当然に保障されるべき権利については平等に保障される必要がある。これについては「マクリーン事件」最高裁判決（第11章のcolumn 14で後述）以降、権利の性質によって外国人にも保障できるものについては、「法の下の平等」（第14条）の精神に基づいて権利保障をする方向がとられている。

| 重要な裁判例 | 国籍法訴訟・違憲判決 |

最高裁 2008（平成20）年6月4日判決

　憲法第22条は国籍離脱の自由を認めているが、無国籍の状態を生じさせる趣旨とは考えられていない。今日の国際化の動きの中では、親が海外で出産した子について重国籍や無国籍が生じる可能性が増えており、いくつかの調整ルールが採用されているが、調整ルールに抜けがある場合もある。このような不備を憲法違反とした判決が、国籍法違憲判決である。この判決では、日本の国籍法に従うと、日本で生まれながら無国籍になる事例が生じることを、憲法第14条に違反する「違憲状態」と見て、当該事例にあたる子どもに日本国籍を取得させることとした。

当時、国籍法第3条1項の制度の下では、法律婚をしていない日本人の父と外国人の母との間に生まれた子は、日本国籍を取得できなかった。最高裁判所はこの状態について、国籍取得について著しく不合理な差別が生じており、憲法第14条1項に違反すると判断した。

3 法人、公務員、未成年者

第99条　天皇又は摂政及び国務大臣、国会議員、裁判官その他の公務員は、この憲法を尊重し擁護する義務を負ふ。

3-1 公務員と天皇

憲法が保障する人権の中には、その主体（人）のあり方によって、特別な規制や配慮のあるものがある。まず憲法上に明文規定のある「憲法尊重擁護義務」について見てみよう。

一般人も公務員も、日本国の法令に服することは同じだが、公務員にはその職務の性質から、一般国民と異なる内容の義務や制約がある。とくに「憲法尊重擁護義務」（第99条）は、一般人には課されておらず、公務員と天皇にだけ課されている。憲法は本来、国家に向けて「国民の権利を守り実現せよ」と命令している法である。公務員は、その仕事を実際に担う人々なので、その仕事の本質について、憲法がこうした義務を明文化しているのである。

天皇は公務員ではないが、かつて君主主権国における主権者として政治的決定に関わっていた歴史があることから、象徴の立場を守り、政治に関与しないことが憲法に定められている。この憲法のルールを守ることが第99条でも確認されている。

また立法の担い手である国会議員は、憲法以外の法律を制定する時に

は、憲法を守ることを前提として各種の法律を策定しなければならない。行政、司法の担い手としての公務員は、このことを前提として、制定された各種の法律に基づいて業務を行う。この法律を公務員が無断で変更してはならない。また、政策や法律の改廃に影響する政治活動も禁止されている。国家公務員は政治的行為が禁止され、違反者は処罰される（国家公務員法 第102条1項、第110条1項）。地方公務員も処罰規定はないが政治的行為は禁止されている（地方公務員法 第36条）。こうした制限について、最高裁は、公務員を「全体の奉仕者」とする憲法第15条2項の趣旨から、公務員の政治的中立性を損なう行為を禁止することは、「合理的で必要やむをえない限度」ならば合憲としている（「猿払事件」最高裁1974〔昭和49〕年11月6日判決）。

　ところで、現行の法令が憲法違反に問われることもある。そうした時には、公務員の「憲法尊重擁護義務」と公務上の服務内容とがぶつかる場合が出てくる。たとえば、死刑の執行を担当する刑務官が、「これは憲法が禁じる残虐な刑罰にあたる」という確信を持つようになり、命令を実行することに強い良心的苦痛を感じる、という場合などである。自衛隊員や警察職員も、内的葛藤にさらされやすい職にあると言える。

　このような時、行政職にある公務員は、定められた法律について異論があっても公務の中にそうした異論を持ち込まずに、現行の法律に従って仕事をするべきとされている。しかしこれは、裁判所の違憲審査制度が十分に機能していることを前提として初めて成り立つ考え方であり、この部分については議論すべきことが多い。

　総じて、公務員に対する現在の制約は、勤務時間外の個人ないし市民としての「表現の自由」までも禁じる方向になっており、本来の必要性を超えているため憲法違反ではないか、との批判は多い。

3-2　団体や法人

　憲法が保障する人権は、まず個人（自然人）に保障することが考えられている。しかし、個人以外に、企業（法人）や「○○映画製作委員会」「○○芸術祭実行委員会」といった団体も、各種の権利の主体となることができ

る。たとえば企業や団体が民法上の契約や著作権法上の権利者となる例は
よく見られる。憲法上の《人権》についても、企業や団体が権利主体とな
る場合がある。最高裁は、権利の性質上可能な限り、法人も基本的人権
の享有主体になるとの判断を示している（「八幡製鉄政治献金事件」最高裁
1970〔昭和45〕年6月24日判決）。

　そこで、権利の性質・内容に即して見ていくと、選挙権・被選挙権、生
存権、教育を受ける権利など、性質上、個人だけを対象にしている人権に
ついては、法人や団体が人権共有主体になることはできない。

　一方、「表現の自由」、各種の経済的自由、「裁判を受ける権利」といっ
た権利は、法人や団体も享受できる。企業は、「財産権」に基づいて工場
の敷地や設備を所有し、「営業の自由」に基づいて製品を作ったり販売し
たりすることができるし、「表現の自由」に基づいて広告を出すことがで
きる。また宗教法人が「信教の自由」に基づいて布教活動をしたり、新聞
やテレビなどのマスメディアが「表現の自由」に基づいて取材や報道をす
る、といった場面がそうである。選挙活動の場合には、法人や団体は、「表
現の自由」に基づいてこれと思う候補者を応援する表現をしたり、社員や
団体メンバーに投票を呼びかけたりすることは自由にできるが、各個人に
投票や投票内容を強制することはできない。

3-3　未成年者

　教職や児童福祉職を目指している人は、未成年者の人権について知って
おく必要がある。演劇や映画で子役を使う時にも、未成年者の人権に関す
る知識は不可欠である。

　憲法が保障する人権は、未成年者にも及ぶ。ただ日本国憲法で保障され
ている《自由》は、前提として判断力が必要になる。そこが未発達と考え
られる子どもについては、《自由＝自己責任》の発想よりも、《保護・育
成》の発想を優先させた法ルールがある。しかしその場合も、当人が権利
主体なのであり、当人の生存や発達育成のための最善判断を大人が代理し
て行っている、という関係になる。したがってこの領域では、保護のため
の規制が本当に必要か、その規制が本来必要な範囲を超えて未成年者の主

体性を奪っていないかを考え、適切な保護育成を考えることが必要になる。この点では、これまで以上に「子どもの権利条約」（第9章）を参考にする必要がある。「教育を受ける権利」については第9章で述べたので、ここでは、未成年者の人権のうちそれ以外のものを見ていこう。

経済活動の自由や勤労の権利　未成年者の経済活動は制限され、日常の小遣いの範囲を超える法律行為（不動産の賃貸契約やローン契約など）を行うには、保護者の同意が必要となる。[*1]また、普通教育を受けるべき年齢にある者は労働契約を結ぶことはできず（憲法第27条3項「児童酷使の禁止」）、例外的に保護者の同意監督の下に、教育を受ける権利を害することのない範囲で、収入の発生する役務を行わせることができる。演劇・映画などの「子役」は、この考え方で認められている。

選挙権と選挙運動　公職選挙法第9条1項では、選挙権を行使できる年齢を満18歳以上と定めている。また公職選挙法第137条の2第1項では満18歳未満の未成年者の選挙運動を禁止している。インターネット上の選挙運動にもこの原則があてはまるので、選挙期間中は未成年者が選挙運動のための表現を行うことが禁止される（候補者のホームページに応援の書き込みを行うなど）。

表現の自由に関連する制約　青少年に対する表現の自由には、上記の選挙活動にあたる表現活動のほかにも、多くの制約がある。とくに性表現については さまざまな法律・条例がある。一般の性表現規制と異なり、判断能力の未熟な青少年の健全な発達の権利を保護するための規制と考えられている（本書第4章を参照）。

恋愛の自由か、保護か　多くの自治体の青少年保護育成条例の中には、未成年者と性行為を行った者を処罰する規定（いわゆる「淫行条例」）がある。これは青少年の利益を守る保護の側面と、当の青少年の自由権（幸福追求権）の制約という側面の両面を持つために、多くの議論がある。

刑事事件における責任　いわゆる「犯罪」と呼ばれる事件のことを「刑事事件」と呼ぶが、その実行行為者が20歳未満だった場合には、「少年事件」と呼んで、一般の刑事事件とは異なる扱いをしている。こうした事柄は、「少年法」で定められている。少年犯罪の場合には原則として刑罰の対象とはせずに、保護または矯正教育の対象とすることになる（ただし一定の凶悪事件の場合に限り、家庭裁判所が保護ではなく刑事罰の対象とすべきと判断した時には、刑事事件として裁かれる）。一般社会にも保護と立ち直り支援の方向に協力してもらうため、マスメディアが少年事件を報道する場合には、当人を特定できる情報の公表（推知報道）を控えることが、少年法第61条で求められている。

　なお、2022年4月1日に施行された少年法では、少年のうちでも18歳・19歳の場合は「特定少年」と呼んで、18歳未満の少年とは異なる扱いをしている。たとえば「特定少年」が刑事事件として起訴された場合には、メディアは上記の推知報道を行ってよいとされている（少年法第68条、本書第4章も参照）。

---

column 10　　　　　　　　　主な法律における未成年者の年齢設定

　成人と未成年者を分ける年齢は、それぞれの法律の目的によって異なっている。また、いくつかの重要な法改正があり、2022年4月に施行された。そこで、未成年者への保護・配慮をしている法律のうち代表的なものについて、2022年4月以降の年齢設定を見ておこう。

民法における

　「未成年者」──18歳未満の者

労働基準法における

　「年少者」──18歳未満の者

　「児童」──15歳に達した日以降の最初の3月31日が終了するまで

児童福祉法における

　「児童」――18歳未満の者

　「乳児」――1歳未満の者

　「幼児」――1歳から小学校就学の始期に達するまで

　「少年」――小学校就学の始期から18歳に達するまで

刑法における

　「刑事責任年齢」――満14歳（14歳未満の者には刑事責任が課されない）

少年法における

　「少年」――20歳未満の者、ただし18歳・19歳は「特定少年」

第2節　人権保障の基本原理

第12条　この憲法が国民に保障する自由及び権利は、国民の不断の努力によつて、これを保持しなければならない。又、国民は、これを濫用してはならないのであつて、常に公共の福祉のためにこれを利用する責任を負ふ。

第13条　すべて国民は、個人として尊重される。生命、自由及び幸福追求に対する国民の権利については、公共の福祉に反しない限り、立法その他の国政の上で、最大の尊重を必要とする。

1　「個人の尊重」と「公共の福祉」

　憲法とは、人の権利を保障することを国家に命じる法である。第13条も、国家に対して、「すべての国民を個人として尊重するように」と命じている。

　ここで「最大の尊重」と言っているのは、ある人の権利を絶対無制約に

実現することを約束するということではない。

　身分制や奴隷制を廃止して、すべての人の権利として保障されることになった「基本的人権」は、その成り立ちから必然的に、認めるわけにはいかない内容がある（たとえば幸福追求や財産権の名の下に人間を奴隷として所有する自由は、憲法が第18条で禁止している）。

　そうした部分を引き算しても、人間が複数いれば、必ず利害の衝突があり、折り合いをつけなければならない場面が出てくる。その際にも、可能な限り人権を生かし、保障を最大限に、制約を必要最小限にすることが求められる。これが第13条で言う「最大の尊重」である。そのように尊重された上で、「ここは制約を受けてもやむをえない」という場合のことを、憲法第12条、第13条では、「公共の福祉」と表現している。

　したがって、人権は、「公共の福祉」に反する場合、つまり他者の権利も尊重する必要から仕方のない場合には、最小限の規制がありうる、ということになる。

　自律と責任という側面からも第12条と第13条を見てみよう。権利が保障されるということは、権利の主体となることである。権利は、権利の主体自身が行使するかしないかを決めることができる。裏返せば、権利を侵害されていても、その権利を放棄して状況を黙認することも本人の「自由」ということになるので、放棄せずに使いたいと思えば、自覚的に行使する必要がある。権利は、国民の側にこの自覚がなくなり、行使する人がいなくなれば、すぐに形骸化して絵に描いた餅になってしまう。第12条が「国民の不断の努力によつて、これを保持しなければならない」と言っているのは、このことである。

　この第12条はこの権利を行使する際に、「濫用してはならない」と戒めている。これは、先に見たような限界を無視して他者を犠牲にしてはならないという自覚と責任を、国民に求めている。

2　個人の尊重と「幸福追求権」

2-1　自由と尊厳

　芸術やスポーツに打ち込む人々は、時に苦行を背負い込んでいるように見える。しかし、ある視点から見れば苦役としか思われないことも、そこに生きがいを感じている人にとっては幸福の追求である。それが「苦役」となるか「幸福追求」となるかは、本人の意思次第である。このように、第13条の「尊重」とは、「自分のことは自分で決める」という考え方を基礎にして本人の意思を尊重するという、「自由」の考え方がベースになっている。とはいえ、人は実際には多種多様な現実的事情を持っているので、ゼロから好きなように人生を創造できるわけではない。それでも、さまざまな現実を自分なりの判断で組み合わせて工夫して、自分ならではの選択を積み重ねて生きていく。そのような自分らしい生き方を、妨げられたり壊されたりしない権利が「幸福追求権」だと言うことができる。ここには、犯罪を行えば刑罰を受けることを理解して思いとどまる能力を持っている、経済活動に必要な自己責任を理解している、という《自律》の考え方がある。

　その一方で、判断力の未熟な児童や意識のない病人、そして判断力が弱まっているために他者の支援を借りなければならない知的障害者や高齢者のように、自分の判断で自分の権利を行使することが困難な人もいる。そうした人々も、人としての「尊重」は受けるべきである。そうした状況にある人の場合には、自律や自己責任をベースにするのではなく、人間としての「尊厳」が守られるルールや制度（医療や福祉などのインフラ）を国や社会全体が整えることが必要である。「個人の尊厳」という言葉は家族について定めた第24条に出てくる。現実社会の中では、とくに家族関係の中でこの「尊厳」を守る必要が意識される場面が多いので、第24条に配置されたと考えられるが、この言葉はより広く、人権の全般にあてはまる基本原則と見るべきである。世界に目を向けると、「世界人権宣言」や「国際人権規約」で「人間の尊厳」という言葉が明言されている。

　これらのことを総合すると、人権全体を見渡す総則を定めた第13条の

出発点にある「個人の尊重」は、「自由」と「尊厳」の二つの基本原則の上に成り立っており、その人の状況に応じてどちらを優先するかを判断していくべきものだと言えるだろう。

2-2　包括的基本権としての役割

　現実の社会は、常に発展と変化を続けている。社会の発展に伴って、さまざまな新しい問題が出てきた時、憲法の原理や趣旨を酌んだ新しい権利が必要になることもある。第13条の「幸福追求権」は、そうした新しい権利を生み出す苗床のような役割を果たしている。この苗床の役割を「包括的基本権」と呼んでいる。プライバシー権や肖像権や環境権などが、この第13条の「幸福追求権」を根拠条文にして生み出されてきた。

　新しい権利は、新しい社会問題とともに意識されてくる。たとえば、尊厳死に関する自己決定と医療倫理、代理出産をめぐる当事者の自己決定と生命・社会倫理、遺伝子解析技術や遺伝子操作技術と生命倫理、精子提供による人工授精と生まれてきた子どもの「出自を知る権利」などのように、新たな技術によって開かれた自由や自己決定を認めると同時に、その倫理的限界も論じていかなければならない問題が多い。[*2]そうした問題を考える時にも、先に述べた「個人の尊重」（第13条）、「個人の尊厳」（第24条）、「人間の尊厳」（世界人権宣言）といった共通価値が基礎になる。

2-3　人格権

　「人格権」は憲法上の明文規定はないが、第13条の「個人の尊重」と「幸福追求権」の一内容として発展してきた。人格権のうち「表現の自由」との関係で出てくるものについては、「表現の自由」の章（第4章）で解説した。ただ、人格権は、もともとは「表現の自由」を制約するために認められたものではなく、独自の意義を持っている。

　たとえば、肖像権が裁判で認められた初期のケースは、スト参加者が経営者側から撮影されることを拒否した事例や、デモ参加者が警察から撮影されることを拒否した事例だった。こうした事例から考えられる肖像権の本質は、必ずしも「表現の自由」を抑えるものではない。「人格権」は、

人が社会の中で生きていく上で必要となるさまざまな権利のうち、物理的・身体的なものではなく内面・精神面に関わるもので、憲法第19条から第23条で明文化されている「精神的自由」の範囲に収まりきらないもの、ととらえておこう。[*3]

　こうしたことを踏まえ、以下では、「人格権」のうち、「表現の自由」との関係で出てくる内容以外のものとして、生命・健康・環境に関わる人格権の話を取り上げることにする。

2-4　文化享受の権利

　本書では、第4章のcolumn 2「芸術の自由」、第8章と第9章の冒頭のアートランドの物語で、文化芸術支援の問題について考えてきた。column 2で見たように、国が芸術をとくに大事にする・支援し擁護するという時に、「その代わりに国の政治的意向に従うこと」という条件をつけてはならず、支援する際にも芸術家の精神的自由を尊重するという意味での「芸術の自由」の考え方が、第二次世界大戦後に広がってきた。

　1948年に採択された「世界人権宣言」にも「文化」に関する権利が登場する。第27条の条文を見ると、「自由に社会の文化生活に参加し、芸術を鑑賞し、及び科学の進歩とその恩恵とにあずかる権利並びに創作した科学的、文学的又は美術的作品から生ずる精神的及び物質的利益を保護される権利」とある。学問・芸術を人々に開かれた文化として保護することが、世界的な関心事であることがわかる。

　このことを、日本国憲法ではどのように受け入れ、反映させていくのかが、ここ数年、ホットな議論になっている。

　まず第13条の幸福追求権の中に、各人の生きがいとしての「文化享受の権利」が含まれ、国は国民・住民に文化の面での多様性を認め、第14条の精神からも、人々の意に反する文化的同化政策をとってはならないと考えられている。次にこの「文化享受の権利」をより確実に保障するために、国や自治体からの支援（財政支援）があること—図書館や公民館、公立美術館を作ること—は、憲法が禁止している妨害的な関与ではないので、憲法上OKと考えられている。このことは、憲法第25条の生存権の条文

の中に「健康で文化的な最低限度の生活」とあることや、憲法第26条の教育を受ける権利の「教育」を広くとらえていく立場からも確認できる。

　ただし、文化的支援をする際の国（文化庁や文科省）の関与の仕方にまだ十分なルールが確立しておらず、「あいちトリエンナーレ2019」の中の「表現の不自由展」問題や、『宮本から君へ』補助金事件（最高裁2023〔令和5〕年11月17日判決）のようなトラブルが起きたりもする。

　これらのトラブルを考えていくと、日本には文化芸術基本法（2001年に「文化芸術振興基本法」として制定され、2017年に改正されて現在の名称となった）があり、芸術祭などの公的な文化芸術支援の際の基本方針として参照されなければならないのだが、これが実際の運営（行政）の場面で十分に共有されていないのではないか、との疑問がある。この文化芸術基本法と日本国憲法とは、同じ方向を見ている内容と言える。両方を合わせて文化行政の指針として生かされていくことが、今後の課題として期待される。憲法の領域では、まだ新しい分野である[*4]。

3　生命権・環境権・人格権

3-1　生命権

　第13条に規定されている権利は、「生命、自由及び幸福追求に対する国民の権利」となっている。これまでは、この言葉の全体を指して「幸福追求権」と呼ぶのが通例だった。しかし現在では、「生命」の部分と「幸福追求」の部分はそれぞれに保障しようとしている内容が異なる、との説も有力である[*5]。

　本書では、この考え方を参考にして、生命権についても考えてみる。

　生命と身体は密接な関係にあるが、身体に侵害を加えられない権利としては、憲法第18条「奴隷的拘束の禁止」がある。しかしこれはとくに「身柄拘束」を問題にしている。いわゆる拘束とは別に、健康被害などの問題については、この第13条における「生命権」を考える必要がある。

　人間の生命が国家による加害を受けることを拒否する権利としては、前文の「平和のうちに生存する権利」にもその趣旨が組み込まれている。こ

動物レスキューの一団が、その後に封鎖されることになる汚染値の高い長泥地区で犬猫を捜索する。　　　　　　　　　　（2011年5月　福島県飯舘村）写真：豊田直巳

の権利を害する状況を国が作り出すことのないように、日本国憲法では戦争を放棄する第9条が定められている。また、貧困や医療の不足などから人間の生存が危うくなる状況を防止し、配慮と救済を行うことを国家の任務とする規定として、第25条の「生存権」がある。そうした考え方を総合したものとして、「生命権」という考え方が必要になったと言える。

この生命権が問題となる場面としては、環境問題（環境権）、死刑の問題、そして平和的生存と安全保障の問題などがある。

3-2　環境権

環境権の背景と国際化　人間は、さまざまな条件がそろうことで初めて生存できる弱い生物である。空気、水、気温、食物、睡眠、休息、そして過度のストレスにさらされないこと…。人間が正常に生存できる環境というものは、大変に限定されている。今日の人類の科学力と大量生産技術は、この限界を超えて地球環境を変化させる威力を持っており、その変化は深刻に進行しつつある。

そんな中で、人間が生きるために必要な環境を守る権利（環境破壊を拒否する権利）としての「環境権」が提唱されてきた。これは憲法制定時には明文の規定がなかったものを、時代の要請に応じて憲法の趣旨を生かすために解釈によって生み出した権利という意味で、「新しい権利」と呼ばれる。

1970年代、環境問題に関する裁判の初期のものは、「公害裁判」と呼ばれていた。高度経済成長期と言われた時期、環境への配慮が足りないまま工業化が進んだために、数々の環境汚染と健康被害問題が起きた。この被害についての企業責任を争う民事訴訟では、損害賠償、つまり金銭での事後救済を求めることが中心となった。しかし、人命や健康被害が問題となっている時には、被害が生じてからの賠償では遅すぎる。そこで、被害の継続を止めるため、あるいは近い将来に被害が発生することが明らかである場合に、当該の活動の差止めを求める「差止め請求」を主眼とする「環境権」の考え方が登場した。これが争われた最初の事例が1981年に最高裁判決のあった「大阪空港訴訟」である（後述の「重要な裁判例」を参照）。

この環境権には、国の責任を問う考え方も含まれていた。国が法律を制定して、企業に環境保護のための対策（工場排水や有毒廃棄物をそのまま捨てることを禁止し、無害化処理や専門業者による廃棄作業など）を実施するよう義務づけるなど、政策の面からの国の責任を考え、それを行っていないために起きた健康被害については国の不作為責任も問う、ということも裁判で主張されてきたのである。この主張は、上述の「大阪空港訴訟」で最高裁が「環境権」ないし「人格権」に基づいて問題を扱う道を閉ざしてしまったために、裁判で認められることの困難な主張となってしまった。

　ところで、大気にしても海洋にしても、地球環境は常に流動しながらつながっている。環境破壊を止めるという課題は、地球規模で取り組まなければならない問題となっている。そのため、国際的にさまざまな条約の策定の試みが行われている。代表的なものが「地球温暖化防止条約」だが、各国の経済的利益との調整が難しく、実効的な措置が遅れている。近年では、若い世代の中から環境破壊と気候変動を食い止めようとする国際的な主張をする人々も出てきている。

日本国憲法上の環境権・人格権　日本国憲法には「環境権」の明文規定がない。また、「環境権」を具体的な権利として認めた最高裁判例もまだ存在しない。しかし法律のほうでは環境保護に関連する法律が多く生まれ、学説でもこの権利を認める説がほとんどであることに加えて、下級審の判決では「環境権」の趣旨を尊重したと見受けられる判決もある。また、軍用基地の騒音被害について住民が訴えた事例で、このような騒音に日常さらされている状況下では、住民が難聴などの健康被害が生じることを怖れるのも当然なので、その怖れを精神的被害として認める（損害賠償を認める）という判決も出ている（宮崎地裁2021〔令和3〕年6月28日判決）。

　人間にとって「環境」は、さまざまな要素を含むものであり、意味が広がりやすい。筆者は、民法上の環境権の中には、良好な景観を享受する権利も含まれるが、憲法上の権利としての環境権は、人間の生命・生存の問題と密接な関連性を持つものに絞るべきだと考えている。そうした角度から考えて、①生存権（第25条1項・2項）、②人格権（第13条）、③生命権（第

13条）、④平和的生存権（前文）の四つの領域それぞれの視点から、人間の生存の条件となる環境とその侵害について、議論を組んでいく必要がある。

重要な裁判例　　　　　　　　　　　　　　　　　　**大阪空港訴訟**

最高裁 1981（昭和56）年12月16日判決

　大阪周辺の住民である原告（複数）が、航空機の騒音により身体的・精神的被害、生活妨害などを被ったとして、人格権ないし環境権の侵害を根拠に、国に対し①午後9時から翌朝7時までの空港の使用差止め、②過去の被害に対する損害賠償を求めて民事訴訟を提起した。一審に続く控訴審では①②とも請求が認容されたが、これに対し最高裁では①は民事訴訟という方法が不適格として却下、②は一部認容となった（人格権、環境権に関する判断は行っていない）。

　この最高裁判決については、2023年になって、当時最高裁裁判官の一人だった団藤重光氏の手記がその死後に公開された。それによれば、この当時、最高裁裁判官の間では、人格権に基づいて原告の差止めの請求を一部容認する方向が考えられていたのだが、突然一方的に、人格権・環境権については論じないこととなってしまったという。これは日本の人格権・環境権の発展に深刻な負の影響を与えた出来事であり、「司法の独立」にとっても深刻な問題である。このタイプの人格権・環境権の議論を改めて復活させ、本来あるべきだった発展を回復させる必要があるだろう。

1　民法第5条。2022年4月から、改正民法が施行され、成年年齢が20歳から18歳に引き下げられた。したがって、18歳未満が未成年者となる。

2　これらの新しい問題を取り入れた憲法解説書として、吉田仁美編著『人権保障の現在』（ナカニシヤ出版、2013年）参照。

3　このような広がりを持つ「人格権」を総合的に解説した参考文献として、斉藤博『人格権法の発展』（弘文堂、2021年）、五十嵐清『人格権法概説』（有斐閣、2003年）。どちらも本格的な研究書である。

4　この分野については、志田陽子編『あたらしい表現活動と法』（武蔵野美術大学出版局、2018年）および志田陽子『「表現の自由」の明日へ』（大月書店、2018年）で詳しく扱っている。

5　生命権を幸福追求権から独立した権利ととらえる立場をとる研究書として、山内敏弘『人権・主権・平和—生命権からの憲法的省察』（日本評論社、2003年）、初学者向けの解説として石村修『憲法への誘い』（右文書院、2014年）を参照。

第11章　人権保障の基本原理 (2)
―法の下の平等

　アートランドでは、明確な競争がある。コンペ入賞を懸けて絵画作品を作ることや、経済市場でプロダクトデザインやゲームキャラクターデザインを競うなど、みんながそれぞれの得意分野で競争に参加する。その結果、選ばれた人と選ばれなかった人との差はどうしても出てくるが、そういう《結果の不平等》は、選考に不正がない限り、悔しくても受け止めて次のチャンスに生かすのがアートランドの住民の生き方である。

　しかし、肌の色や身体の事情を理由に、実力があっても職に就けなかったり選考を受けられなかったりする《機会の不平等》は、厳禁である。そういう差別は、アートランドでは法律で禁止されている。アートランドでは、視覚障害のある人が優れた音楽家になったり、聴覚障害のある人が優れたビジュアルアート作家になった例はいくらでもあるので、そうした差別はない。

　先日、ある歌唱コンテストで、車イスに座った状態ならば十分に歌える歌手が、「ステージで踊れない人はダメ」という理由でコンテストに出場できなかった。この扱いに市民たちが、「それは機会の平等を不当に奪うものだ」と非難の声を上げ、議会の議題にしてほしいと請願した。議会に呼び出されたコンテスト主催者は、こう説明した。

　「エンタメ系の歌手は、スタイルがよくて踊れないと、観客がお金を払ってくれないのです。歌だけでは、いくら実力があっても実際の仕事がなくて、本人が不幸になってしまうのです。私たち主催者は、社会の傾向に従っているだけなのです」

　「うーん。たしかにそうだな…」と、エンタメ大臣がつぶやくと、「そんな外見差別や障害者差別を肯定するのですか」と、市民がまた怒りの声を

イエス・キリストの生まれた聖誕教会を封鎖するイスラエル兵をじっと見つめる地元の
パレスチナ人の子ども。　　　　　（2002年5月 ベツレヘム、パレスチナ）撮影：豊田直巳

上げた。「いや、そうじゃないよ、私が言ったのは、実際の社会はたしかにそういう面があるので悩ましいね、という意味だよ」と、エンタメ大臣は慌てて釈明をした。

　話し合いの結果、エンタメ大臣は、「本当に実力のあるアーティストに集客力や採算を問わずに実力を発揮してもらう場を、政府の予算で作る」という公的芸術支援策を発表した。「その策は公的支援を受けるアーティストと活動実費を自分で工面しているアーティストとの間に不平等を作り出してしまうので、そこに税金を使うのは良策ではない」との声も上がったが、「アーティストが純粋に実力で評価される《実質的な機会の平等》を実現するのは、今の自由市場経済の中では難しい。それを政府が人工的に作って、入場料をタダにすれば、市民も質の高い芸術を気軽に享受できるので、税金を使う意義がある」とエンタメ大臣は説明した。「まずは、やってみようじゃないか」。

　さて、現実の世界の「法の下の平等」は、どんなふうに展開しているだろうか。

第1節　日本国憲法第14条 法の下の平等

第14条　すべて国民は、法の下に平等であつて、人種、信条、性別、社会的身分又は門地により、政治的、経済的又は社会的関係において、差別されない。

2　華族その他の貴族の制度は、これを認めない。

3　栄誉、勲章その他の栄典の授与は、いかなる特権も伴はない。栄典の授与は、現にこれを有し、又は将来これを受ける者の一代に限り、その効力を有する。

1 「法の下に平等」の意味

　現実の人間は、さまざまな個人差を抱えて生きている。日本国憲法はそうした一人一人の人間を《個人》として尊重することを基本としている（第13条）。日本国憲法が第14条で保障している「法の下の平等[*1]」も、このことと併せて理解する必要がある。第14条は、多様な人間を「平等」の名のもとに同じ方向にそろえることを目指しているのではなく、現実の人間が千差万別であることを前提として、その人々が、法律の内容や行政や裁判の場面で、正当な理由なく不平等な扱い（差別）を受けない、ということである。これは基本的には、国に対する命令である。

　日本国憲法第14条1項は、まずはその出発点として、国が法律や行政を通じて、人間を差別する制度を作ってはならない、ということを国や自治体に命じている（形式的平等）。

　次に、2項（貴族制度の廃止）と3項（栄典に伴う特権の禁止）は、この憲法が制定される以前の社会にあった身分制度や、身分制度に結びついた特権を廃止し、そうした制度を復活させることを国に対して禁止している。

　それ以外のさまざまな条文の中でも、個別場面に応じて平等の徹底が目指されている。参政権における平等（第15条3項と第44条）、夫婦の同等と両性の本質的平等（第24条、本章第2節で後述）といった規定がそうである。

　このように、第14条の「平等」は、出発点として、国が人々を不平等に扱ってはならない、と規定している。これには、人を正当な理由なく不平等に取り扱う法律を制定してはならないというルール（法律の内容の平等）と、内容的には問題のない法であっても、その法を行政機関や裁判所が差別的に適用・運用してはならないというルール（法の適用の平等）が含まれる。

　その一方で、実社会では、性別、能力、年齢、財産、職業、または雇用関係や家族関係などの事情によって不利な状況に置かれる人も出てくる。このうち、経済的関係に関する《実質的平等》実現については、社会権（第25条から第28条）が定められている。この社会権の保障内容で対応しき

れないような問題については、第14条を《実質的平等》保障の方向で解釈していくことになる。[*2]

　日本国憲法の下では、福祉国家に基づく実質的平等は、社会権の条項を通じて保障されることになる。ただ、何らかの形で制度化された保障（「手当」「年金」など）について、その保障のあり方が不平等になってはいないか、という問題があった時、第14条の「平等」の問題となる。

　では、国や自治体などの公権力ではなく私企業や私立大学が人を不平等に扱っている場合は、どうだろうか。たとえば大学や企業が応募者に試験を課して人を選別していることは、平等違反の問題とは考えられていない。しかし私企業や私立学校が、試験の基準をクリアした者に対して、性別や出身地や思想信条によって不合格とすることはどうだろうか。また、ある性別の人々に対してだけ、合格に必要な基準を上げて合格しにくくしている場合はどうだろうか。「憲法の私人間効力」として議論される問題である（「憲法の私人間効力」については本章のcolumn 13で後述）。

2　差別の理由にしてはならない事柄

2-1　条文に明示された事項

　第14条1項は、差別の対象としてはならない事柄を明示している。これは、これまでの歴史で差別の理由とされてきた典型的な事柄をとくに明示しているものであって、憲法が禁止する差別をここに限定する意味ではない。

人種　人種差別および民族差別は、深刻な政治的・社会的問題として、世界中で取り組みが行われてきた。たとえば人種差別解消の取り組みに国際レベルで協力し合うことを趣旨とした条約に「人種差別撤廃条約」があり、日本もこの条約に加盟している。

信条　ここには宗教上の信仰や、思想上・政治上の主義と見解が含まれる（本書第4章・第5章も参照してほしい）。ある政治信条を持っている人に

だけ政治参加を認めないとか、ある宗教を信仰している人にだけプライバシーを認めず監視対象とするなど、国や自治体が国民の信条を理由にして異なる取り扱いをすることがあれば当然に憲法違反となるが、国や自治体ではない一般企業の場合には、この憲法の趣旨をどこまで要求できるか、議論の対象になってきた[*3]。

性別　第14条の「性別」による差別禁止の部分は、第24条の内容と併せて理解する必要がある。婚姻・家族の問題は第24条で扱うことになるが、婚姻・家族の問題として扱えないさまざまな性差別問題については、この第14条で考えることになる。社会の中には、人の社会的役割を、当人の意思や実力ではなく性別や性的指向で分ける習慣が残っていることがある（「男性は力仕事、女性は家事仕事、LGBTQは接客業」など）。こうした役割の振り分けを「ジェンダー」と呼ぶ。社会の中に残っている役割拘束を克服するという課題は、家庭・家族に関連する問題にとどまらず、政治的・経済的・社会的関係のすべてに関係している[*4]。

社会的身分・門地　社会的身分とは、出身地・出身民族など、自分の力ではそれから脱却できず、それについて事実上の社会的評価が伴っているものを言う。民法上の「嫡出子・非嫡出子」「尊属・卑属」は、この「社会的身分」にあたると考えられるので、これを理由とする取り扱いの差（たとえば法定相続分の違い）は、憲法問題となる。門地とは、家柄を意味する。華族（貴族）は、第14条2項で廃止・禁止された。

2-2　差別の理由と裁判での判断

　ある取り扱いが、平等原則への違反（憲法が禁止する差別）にあたるかどうかの判断は、当該の取り扱いが合理的な（理にかなった）区別と言えるかどうかで判断する。ここでは、性別などのさまざまな事実的・実質的差異を斟酌しないことによる平等（形式的平等）と、斟酌することによる平等（実質的平等）の、どちらの考えを採用すべき場面なのかを判別し、当該の取り扱いが合理的なのかどうかを、場面に応じて論じることになる。

上記に見てきた憲法第14条1項に明示された理由（人種、信条、性別、社会的身分または門地）による区別は、差別にあたることが強く疑われるので、その憲法適合性が裁判で争われた場合には、裁判所は厳格な姿勢で審査をすることになり、区別をすることについて強い理由が必要とされる。

　一方、年齢や外見など、これらの事項に該当しない事柄でも、合理性（正当な必要性）がない場合は、差別にあたることになり、憲法違反となる。裁判では、その区別・扱いに合理性があるかどうかが審査される。

3　差別が起きるさまざまな場面

　差別の場面にはいろいろなものがある。日本国憲法第14条1項は、その場面を、「政治的、経済的又は社会的関係」と規定している。それぞれについて見ていこう。

政治的関係　政治的関係とは、参政権など政治参加に関わる事柄である。人種や性別や収入によって選挙権・被選挙権を限定すること（制限選挙）が典型的な例で、こうした差別の禁止は第15条、第44条でも確認されている。

　すべての国民に参政権が平等に保障されていることが、その国が民主主義国家であると言えるための条件であるため、第14条のこの部分は憲法の根幹をなす重要部分である（第3章「参政権」、とくに「選挙権」の項目を参照）。

経済的関係　経済的関係で「法の下の平等」が問題になるのは、雇用や契約や税金などの問題である（経済活動の自由については、第7章を参照）。

　世界の歴史を見ると、土地を所有することや起業をして経営者になること、責任ある知的職業に就くことを、ある人種にだけ認めないといった経済的差別が行われていた国もあった。日本の場合には、日本国憲法制定以前には、女性に対してこのような差別があった。

　現在の日本国憲法の下では、そうした経済的差別を強制する法律はほぼ

なくなったが、一般企業（法律上は公権力ではなく私人）が社員を採用したり昇進させたりする時に特定の人種や性別を優遇するのは、企業の自由か、「雇用差別」にあたると見るべきか、議論があった。現在では「男女雇用機会均等法」や「労働施策総合推進法」など、企業に雇用の平等を義務づける法律が定められ、法制度上は答えが出ている。

この分野で平等違反が争われた事例としては、旧所得税法（1965年改正前）の課税のあり方を争った「サラリーマン税金訴訟」（最高裁1985〔昭和60〕年3月27日判決）がある。この裁判では、事業所得者よりも給与所得者に高い税負担を課していることが憲法14条1項違反として争われた。最高裁は、租税法の内容は立法府の判断に委ねるべきもので、採用された区別が立法目的との関連で著しく不合理とは言えないので合憲とした（その後、1987年の法改正で、本件訴訟で問題とされた事柄の見直しと一部改正が行われた）。

社会的関係　社会的関係とは、上記以外に、広く社会生活を営む上で必要な事柄に関することである。たとえば、ある宗教に属する人だけが自治体から転入を拒まれるとか、学童年齢にあるにもかかわらず学校教育を受けられない、といったことがあれば、社会関係における差別ということになる。このタイプの差別は、現実社会では、私人によって差別の認識なく行われてしまうことが多い。

たとえば、役所で転入届は受理されたが、賃貸借契約をしてくれる貸主がいない、といったことが起きるのである。これについては、公権力がどこまで私人の選択の自由に介入できるか・すべきか、という問題があり、見解は分かれている（「憲法の私人間効力」については本章のcolumn 13で後述）。

---

column 11　　　　　　　　　　世界史の視野で「平等」を考える

●不平等な制度からの自由―形式的平等

日本国憲法における「法の下の平等」が、まずは国に対する「差

別禁止」から始まり、次に社会の中の不平等を克服することへと関心が移ってきた経緯を理解するには、世界史の中での「法の下の平等」の歩みを理解する必要がある。

　欧米で憲法ができてくる18世紀後半から19世紀、自由と平等の理念に基づいてまず目指されたのは、人間を身分制や奴隷制から解放することだった。過去には、国家が身分制や奴隷制を肯定していた歴史があったが、各国の憲法は、これを禁止している。[*]これが日本国憲法第14条、第18条に反映されている。この禁止によって、社会に制度としての差別がないことを「形式的平等」と言う。

　次に、私たちに保障されているさまざまな人権は、その人が人である限り、当然に保障されるものでなければならない。特定の身分や地位にある人にだけ保障されている権利は「特権」と呼ばれ、「人権」とは呼ばない。「法の下の平等」は、すべての人権に織り込まれている前提的な原則である。

[*]映画『風と共に去りぬ』『アミスタッド』『アメイジング・グレイス』『それでも夜は明ける』といった作品に、奴隷制克服の歴史を、それぞれの視点から描いている。

◉不平等を拡大させる現実への配慮—実質的平等

　すべての個人を法的に平等に取り扱い、自由な活動の機会を平等に保障するという制度的・形式的平等は、当初の期待に反して、新たな不平等を拡大させた。土地や資源や工場などの財産を持つ者と持たない者との格差が広がり、最低限の生活さえも不可能な弱者が生まれてきてしまったのである。

　各人を自由で平等な競争参加者として扱う形式的平等だけでは、こうした社会状況を改善することはできない。そこで時代が20世紀に入ると、社会的・経済的弱者の実情を斟酌して必要なところに支援を行うことが、国の仕事だという考え方が広がった（福祉国家）。この変化の中で、「法の下の平等」の考え方も、不平等な制度を禁止する「形式的平等」に、社会状況の違いを考慮

しながら弱いところに支援をする「実質的平等」を組み合わせるものとなっている。日本国憲法はこうした世界の流れを受けて、これをさらに明確にした「社会権」を明文化した。

＊小説・映画の『レ・ミゼラブル』や『怒りの葡萄』は、19世紀・20世紀のフランスやアメリカで経済的弱者が追い込まれていく状況を描いている。

● 「マイノリティ」の多様化

　社会の実情から見て不利な状況にある人々を「弱者」または「マイノリティ」と言う。社会の中の弱者をさまざまな角度から理解する見方が進んできた結果、今日の社会では、誰もが何らかの意味でマイノリティであると言われるようになった。男性優位と言われる政治経済領域における「女性」、異性愛を主流とする社会の中の「LGBTQ」、子育て・保護者ソサエティの中では少数者となる「男性」、今日の国際化・多文化社会の中の「外国人」「少数先住民族」、高度情報化社会に乗り切れずに「情報弱者」となっている人々など、すべての人間がマイノリティでありうる。今日の社会で、マイノリティ性のある人々が安心して暮らせる社会を考えるニーズは増している。

　どのような状況にあっても尊重されるべき《人としての権利》は、国や当人のアイデンティティを超えてすべての人に平等に保障されるべきものである。この考え方から、憲法で保障されている人権のうち「人身の自由」や「表現の自由」や「法の下の平等」などとくに基本的なものは、「普遍的人権」または「国際人権」と呼ばれ、国際条約で確実な保障が目指され、各国の達成度が国際社会から評価の対象となっている。日本は、憲法の「法の下の平等」の条文は素晴らしい内容だが、社会の実態を見ると、「法の下の平等」を達成している先進国とは言えない状況にあり、国連の各種の委員会（たとえば女性差別撤廃委員会）からもさまざまな改善の勧告を受けている。

第2節　家族関係・親密関係と平等

> 第14条1項　すべて国民は、法の下に平等であつて、（略）性別、社
> 　　会的身分（略）により、（略）差別されない。
> 第24条　婚姻は、両性の合意のみに基いて成立し、夫婦が同等の権
> 　　利を有することを基本として、相互の協力により、維持されなけ
> 　　ればならない。
> 2　配偶者の選択、財産権、相続、住居の選定、離婚並びに婚姻及び
> 　　家族に関するその他の事項に関しては、法律は、個人の尊厳と両
> 　　性の本質的平等に立脚して、制定されなければならない。

1　家族関係と平等

　日本国憲法制定以前の、明治憲法下の日本では、性別による差別が極端
だった。これが戦後大幅に改められ、1945年に婦人参政権の実現、1947
年に姦通罪（刑法第183条）の廃止、妻の無能力（経済的自由が認められ
ない立場）など、女性を劣位においた民法の規定が改められた。また、国
家公務員法（第27条）や労働基準法（第4条）においても、職業生活に
おける男女平等が法文化された。また1981年には女性差別撤廃条約が発
効し、日本もこれに署名しているため、1985年の男女雇用機会均等法の
制定など、国内法も整備された。このような流れを受けて、民法の定める
婚姻適齢年の区別（男子18歳、女子16歳）や、女性だけに課される6か
月の待婚期間、夫婦同氏（同姓）の原則についても社会的な議論が起き、
裁判でもその合憲性が争われてきた。

　こうした流れの中で、日本国憲法第24条は、婚姻（結婚）の自由と家
族関係の本質的平等を定め、親密な関係にある人々の間の法律ルールに関
する方向を明らかにしている。

第24条1項は、いわゆる「家制度」（家父長制）からの自由を明言している。結婚することについて合意した2名の人間がいる時に、国家や家制度や身分制度によってこの合意が妨げられてはならない、ということである。また、当事者同士の合意がない時に、結婚を強制することは許されない。

　次に第24条2項では、それまでの日本の制度を反省した上で、両性の平等と、家族一人一人に個人としての尊厳があることを明記している。ここで「個人」という言葉と「尊厳」という言葉があることには、重要な反省が込められている。人が個人としてよりも「家」のメンバーとしての生き方をするように求められ、自分の幸福追求や職業選択の自由を認められなかったり、幼児や高齢者や障害者が尊厳を守られないような虐待を受けたりすることを、憲法によってはっきりと禁じている。しかしこの部分は、禁じるだけでは不十分で、子どもの養育や高齢者・障害者の介護ができなくなっている家庭に対する福祉的援助を充実させるなど、国や自治体の積極的な施策が今以上に必要であることが指摘されている。

　この規定は、国に対して命じる文章になっている。これは、先に述べた明治憲法下での民法の内容を考えると理解しやすい。憲法はまずは国に対して、差別的な役割固定を人に強制することを禁止しているのである。この規定は、家族関係にある人々の暮らしや価値観に直接に踏み込むものではないので、法制度によって強制されたわけではない、当人同士の自発的な合意があるならば、その合意を尊重する（私的自治）。たとえば夫婦関係にある当事者が自分たちの合意によって、どちらかが職に就かずに家事育児に専念することも、各家庭に任せられた事柄ということになる。

重要な裁判例	「法の下の平等」と重要判例

　現在の刑法や民法は、日本国憲法制定以前の明治時代に作られたものをベースにして、日本国憲法や実社会の進展に合うように、必要な部分を改正しながら現在に至っている。改正されずに残った規定の中には、現在の憲法に適合しないものもあり、国民からの訴えを受けて違憲判決が出され、国会が改正に動いたものもあ

る。そうした事例の中から重要な裁判例をピックアップした。

◆尊属殺重罰規定判決　（最高裁 1973〔昭和48〕年4月4日判決）

　刑法の中には、日本国憲法制定後も、尊属殺人罪や尊属傷害致死罪といった重罰規定が残っていた。尊属殺人罪重罰規定（刑法第200条）とは、子や孫（卑属）が親や祖父母（尊属）を殺した時には通常の殺人罪よりも重く罰するという規定である。最高裁は1973年、この規定について違憲判決を出した。[*5]この問題については、a. 刑法第200条の目的が日本国憲法第14条「平等」に違反している、b.「死刑又ハ無期懲役」という刑罰は目的に照らして重すぎるので憲法違反である、という二つの考え方がある。最高裁はこの判決で、親の尊重という立法目的の合理性を認めつつ、手段（刑罰）の重さが極端すぎるという理由で刑法第200条を違憲とした。のちにこの刑法第200条は、刑法典から削除された。

◆非嫡出子相続分違憲決定　（最高裁 2013〔平成25〕年9月4日決定）

　相続財産について、法律婚によらずに生まれた非嫡出子に、法律婚によって生まれた嫡出子の2分の1の相続分しか認めていない民法第900条4号但し書の規定を違憲無効とした事例。最高裁判所はそれまではこの民法上の制度を合憲と判断していたが、この決定では「婚姻、家族の形態が著しく多様化しており、これに伴い、婚姻、家族の在り方に対する国民の意識の多様化が大きく進ん」だことを重視し、親が法律上の婚姻関係になかったという、「子にとって選択の余地がない事柄」を理由に不利益を及ぼすことは許されないとし、この規定を憲法第14条1項違反と判断した。

◆女性再婚禁止期間規定訴訟 （最高裁 2015〔平成27〕年12月16日判決）

　民法第733条（旧規定）は、女性にだけ離婚後6か月間、再婚を禁止していた。この規定により婚姻が遅れ精神的損害をこうむった者が、立法不作為による国家賠償を請求した。最高裁は、当該条項の立法目的は「父性の推定の重複を回避し、もって父

子関係をめぐる紛争の発生を未然に防ぐことにある」としたが、100日を超える部分については「合理性を欠いた過剰な制約」として違憲と判断した。

　その後、2016年に、女性の再婚禁止期間を離婚後100日に短縮する改正民法が成立した。離婚後100日以内でも女性が離婚時に妊娠していないことを証明すれば再婚を認めるルールも追加された。

◆**夫婦同姓規定違憲訴訟（選択的夫婦別姓訴訟）**

（最高裁 2021〔令和3〕年6月23日決定）

　結婚した夫婦の姓をどちらかに合わせる「夫婦同姓」を定めた民法第750条を憲法違反として、事実婚の夫婦が国に損害賠償を求めた訴訟。最高裁は同種の訴訟で2015年に、「婚姻の際に『氏の変更を強制されない自由』」は憲法で保障された人格権とは言えず、夫婦同姓の制度には合理性が認められるとして、この規定を合憲とする判決を出していた（最高裁 2015〔平成27〕年12月16日判決）。2021年決定は、この2015年判決の考え方をほぼそのまま踏襲し、現行の制度を再び合憲と判断した。ただし裁判所が現行制度を積極的に合憲としたわけではなく、その是正・改廃は国会に委ねるという考え方をとった決定である。

2　社会の中のジェンダー問題、性的マイノリティ問題

　それぞれの個人が人として尊重されるためには、さまざまな人間関係の中での本質的平等が共有されている必要がある。家族や自発的な親密関係の中では、法や行政は当事者の自主的な関係を尊重し、原則として立ち入らない。しかし虐待や暴力などの人権侵害がある時には、国や自治体が法律や条例に基づいて最小限の介入を行っている。そのための法律としては、児童虐待防止法（児童虐待の防止等に関する法律）、DV防止法（配偶者からの暴力の防止及び被害者の保護等に関する法律）、ストーカー規制法

（ストーカー行為等の規制等に関する法律）などがある。

　しかし平等な人間関係は、このタイプの法律だけではえられず、人々の価値観や文化的意識がこの方向に向かうことが必要である。そのためには学校教育や社会教育や報道その他の表現活動が重要な役割を果たすことになる。

　さらに、一人一人の自己実現の機会の平等という観点から見ると、現実の人間は、個人の場面、家族との生活の場面、職業の場面、政治参加の場面といったさまざまな場面を使い分けながら暮らしているが、これらの場面は関連し合っていて、家族関係の中での理解が決定的に重要になってくる。たとえば、家族の中に養育や介護の必要な人がいる時、これまでの社会では女性がそれらの仕事を引き受けるものとされ、そうした女性が職業や政治参加で自己実現をしたいと願っても、断念することが多かった。そうした事情を持った人が職業や政治参加で他の人々と平等に自己実現ができるかどうかは、家族の理解や協力があるか、国や自治体が事情に応じた支援制度を作っているかに左右されることになる。

---

column 12　　　　　　　　性的マイノリティの権利と同性婚論争

　同性愛者など性的マイノリティの婚姻制度上の不利や社会的差別状況をどのように克服していくか、という問題が日本でも遅ればせながら公的な議論の場に上り、法律や条例もできた。2023年には「LGBT理解増進法」（正式名称「性的指向及びジェンダーアイデンティティの多様性に関する国民の理解の増進に関する法律」）が制定され、いくつかの自治体ではそれよりも早い時期から「パートナーシップ条例」と呼ばれるタイプの条例を制定していた。しかし日本ではまだ同性婚を制度として認めるには至っていない。

　性的マイノリティの人権問題は、多くの場面にまたがっている。[*6]大まかに整理すると、次のようになる。

●**刑罰や警察監視からの自由**

　日本にはこうした扱いはなかったが、欧米ではまずこれを廃止する必要があった。

●**公職から排除するルールの廃止**

　アメリカでは、軍隊、警察、教員など高い倫理観と規律遵守が求められる公職には同性愛者は就けないとする法律や条例が過去にあり、これを徐々に廃止してきた。日本にはこうした明らかな職業差別はなかったが、社会の中に暗黙の合意のような形で職業差別的な文化が広まっていた可能性があり、その克服も課題となる。

●**私人間の差別の克服**

　雇用差別や住宅契約における差別、学校でのいじめを防止する、といった課題である。これも日本では、社会の中に漠然と広まっていた差別感覚を克服することが課題となる。

●**「カミングアウト」の自由と平等**

　自分の性的指向について黙っている限りは黙認するが、公言したら解雇、という扱いがかつてのアメリカには多かったが、現在では公言した者も平等保護の対象となることが確認されている。日本も同じ誤りをしないよう、学ぶ必要がある。

●**各種のソーシャル・デザインと使用ルールの見直し**

　トイレや公衆浴場など、性的マイノリティが存在しないことを前提にして作られてきた施設について、見直す必要が出てきた。現在、出生時の性別を後から変更した「トランスジェンダー」の人々のトイレや入浴場の使用について議論がある。トイレや浴場の覗き見などの犯罪行為はアイデンティティとは関係なく犯罪行為として禁止すべきで、「トランスジェンダー」など、あるアイデンティティを持つ人々が必ずその種の犯罪を行うという先入観に基づいた議論は、克服していくことが望ましい。

●**婚姻制度の見直し**

　欧米諸国では、すでに同性婚を制度化している国や、いくつか

の事項につき婚姻関係にある者と同じ扱いを認める制度（パートナーシップ法など）を採用している国もある。日本の場合、憲法第24条にある「両性」という文言は男女の異性を指しているので、この憲法条文を改正しない限り同性婚は認められないとする見解もあるが、この「両性」は異性カップルに限定する必要はなく、結婚を望む2名の人間を指していると見るべきだろう。むしろ斟酌すべきなのは、国や自治体による「別扱い」がなかったならば当人同士の意思で実現しているはずの婚姻が、国によって阻まれている、というところである。

　総じて、社会に残っているステレオタイプ（先入観による役割拘束など）を克服していくために、社会全体が知識と理解を持つことが必要である。2023年に成立した法律は、その意味で「理解増進」という言葉が使われることとなったが、憲法第14条の趣旨からは、その「理解」の中に当然、「差別をしてはいけない」という規範意識も含まれる。

第3節　文化・社会関係と平等

1　多文化社会と憲法

　今日の社会は、国際化・グローバル化といわれる流れの中で、多くの異なる文化が共存する多文化社会になっている。そこでは異なる考えや生活習慣や文化を持つ人々を排除する狭いアイデンティティ感覚では、社会は立ち行かない。各人が自分の属する社会が作られてきた経緯を知り、憲法の「自由・平等」と照らし合わせながら、これらの取り組みを消化していく必要がある。

　こうした状況を踏まえて、多民族・多文化の共生を図ろうとする考え方、とくに不利な立場にある文化的集団（文化的マイノリティ）への保護を国

家の政策課題とすることを「多文化主義」と言う。[*7]

　多くの国家が直面している実際的な問題を大きく分けると、海外からの移住者の権利の問題と、先住民族の文化権や土地使用、差別是正政策の問題とに分けられる。

　多文化社会における平等とは、文化的同化を強制しないこと、文化的差異ないし《文化の多様性》を認めた上で、権利・義務などについて平等を認めることを意味する。歴史的には、少数民族に対して国家が制圧的な発想で対処し、排除や無力化を招く政策が行われた経緯があり、その際に「文化的に劣っている」との理由でその制圧が正当化されてきた。その反省から、少数者に対してそのような政策をとってはならないこと、そのような不公正な歴史経緯を修復して、少数民族が正当な地位を回復するために国家が支援を行うべきことが確認されてきた。カナダ、オーストラリア、フランス、アメリカなどでは、それぞれの事情に応じた現実的対応が模索されている。

　現在、マイノリティとされる集団の中には、歴史上、不公正な扱いを受けてきたために、淘汰の危機にさらされている集団もある。そうした集団に支援を行う責任を国家がどこまで負うかが、憲法的な課題となる。[*8]

2　文化的多様性の尊重とジェンダー平等の課題

　《文化の多様性を尊重する》という抽象的な理念としての多文化主義は現在、国内においても国際社会においても大方の支持をえている。しかしこの考え方を現実の政策として実現しようとする時、多文化主義の考え方に基づいて集団文化の独自性を尊重することが、憲法第14条、第24条が目指す平等と衝突する場面も起きてくる。

　マイノリティ集団内の文化に、ジェンダーやセクシュアリティに関する不平等や子どもに対する強い支配がある時、その独自性を認めて尊重することは、マイノリティ集団の中で弱い立場にいる人々に、人権保障が届かない状態を放任することにつながる可能性がある。これは「マイノリティの中のマイノリティ」と呼ばれる問題である。妻への家庭内暴力、低年齢

の女児に対する結婚強制、子どもへの入れ墨などの問題がある。

　日本国憲法における「平等」は、個人の尊重をベースにして、第24条で家長制度や強制結婚からの自由を規定している。したがって、集団の中のマイノリティは、一個人として憲法や法律の救済を受ける。

---

column 13　　　　　　　　　私人同士の間で起きる人権侵害は？

　憲法は、国や地方自治体などの公権力に対して、国民の権利・自由・利益を守るように命じている法である。民間企業や私立学校は、まずは人権保障を受ける主体であり、憲法の命令を受ける立場ではない（たとえば公立学校は憲法第20条・第89条によって宗教伝道教育は行えないが、私立学校が特定の宗教の寄付金によって設立され、その宗教を伝道する教育を行うことはできる）。憲法は、私人（個人や企業）に対して直接に効力を持つ刑法や民法や労働法とは、この点で異なる。しかし私たちの生活の実際としては、民間の企業や近隣関係の中で、思想の自由やプライバシーが圧迫される場面が多い。そのような時、憲法についてどう考えるべきだろうか？

●憲法の趣旨を具体化する法律

　国は、国民の安全や利益を守るために必要な事柄について、さまざまな法律を定めている。また、民間の企業は憲法第27条、第28条によって、労働者と企業の関係を調整する法律のコントロールを受けるよう定められている。雇用における平等については、各種の法律も定められている。それ以外にも国は消費者の立場を配慮した法律を定めて契約のあり方を調整したり、環境保護のために一定の環境基準を企業に守らせたり、有害な廃棄物の不法投棄を禁止するような規制法を制定している。

　企業以外に、よりプライベートな私人間の人権侵害を防ぐための法律としては、「配偶者からの暴力の防止及び被害者の保護等に関する法律」（DV防止法）や「人身売買罪」（刑法の一部改正）

などがある。

これらの法律は、憲法の趣旨を実現するための法律と言うことができる。

◉憲法の私人間効力の理論

人権侵害を防ぐための立法が追いついておらず、根拠となる条文が憲法そのものしかない場合はどうだろうか。企業や団体が公権力に近い支配的な影響力を持っているような場合には、「憲法の私人間効力」と呼ばれる理論によって憲法的対応が考えられている。

日本の判例では、企業が内定者の思想傾向を理由に内定取り消しをしたことが、憲法第19条、第14条違反となるかが争われた「三菱樹脂事件」（最高裁1973〔昭和48〕年12月12日判決）、定年年齢に男女差を設けている就業規則が憲法第14条違反となるかが争われた「女性定年差別事件」（最高裁1981〔昭和56〕年3月24日判決）などがある。

こうした場合には裁判では、憲法の趣旨を民法や労働法などの法律の中に読み込む方法がとられている。そうした法律を媒介にせずに、憲法が直接に私人の領域に介入することについては、判例も学説も慎重な姿勢をとっているが、それは憲法が公権力に向けられた法であるという性質に配慮してのことである。

◉"Japanese Only"―浴場での顧客選別は？

ある温泉施設が外国人に対してサービス提供を拒否する意味で「Japanese Only」という貼り紙を出したことが差別として訴えられた事例として「小樽市入浴拒否事件」がある。

この事例では、温泉業者のほうは外国人の入場をお断りするメッセージを意図していたのだが、入場を断られて不利益を受けたとして裁判を起こした人物は、日本国籍を取得した「日本国民」だったので、理論的には「外国人の権利」の問題ではなく、私人間で起きた外見差別と文化的偏見の問題だったということになる。

この温泉施設は民間の施設だったため、《憲法上の「平等」が要求されるか、民間業者の顧客を選ぶ自由が優先するか？》という、憲法の私人間効力を問うべき問題となった。原告は、人種差別撤廃条約や憲法第14条を根拠として、この施設の「平等違反」を問うとともに、「平等保護」を社会に徹底するための差別禁止法（アメリカの「公民権法」にあたるもの）が日本にないことが、違憲な「立法不作為」になるとして、自治体も訴えの対象としていた。判決では、本人への人格権侵害（民法上のもの）のみを認めた（札幌高裁 2004〔平成 16〕年 9 月 16 日判決）。

第 4 節　外国人の人権

　アートランドでは、国際的なイベントが増えてきたため、語学ブームが起き、海外から語学教師として移住してくる人も増えている。写真家として活動しながら英会話講師としても働いている A 君もその一人だ。彼は、アートランドの安全保障の問題に関心を持ち、市民デモに参加したり、その様子を撮った写真や自分の意見をインターネット上に投稿したりしている。そんな彼に、友人の B 君が忠告をした。「そういうことで目立つと、在留資格の更新ができなくなるかもしれないよ」。A 君は首をかしげた。

　「この土地で暮らす人間の一人として、自分が納得できる政治の下で生活したいと思うのは誰だって当然だろう？」

　「そこのところは外務省が NG と判断したらそれまでなんだよ」

　「この国では、外国人には『表現の自由』が認められないということ？」

　「そういうわけじゃないんだが…」

　じつはアートランドでは数年前、美術館が爆破され、貴重な美術作品が破損する事故が起きたのだった。オリジナルメンバーの中にそんなことをする人がいるはずはない、ということで、外国から移住してきた人を疑う声もあるのだという。

A君は気落ちした面持ちでため息をついた。

「もしも僕が爆弾を持っていたりしたら、そう言われても仕方がないとは思うけど…」

1　可能なものは「平等」が原則

日本国憲法第10条は「国民」と「外国人」の境界を法律に委ね、国籍法では「国民」を日本国籍を持つ者としている。そして日本国籍を持たない外国人については、権利の性質上日本国民だけに保障されると考えられる権利を除き、人として当然に保障されるべき権利について、可能なものは平等に保障されることが「マクリーン事件」判決（本章のcolumn 14で後述）で確認され、これ以降、権利の性質によって外国人にも保障できるものについては、「法の下の平等」を定めた第14条の問題として考えられることになった。

しかし、日本の場合には《等しく保障される権利》から除外される権利の範囲がかなり広いこと、《外国人は別扱い》になることが簡単に「合理的」と認められてしまう傾向があること、日本では「国籍」取得の要件が「血統主義」によっているため、ほかの国では当然に国籍がとれるはずの日本国内出生者が、日本では「永住者」または「定住者」といった「外国人」のカテゴリーに入ること、などの事情が前提にある。

以下、人権の性質ごとに見ておこう。

2　権利の内容ごとに考える

2-1　入国・再入国・在留資格

消極的権利は、国家が不当な関与をしないことによって保障される権利なので、権利の性質上、一時滞在の外国人と永住・定住外国人とを問わず、日本国民と平等に保障することができる。ここには思想良心の自由、表現の自由、学問の自由、人身の自由、裁判を受ける権利、人格権（プライバシー権や肖像権）や尊厳に反する侮辱を受けない権利などが含まれる。た

とえば、不法入国や不法滞在が発覚して入国管理センターにとどめ置かれている人々であっても、強制送還の扱い以外に前記のような人権への侵害を受忍するいわれはない。

　外国人が日本国内に入国する時、その可否を決める権限は各国の判断に委ねられると考えられている。したがって外国人が日本に入国する自由は、憲法上保障された権利ではないと考えられている。再入国の自由や出国の自由、滞在の自由についても同様だと考えられているが、ただ、すでに日本に生活の拠点ができていて、その継続を期待して生活設計をしている者については、この考え方でよいか、疑問がある。

2-2　出入国管理の新しいシステムとプライバシー、尊厳

　2006年に改正のあった出入国管理及び難民認定法では、特別永住者を除く16歳以上の外国人の入国審査について、指紋・写真などの個人識別情報を入国管理局に提出することを義務づけた。これは外国人犯罪や国際テロの予防などを目的として定められた措置である。ただ、この制度や、すでに廃止された指紋押捺制度は、外国人の人間としてのプライバシーや尊厳に反しないか問題となる場面がある。

　また、かつては在留期間が90日を超える外国人は外国人登録証の発行を受けていたが、2009年の出入国管理及び難民認定法改正に伴って廃止され、外国人も住民基本台帳に登録されることとなった。

2-3　家族形成の権利

　日本国憲法は第24条で、婚姻の自由と家族関係の平等を定めている。この保障は、外国人にも平等に及ぶ。当人同士の自発的な事実として家庭・家族と言える人間関係を形成している人々がいる場合、その事実を保護することは、重要な権利として確認されてきている。偽装結婚でなく本当の家族形成がなされている場合には、意に反する国外退去（同居中の家族の引き離し）を強制することは認められない。

column 14 　　　　　　　　　　　　　　　外国人の人権をめぐる裁判

●在留の自由と「人権の行使」―マクリーン事件

　外国人への日本在留延長許可をめぐって争われた「マクリーン事件」は、日本に滞在して英会話講師として働いていたマクリーン氏が、日本国内でベトナム戦争に反対するデモ活動に参加したところ、日本での在留延長が認められなかったため、これを憲法違反として争った事例である。最高裁は、権利の性質上日本人に保障できる権利は外国人にも平等に保障するべきだとの見解を示した上で、この件で問題となった再入国の可否については、外務大臣の裁量に委ねられるとした（最高裁 1978〔昭和53〕年10月4日判決）。

　この判決は、結論は人権の国際的保障の観点から見て疑問の多い判決だが、「外国人の権利保障」に関する一般論として述べられた見解が重要な意義を持った。そこでは、権利の性質上日本国民だけに保障されると考えられる権利を除き、人権は外国人にも等しく保障する、という考え方が述べられ、この考え方がその後の外国人の権利保障をめぐる裁判でも、思考の土台の部分として引き継がれることとなる。

●指紋押捺拒否事件

　人の人格を尊重するということは、その人を疑う特定の理由がない限りは信頼するということだろう。かつて日本では、定住外国人の本人確認のため指紋押捺義務があり、2000年に廃止されるまでに多くの人がこれを違憲とする訴訟を提起した。

　最高裁は、まず権利の性質について、「みだりに指紋の押なつを強制されない自由」が第13条によってすべての人に保障されることを認めた。しかし在留外国人を対象とする指紋押捺制度は、取り扱いの差異に合理的根拠があるので憲法第14条に違反しないとして、原告の主張を棄却した（最高裁 1995〔平成7〕年12月15日判決）。

本人の確認と公正な管理は顔写真で十分と考えられるのに、わざわざ当事者が精神的苦痛を訴えている方法をとることは、違憲ではないかとの批判は多い。指紋押捺制度は2000年には廃止され、その後は本人確認の方法として写真と署名が用いられている。また外国人登録法も2012年に廃止され、外国人の登録と身元確認は外国人住民登録制度（同年施行）によることとなった。

●**日本の施設内での死亡事件**

不法滞在となっているため強制的に出身国に送還されることになった外国人は、入国管理センターに一時的にとどめ置かれる。その間に必要な医療を受けられずに死亡した人について、施設内の虐待行為が疑われており、遺族が国家賠償請求訴訟を提起している（スリランカ出身のウィシュマ・サンダマリさんの死亡について2022〔令和4〕年3月4日に名古屋地裁提訴）。

また、ネパール出身の人が犯罪の疑いで逮捕され、留置担当職員から過剰な制圧と身体拘束を受けたことで体調が悪化し死亡した事例では、遺族が東京都と国を相手に国家賠償請求訴訟を提起した。この件では、被告（都）の責任が認められ、原告が勝訴した（東京地裁 2023〔令和5〕年3月17日判決）。

2-4　参政権

公職選挙法第9条と第10条は、選挙権と被選挙権をそれぞれ日本国民に限定している。国政に関する選挙（国会議員を選ぶ選挙）は、主権者が国民であることから、日本国民に限るべきとする考えが通説と言えるが、近年ではこれを見直す議論も増えている。日本では「国民」の要件である国籍が、ほかの国々に比べて狭い「血統主義」によっているため、出生地主義をとっている国では当然に国籍がとれる者も外国人扱いになっていることを考えると、少なくとも一定の要件を満たした永住・定住外国人については参政権を認める必要があると言える。憲法上の「国民」という用語から、外国人の参政権保障が禁止されているという読み方をすることまで

はできず、憲法はこの問題を主権者の判断に委ねていると考えられる（この問題をめぐる裁判については、本書第3章の「選挙権」の項目を参照してほしい）。

2-5　職業選択の自由と地方自治体の権限

　この自由も権利の性質上、外国人に平等に保障することは可能な権利だが（第22条、第29条型の「公共の福祉」に服することは日本国民と同様である）、実際には外国人は、重要な国家資格について制約を受けるなど、職業選択の自由についてさまざまな制度的制約を受けている。

　公務員の就任・昇任に関わる問題として、地方公務員として採用された外国人に、管理職昇任選考試験の受験資格を認めない東京都の規定を憲法違反として争った事例がある。これに関する最高裁判決は、外国人側の職業選択の自由の問題は論じずに地方自治体（東京都）の裁量権を認めた（「東京都管理職事件」最高裁 2005〔平成17〕年1月26日判決）。この件は、外国人の職業選択の自由の角度から考えるべきでなかったかという指摘がある。

2-6　生存権、社会保障を受ける権利

　社会権のうちでもとくに生存権は、国の国民に対する責務であることから、国が外国人にこれを保障する憲法上の責務はない、とする考え方が多数である。ただ、社会権保障の仕組みが、税金をもとにしてリスクを共有する弱者支援の仕組みであることに着目すると、日本に住所地を定めて収入をえて税金を負担している人々を保障の埒外と考えることが正当かどうか、正義や公平の観点からは疑わしい。実際には、国民年金法や児童扶養手当法などの社会保障関係の法令で定められていた国籍要件は、現在では廃止されている*9。

　また生活保護については、現在多くの自治体で永住者と定住者に生活保護法が準用されている。この生活保護を当人の権利・国と自治体の義務であるとして争った永住外国人生活保護訴訟で、最高裁は、外国人は生活保護法の対象ではないとした（最高裁 2014〔平成26〕年7月18日判決）。

1　「法の下の平等」の分野を含めて憲法全体に関する参考文献としては、次のものを参照した。芦部信喜（高橋和之補訂）『憲法 第八版』（岩波書店、2023年）、麻生多聞ほか『初学者のための憲法学（新版）』（北樹出版、2021年）、辻村みよ子『憲法 第7版』（日本評論社、2021年）、安西文雄・巻美矢紀・宍戸常寿『憲法学読本 第3版』（有斐閣、2018年）。

2　たとえば労働条件について、出産休暇や育児休暇などの配慮が女性に対してだけ行われていた時期があったが、当時はそれなりの合理性があるとされ、男性にこの配慮がないことは、憲法の定める平等に反するとは考えられていなかった。しかし、今では法令や各企業の理解が進んで男性にもこれらの休暇が認められるようになり、そのほうが合理的だという理解が共有されている。また年少者に限り喫煙や飲酒が禁止されていることや、各人の資力に応じて税額に差を設ける累進課税制度をとること、特定の職業に従事する者に対して業務上特別の注意義務を課したり資格試験を課したりすることは、一般には、憲法の定める平等に反するとは考えられていない。

3　政治信条を理由とする内定取り消しが争われた裁判として「三菱樹脂事件」がある。この判例の「思想良心の自由」の観点からの解説は、第5章を参照。

4　ジェンダーの問題が発生するさまざまな社会的場面とそれに応じる法律を総合的に扱った解説書として、辻村みよ子『概説 ジェンダーと法（第2版）』（信山社、2016年）を参照。

5　これは、父親から性的虐待を受け続けた人物（女性）が父親を殺害したというケースである。現在ならば、このような刑事事件に至る前に児童虐待防止法などによって子のほうが救済されるべきケースである。この視点からの考察として、笹沼弘志『臨床憲法学』（日本評論社、2014年）を参照。

6　この領域の憲法問題については、谷口洋幸・齊藤笑美子ほか編著『性的マイノリティ判例解説』（信山社、2011年）、志田陽子「セクシュアリティと人権」石埼学ほか編『沈黙する人権』（法律文化社、2012年）、などの参考文献がある。

7　この領域の参考文献としては、小坂田裕子・深山直子ほか編『考えてみよう　先住民族と法』（信山社、2022年）が総合的で初学者にもわかりやすい。研究論文レベルの解説としては、佐々木雅寿「多文化主義と憲法」『岩波講座 憲法3 ネーションと市民』（岩波書店、2007年）を参照した。

8　日本では、アイヌ民族の文化の保護について、1997年にアイヌ文化振興法（正式名称「アイヌ文化の振興並びにアイヌの伝統等に関する知識の普及及び啓発に関する法律」）が制定された。これによって北海道旧土人保護法などの旧来の法律が廃

止され、アイヌの人々の歴史的事情に立脚し、アイヌ語や伝統文化の保存・振興を通じて民族的な誇りが尊重される社会を目指す施策がとられることとなった。現在、「ウポポイ」（民族共生象徴空間）などの文化施設がこれに基づいて運営されている。

9　1979年に国際人権規約（A規約）に批准、1981年に難民の地位に関する条約に加入した流れを受けてこれらの法改正が行われた。

第4部

共存・平和と《国の仕事》

第12章　統治
―国の仕事、自治体の仕事

　憲法とは、国家と国民の関係を定めた法である。と言っても、実感がつかめないかもしれない。約37万8,000平方キロメートルの敷地の中で、年間に110兆円以上のお金をやりくりして共同生活をしている1億2,000万人あまりの人々が、どうやってその共同生活をやっていくのかを定めた法だ、と言っても、やはり話が大きすぎて実感がつかめないのではないだろうか。

　しかし、約7,000人の学生と約40,000人の来場者が関わりを持っている大学祭を思い浮かべてみると、だいぶイメージしやすくなる。大勢の人間の意欲やニーズ、利害が合流し、実行委員会が場所や時間枠の調整を行い、予算を立て、危険行為禁止のルールやゴミのルールを策定したり、それを実行するためのチームを作ったりする。病人が出た時や火災が起きた時のための危機管理も必要だ。そこには人と政治（politics）と統治（government, governance）があり、その統治を行うためのルールがある。

　本書では、こうした大学祭での学生自治のイメージをもとにして、表現者が作った独立国家「アートランド」を仮想してきた。とくに統治は、一見、私たちの日常生活から遠いことのように思えてしまう。そこで統治と日常生活のつながり（サイクル）を理解してもらうために、このような小さな国を想像することは有益である。本章でも、アートランドで起きる統治の問題を道案内に、憲法の下で国や自治体がどんな組織立てと役割配分で仕事（統治）を行う仕組みになっているのか、見ていこう。

第1節　立法と国会

　アートランドでは、いろいろな人たちが選ばれて議員になるので、時には憲法や法律の知識の足りない人が法律を立案することもある。だから、国民みんなで審議のプロセスを見守ることが重要だ。先日も、電動糸ノコギリで指を切る事故が起きたことがメディアで話題になり、これに反応した議員が「電動ノコギリの販売と使用を禁止する法案」を議会に出してきた。電動ノコギリは必ず被害を生む危険な凶器なので、そのようなものを売って利益をえている業者に「経済活動の自由」を認める必要はない、ということだった。

　このことを知った工芸美術家やプロダクトデザイナーが、議会の公聴会で発言させてほしいと希望した。「この機械の使用を禁止されてしまうと、細かい曲線のある木工美術や工業製品が作れなくなるので困るんです」「これを使う人は、危険なものを騙されて買わされている被害者ばかりではないんです。危険を承知で、自己責任でこの機械を使っている熟練の表現者もいるのです」と、この法案の廃案を求めた。

　議会では、この問題を集中的に話し合う専門委員会を立ち上げ、議論を重ねた結果、最初の禁止案は採用されなかったが、使用者の安全を守るために免許制にする案が出てきた。「電動ノコギリやガラス溶炉など、危険性のある器具の販売と使用は免許制にして、免許を取るにあたっては安全講習会に出てもらうことにする」という案だった。

　委員会でのこの議論を、産業デザイン大臣とその事務官も出席して聞いていた。庁舎に向かうタクシーの中で事務官はやや難しい顔をして言った。「この免許制の法案は、メーカー企業には不評でしょうね。免許制にすると、器具の売れ行きが減るので…」。産業デザイン大臣が答えた。「いきなり全面禁止に比べればだいぶマシだよ？　そこを評価してほしいものだが…」。「まあそうなんですが。でも、これが可決されたら、私たち行政は、その法律に従って企業を監督することになるので、企業から恨まれて、けっこうつらい思いをしそうですよ」。「そうか。君たちで、免許制以外にも対案

になるような案を二つか三つ、考えてもらえないかな。最後に決めるのは議会だが、私たち行政からも、できるだけ、みんなが納得する方策を議会に提案してみたい。そこに乗ってくれる議員がいるといいのだが…」。

さて、この件、議会と行政の間で微妙に目指す方向が違っているようだ。最終的に、どのような政策を作っていくことになるのだろうか…。

1　議会制民主主義と立憲主義

1-1　議会制民主主義と立憲民主主義

まず、日本国憲法における統治の大まかな組織と仕事配分を見渡しておこう。

日本国憲法はまず前文で、国民主権と代表制民主政をとることを宣言している。その上で、民主主義が脱線することもあるという前提に立った脱線防止策として、憲法ルールによって国の意思決定や権力行使に枠をはめている。これを「立憲民主主義」と言う（本書第2章を参照）。

憲法はこのように主権者（が選んだ代表）をも拘束するルールなので、「最高法規」という位置づけにある。通常の法律と区別して「高次の法」と呼んだり、「法の支配」と呼んだりもする。それは、憲法が人権の保障を定め、これによって国家活動の目的を定めているからである。

1-2　行政権と立憲主義と法治主義

行政権とは、統治のさまざまな分野を実行する部門のことで、教育や福祉、警察や財務、そして外交など、内容は多岐にわたる。文部科学省や法務省などの省庁は、それらの行政を分野によって分けて、その分野ごとに統括を行うトップ機関を定めたものである。行政を行う各機関は、憲法第73条1号によって、「法律を誠実に執行」する義務を負っている。議会が決める法律に基づいて仕事をするように、ということである。内閣が立案した政策（法律案）を国会で審議・可決しないで実行（執行）することは許されない。これを「法治主義」と呼ぶ。議会が制定する法律は、憲法を遵守した内容でなければいけないわけだから（前述の「法の支配」）、それ

が守られているならば、行政が法律を遵守・実行することは同時に憲法を守ることになり、「立憲主義」の実現となる。

　ただ、現実には行政権が法律や憲法の内容を逸脱した行動をとることもあり、また行政権が法律に従っていてもその法律が憲法に反している場合もありうるので、その対応策（憲法保障）も必要である。こういう場合には、裁判所が憲法違反がなかったかどうか判断する（違憲審査）。

1-3　憲法保障と権力の分散

憲法保障　憲法保障とは、国や地方自治体などの公権力による憲法違反から憲法を守り、憲法による秩序を安定させることを言う。立法府や行政府が憲法に反する行為を行っている場合、自力で正常な状態に回復することは困難になるため、多くの国では、憲法保障のための方策をあらかじめ憲法の中に組み込んでいる。日本国憲法では、公務員と天皇の憲法尊重擁護義務、憲法改正手続における重い要件（硬性憲法）、「三権分立」と「地方自治」による権力分散、違憲審査制度、といった憲法保障がある。

三権分立と地方自治　近代以降に生まれた憲法の多くは、国の権力を分散させて相互にチェックし合う仕組みを採用している。これは、国や自治体などの公権力が憲法を無視して国民の権利を侵害したりしないように考案された仕組みである。権力が一つの機関に集中すると、権力の暴走や濫用が起きやすくなり、国民の権利・自由が侵害されるおそれが高くなるので、国の作用を分け、互いに他の機関をチェックし、行きすぎに対し歯止めをかけられるようにしている。「抑制と均衡（チェック＆バランス）」とも言われる。

　日本国憲法は、こうした権力分散の仕組みとして、「三権分立」と「地方自治」を採用している。

　三権分立は、国家の作用を三つ（立法権・行政権・司法権）に分けて、それぞれを「国会」「内閣」「裁判所」という異なる機関に属するものとして、役割配分をしている。この三権分立によって、立法権・行政権・司法権のそれぞれが、他の二権からチェックを受けるようになっている。こう

◇日本の三権分立

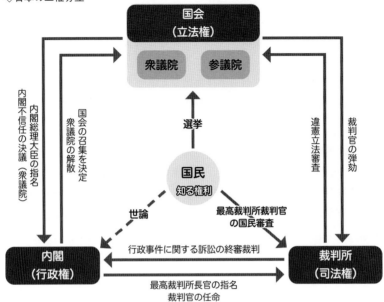

◇日本の地方自治

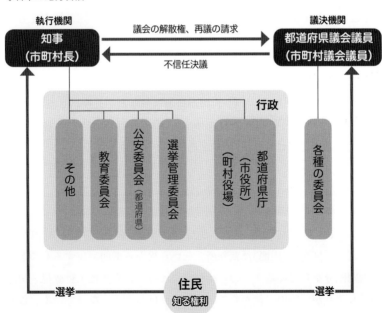

した権力の濫用を防ぐ権力分散方式は、「立憲主義」の重要な要素と考えられている。

　また憲法は、国（中央）と地方（ローカル）との関係でも、国がすべてを管轄する中央集権型ではなく、「地方自治」による権力の分散を図っている。地方自治については本章の最後で解説する。

2　国会─立法機関

第41条　国会は、国権の最高機関であつて、国の唯一の立法機関である。

第42条　国会は、衆議院及び参議院の両議院でこれを構成する。

　国会は、主権者である国民が選んだ国会議員によって構成されるため、「最高機関」という位置づけが与えられている。この国会を通じて、行政や財政に国民の目（民主的コントロール）が及ぶ仕組みがとられているので、この位置づけはしっかり確認しておく必要がある。

　しかし憲法は、国会も憲法の拘束を受けるという「立憲主義」と、一つの機関に権力を集中させない「三権分立」を採用しており、国会もこの三つの機関のうちの一つなので、内閣や裁判所をすべて統括するような上位の権限を持つわけではない。「最高」という言葉を、法的意味はない「政治的美称」と見る見解が多いが、筆者は、ともすれば行政優位になりがちな現実の政治プロセスの中で、「主権者に直結している監督機関はあくまでも国会」ということを強く念押しした言葉だと考えている。

　「立法」とは、新しい法律を制定したり、すでにある法律を改正したり廃止したりすることを言う。国会では、その時々の政策について審議し、可否を決定する。そこで決まった政策は、「法律」の制定や改正や廃止という形で確定する。行政機関はこの確定を待ってから、その内容を実行（執行、施行）する（廃止された法律についてはその執行を止める）。この意味で、

政策決定機関である国会は、「立法機関」ということになる。

　法律はすべて、このようなプロセスで、国会の議決によって成立する。国会をスルーして、別のところで法律を可決・制定したり、廃止したりすることは許されない。「唯一の」立法機関とは、その意味である。[*1]

　日本の国会は、衆議院と参議院の二つの議院から構成されている。こうした制度を両院制または二院制と言う。二院制がとられているのは、一院制よりも審議が慎重に行われることを期待してのことと考えられている。

3　議員の資格―民主主義のための「平等」と「任期」

　第43条　両議院は、全国民を代表する選挙された議員でこれを組織する。

　2　両議院の議員の定数は、法律でこれを定める。

　第44条　両議院の議員及びその選挙人の資格は、法律でこれを定める。但し、人種、信条、性別、社会的身分、門地、教育、財産又は収入によつて差別してはならない。

　第45条　衆議院議員の任期は、四年とする。但し、衆議院解散の場合には、その期間満了前に終了する。

　第46条　参議院議員の任期は、六年とし、三年ごとに議員の半数を改選する。

　第47条　選挙区、投票の方法その他両議院の議員の選挙に関する事項は、法律でこれを定める。

3-1　議員資格の平等と選挙年齢

　国会議員は憲法第15条によって、選挙で選ばれた「全体の奉仕者」という地位にあるが、第43条はこのことを「選挙された」「全国民を代表」という言葉で重ねて確認している。議員の選出方法、任期、解散といった事柄については、憲法や国会法や公職選挙法によって定められている。憲

法では必須の原則を定め、細かいところは法律に委ねることにしているのである（第47条）。このタイプの法律のことをとくに「憲法付属法」と呼ぶこともある。ただし憲法は、これらの法律に丸投げをしているわけではなく、「全体の奉仕者」や「平等」などの原則確認をすることによって、これらの法律は、憲法の基本を守るように条件をつけている。中でも、第44条の但し書きはとくに重要である。

この部分は、第14条の「法の下の平等」の趣旨を、選挙権・被選挙権・議員資格について繰り返す形で徹底している。第14条にない事項で第44条に明記されていることとして、「教育」「財産又は収入」による差別が禁止されている。これは、過去の日本にあった制限選挙制（財産を持つ者にだけ選挙権を与える制度）の復活を防ぐ趣旨と考えられている。民主主義は、平等な政治参加によって初めて実現する、という基本原則がここで確認されている。

選挙年齢についても見ておこう。国民主権における主権者は、まず抽象的には、《国民全体》である。ただ、政治問題と自分の利害や関心とを関連づけて理解した上で投票するためには、ある程度の人間的成熟が必要と考えられるため、現行の公職選挙法第9条では、選挙権を満18歳以上の者としている。[*2] また、被選挙権については同様の配慮から、衆議院で満25歳以上、参議院で満30歳以上の者としている（2023年9月現在）。この年齢設定は、「法の下の平等」に反しない合理的なものと考えられてきたが、近年、被選挙権については年齢設定が高すぎて若い人が立候補する自由を不当に制約しており、「法の下の平等」に反すると主張する議論も現れている。

3-2 「任期」―議員資格を身分化しないルール

衆議院議員の任期は、総選挙から数えて4年間である。ただし、解散された場合には4年以内であっても任期は終わる。

これに対して参議院は、任期は衆議院よりも長く6年と定められ、解散はない。これは、慎重さと安定性を確保するためだと考えられている。また、一度に全員を改選する衆議院に対して、参議院は3年ごとに半数を改

選する半数改選制をとっている。

　どちらの議院の議員も、任期が終了すると、必ず選挙で次の議員が選出される。ここでは「任期がある」、つまり選挙なしで自動的に資格が延長される終身身分の議員は憲法によって認められない、ということが重要である。平等な立場で選び選ばれ、その時々の民意を国政に反映させ、民主主義の全体が自浄能力を発揮するために必要な、根本原則である。

　議員の任期終了に伴って、選挙が行われる。選挙に関する基本原則は第15条、第43条、第44条に定められているが、このことを前提として、さまざまな具体的事項は「公職選挙法」という法律に委ねられている。この公職選挙法では、選挙区、議員定数、投票の方法、立候補手続、選挙運動、選挙争訟、選挙犯罪などについてルールが決められている。

　この公職選挙法は、選挙運動に関して不正を防ぐためのさまざまな規制を設けているが、これが民主主義の根幹である「表現の自由」を規制しすぎていないか、ということが問題視されている。選挙資金の公正性を保つためには、買収などの不正行為そのものを禁止するルールがすでにあり、そこに重ねて戸別訪問のような表現活動を規制することに正当性があるかどうか、丁寧な考察が必要である。

4　相互チェックと議員活動を確保するルール

　第48条　何人も、同時に両議院の議員たることはできない。
　第49条　両議院の議員は、法律の定めるところにより、国庫から相
　　　　　当額の歳費を受ける。
　第50条　両議院の議員は、法律の定める場合を除いては、国会の会
　　　　　期中逮捕されず、会期前に逮捕された議員は、その議院の要求が
　　　　　あれば、会期中これを釈放しなければならない。
　第51条　両議院の議員は、議院で行つた演説、討論又は表決について、
　　　　　院外で責任を問はれない。

4-1　国会議員の兼任・兼職禁止ルールおよび報酬

　国会議員の資格には平等を重んじたルールがあることは先に見たが、各議院の独立性や行政機関との独立性を確保するためのルールもある。これらは突き詰めると、議員の活動（発言、表決）や機関相互のチェック機能を確保するためのルールと言える。

　国会議員は、同一人物が同時に衆議院・参議院の両方の議員になることはできない（第48条）。また国会議員は、原則としてその任期中に国または地方公共団体の公務員を兼ねることはできない（国会法第39条）。これは立法機関と行政機関が相互にチェック機能を果たすための禁止である。

　ただし、日本国憲法は内閣総理大臣および国務大臣の半数以上が国会議員を兼ねるという「議院内閣制」をとっている（憲法第68条）。これは憲法がとくに認めた例外である。

　国会議員がその職務に基づいて受ける金銭を「歳費」と言う。歳費の性質は、かつては職務を果たすための必要経費と考えられていたが、現在では議員としての職業内容にふさわしい生活をするための報酬と見られている。現在は、歳費のほかに、研究調査のための出張にかかる旅費など、国政に関する活動のための各種費用が歳費とは別に支給されている。

4-2　議員の不逮捕特権、議員の発言表決無答責

　国会議員も犯罪などの被疑者となった時には、逮捕や取り調べの対象となる。こういう時に議員は、第50条の「不逮捕特権」によって、国会議員としての活動を優先できることが定められている。これは会期中だけ認められた特権で、会期終了後には、犯罪などの嫌疑を受けた議員は、通常の刑事手続ルールに従って逮捕される。

　第51条は、「議員の発言表決無答責」と呼ばれるルールである。国会で行われる討論や調査では、一般人同士ならば名誉毀損にあたるような場面もある。議院内ではこのリスクにとらわれずに自由に討論できるよう、こうした免責特権が定められている。ただし、院内での言動が院内の秩序を乱した時には、憲法第58条に基づいて、院が懲罰を加える決定をすることはありうる。いわゆる野次やハラスメントは、事実上黙認されることが

多かったが、本来はこの「発言表決無答責」の対象とはならない。近年では、議会でのハラスメントや野次は、議長による制止の対象となっている。

5　国会の活動―会期、議決、調査

第52条　国会の常会は、毎年一回これを召集する。

第53条　内閣は、国会の臨時会の召集を決定することができる。いづれかの議院の総議員の四分の一以上の要求があれば、内閣は、その召集を決定しなければならない。

第56条　両議院は、各々その総議員の三分の一以上の出席がなければ、議事を開き議決することができない。

2　両議員の議事は、この憲法に特別の定のある場合を除いては、出席議員の過半数でこれを決し、可否同数のときは、議長の決するところによる。

第59条　法律案は、この憲法に特別の定のある場合を除いては、両議院で可決したとき法律となる。（以下略）

第62条　両議院は、各々国政に関する調査を行ひ、これに関して、証人の出頭及び証言並びに記録の提出を要求することができる。

5-1　会期

　国会が活動できる期間のことを「会期」と言う。国会は会期の間に政策（法律）の立案、審議、議決、国政に関わる問題の調査、といった活動をする。

　国会の会期には、常会、臨時会、特別会の3種類がある。常会は毎年1回、1月中に召集され、会期は150日となっている。会期中に議決に至らなかった案件は原則として廃案になるが、会期終了前に議決をすれば、次の会期で審議を継続できる。

　臨時会（一般には「臨時国会」と言われることが多い）は、緊急の必要や重要なテーマがある時、必要に応じて開かれる。開催時期・日数につい

てとくにルールはない。現在は慣例的に、毎年秋に召集されることが多く、集中的に討論すべき法案などを審議することが多い。

　この臨時会は、内閣の側からいつでも召集することができる（第53条前段）。一方、国会議員のほうからも、内閣に臨時会を召集するよう求めることが「できる」。その場合には、いずれかの議院の4分の1以上の議員からの要求があれば、内閣は臨時会の召集を「しなければならない」（第53条後段）。

5-2　定足数と議決

　会議体が会議を行うために最小限必要な出席者の数のことを「定足数」と言う。第56条では、国会の衆議院・参議院の定足数について、議員のうちの3分の1以上の出席を定め、表決は出席議員のうちの過半数によって決まることとしている。

　なお憲法改正の発議が可決されるためには、総議員の3分の2の賛成が必要であり（第96条）、この第56条の原則よりも重い要件が課されているが、これは憲法自身が定めた例外である。

　国会ではさまざまな政策を《法律》の形で確定する。まずは提出された《法案》を審議し、必要ならば修正を加え、最終的に《表決》という形で議決し、可決または否決という結論を出す。この時、審議・表決は衆議院・参議院それぞれで行われる。両方の議院で可決となると、その法案は法律として《制定》される。衆議院と参議院で議決内容が異なった場合は、衆議院で再可決を行い、その表決に従う。

5-3　国政調査権

　メディアではよく、その時々の大きな社会問題・政治問題に関係する人物が「国会証人喚問」を受けて国会に出席し、質問を受ける様子が映し出される。これは第62条の「国政調査権」に基づいて行われるもので、裁判とは異なるものである。

　国の政治や経済に重大な影響がある事柄について、証人を呼ぶなどして調査する必要がある時に、国会がそうした調査を行う権限を「国政調査権」

と言う。この権限は国会が有効に活動するために必要なものとして、各議院に認められている。国政調査が行われた主な例としては、ロッキード事件、薬害エイズ問題、リクルート事件、東京佐川急便事件、名古屋刑務所事件などがある。

　国政調査では、必要ならば裁判となる事柄についても調査対象とすることができる。つまり国政調査の対象となる事柄が、同時に裁判の対象になることもあるし、2002年の名古屋刑務所事件の時のように、裁判となるべき事件がきっかけとなって国政調査が行われ、大きな法律改正につながった例もある。

　しかし一方で、憲法第76条では「司法の独立」を定めているので、この原則と「三権分立」を守る必要から、継続中の裁判に介入し裁判所に特定の結論を押しつけるようなことは認められない。

---

column 15　　国政と主権者の眼❶──会議・財政の公開と知る権利

●公開の原則

　「知る権利」を持つ国民は、決定された結果（たとえば新しい税金負担）だけでなく、それが決定されるプロセスについても知る権利がある。そこで憲法では第57条で国会の会議を公開にすることを定め、さらに第91条で国の財政状況を国会で報告することを内閣に義務づけて、立法と行政の最終プロセスを国民に公開している。

　両議院の会議は、公開が原則である。この原則から、報道の自由、傍聴の自由、議事録の公開が保障される。

　一方、委員会は原則として非公開で、議員以外で傍聴が認められるのは、報道関係者などで委員長の許可をえた者だけである（国会法第52条1項）。現在の立法プロセスが委員会中心になっていることと考え合わせると、法律の立案から審議までのプロセスは、憲法がもともと予定していた仕組みに比べて、国民の「知る権利」が及びにくくなってきている。このことは、深刻な憲法問題と言

えるだろう。

●「秘密」の扱い

　「秘密」の扱いをめぐっては、もともと憲法が必要事項に関して例外的に「秘密会」を認めている。これに加えて「特定秘密保護法」が制定されたことによって、非公開の方向が厳重化される流れが見られる。この流れに関しては、国民主権に照らしても、この法律の直接の適用を受ける公務員の人権についても、検討すべき問題が多く指摘されている。この種の法律の運用については、国民が厳しい目を持って見守っていかなければならない。

第2節　行政と内閣

　アートランドでは、「電動ノコギリで指を切る事故を防ぐための方策について」の検討ワーキングチームが内閣府に設置され、法案のたたき台作りが始まっていた。この検討作業に、産業デザイン大臣もメンバーとして出席していた。

　「この件では、作家やデザイナーが、メーカーが想定していなかった使い方をするために事故が起きているということが、実態調査でわかってきました。メーカーが危険物を危険と承知で販売していたという悪質事例ではなかったそうです」

　「そういうのは消費者の自己責任でいいんじゃないんですか？　自動車だって、アクション映画のスタント・プレイで事故が起きた時のことまでは法律で配慮したりしないでしょう」

　「免許制にすると製品の売れ行きが落ちるので避けてほしいと関係企業から言われているんですよね。せっかくのDIYブームに水を差すことにもなりかねませんしね…」

　「でも今のままだと家庭で子どもが使う可能性だってあるので、一般ユーザー向けの事故防止案は必要でしょう」

「製品の取扱説明書の中に、こういう使い方は危険だからするなという《警告》を入れるように義務づけたらどうでしょう。法律にまでしなくても行政指導で」

「いや、説明書を読まないで使って、怪我をしてから被害を申し立てる人が大勢いるんです。プロ用の製品と一般家庭用のものを分けて、一般家庭用のものは安全装置を組み込むことを義務づけてはどうでしょう。リスクを承知で高度な使い方をしたい人は、免許を取ってプロ用の機械を使ってもらいましょう」

「今、いろいろな国で、『製造物責任法』という法律を作って、工業製品のメーカーに安全配慮義務や表示義務を課しています。アートランドでもそういう法律を作りましょう」

「やはり行政指導だけでは足りず、法律にするべきだね。となると、法案を作って議会に出さないといけない。面倒ではあるが、行政が考えたルールを、議会を通さずに行政だけで実行することはできないからね」

検討は続いている…。

1 行政権と内閣

1-1 基本原則

第65条　行政権は、内閣に属する。

第66条　内閣は、法律の定めるところにより、その首長たる内閣総理大臣及びその他の国務大臣でこれを組織する。

2　内閣総理大臣その他の国務大臣は、文民でなければならない。

（以下略）

国政を決めるのが立法機関、決まった国政の実行を担うのが行政機関である。行政権は、三権分立の原則の下で、国会で行われる立法、裁判所で行われる司法を尊重しながら進められなければならない。さまざまな政策

を討論・調査し、「法律」という形で最終決定をすることが「立法」である。これを実行（執行）することを「行政」と言う。行政権が行う事柄は、すべて法に基づいて、法の内容に従って、公の目的を達成するために行われなければならない（法治主義）。

　行政権は内閣に属し、内閣が統括する。ただし、必要上いくつかの例外もある。会計検査院、人事院、公正取引委員会、特定個人情報保護委員会、原子力規制委員会などがある。

　「内閣」とは、内閣総理大臣を首長として、各種の国務大臣によって組織される会議体である[*3]。内閣で会議をした結果の決定は「閣議決定」と呼ばれるが、これは国会で議決を経た決定とは異なるもので、ほとんどの場合、決定後に「法案」や「予算案」として国会に提出して、国会の承認をえる必要のある事柄である。

　大臣職に就く者は「文民」でなければならない。これは、軍人（元軍人を含む）が大臣職に就くことはできない、という意味である。

1-2　内閣の職務、権限と責任

　第72条　内閣総理大臣は、内閣を代表して議案を国会に提出し、一般国務及び外交関係について国会に報告し、並びに行政各部を指揮監督する。

　第73条　内閣は、他の一般行政事務の外、左の事務を行ふ。

　　一　法律を誠実に執行し、国務を総理すること。

　　二　外交関係を処理すること。（以下略）[*4]

　第75条　国務大臣は、その在任中、内閣総理大臣の同意がなければ、訴追されない。但し、これがため、訴追の権利は、害されない。

　行政権の全体を統括する会議体を、「内閣」と言う。この内閣の長が「内閣総理大臣」である。

　内閣総理大臣の職務や行政権の内容は、第72条・第73条に列挙されて

いるが、実際にはこの内容に限られるわけではない。この二つの条文は、とくに重要なものを例示したものと考えられている。これらを整理すると、次のようになる。

法律を執行すること　法律の「執行」とは、法律に定められた内容を実際に行うことを言う。内閣は行政全体を統括する役割を果たしていることから、法律を実際に執行するために必要な細かい法律解釈を示したり、その解釈に基づいた実行ルールを「政令」として定めたりできる。その意味では、「法治主義」の下でも、かなりの裁量（自主判断）を発揮できることになる。また国会に対して政策の提案を行うなど、事実上、国政をリードする一面がある。

外交や条約・協定などの締結　国際化が進んだ現代国家では、外国との取り決めが国内にも重大な影響を与える。憲法では、外国との交渉や取り決めについては、内閣に権限を与えた上で、事前または事後に国会の承認をえることとしている。これは内閣に民意を無視した独断の外交を許す規定ではなく、国際会議・協議などの重要タイミングを逃さずに行動する必要がある時には先に内閣に行動してもらい、後から民意による承認をえることにする、ということである。内閣が外国と取り決めた条約や協定が国内の承認をえられない時にどうするかについては、さまざまな議論がある。[*5]

予算の作成と執行　内閣が作成した予算案が国会で審議され、承認されると、これが法律の意味を持つことになり、行政を拘束する。行政の各部門はこれに従って、税金の徴収（収入）、予算の執行を行わなければならない。予算の「執行」とは、予算に定められた内容について実際にその支出を行うことである。

行政の統括・意思共有と、議会への報告　各国務大臣は、上記のような行政のさまざまな業務を、自分の担当する各部門（省庁）ごとに指揮監督し、内閣に報告し、内閣との連携を図る。内閣総理大臣は、内閣の会議（閣議）

を通じて、行政のさまざまな業務を行政の長として指揮監督する。また、内閣を代表して議案を国会に提出し、国務や外交関係や財政について国会に報告する。

　国の運営（統治）は、実際には高度な専門知識や技術を必要とするために、議会の民主的プロセスに委ねるよりも、行政権に属する専門家官僚に委ねられることが多い。しかしそうであっても、専門家が考えた政策・施策が本当に国民のためになっているか、福利から不当に取りこぼされている人々がいないかどうかを検証し、常に改善していく役割を国会の両議院、そしてそこに属する各議員が担っていることに変わりはない。

　とくに現代は、人権の実現のために積極的な役割を果たすことが国の側に求められているが、この役割の多くが行政権に期待されるため、行政権の守備範囲が拡大しやすい。これが無軌道な行政権拡大と予算の増大を招かないように、無駄を省くべきところは省きつつ、憲法が保障する人権実現にとって必要な事柄を切り詰める方向に向かうことにならないよう、主権者が見守っていく必要がある。

1-3　国務大臣の訴追に関する特殊ルール

　第75条は、国務大臣に犯罪の疑いがある時、「在任中…訴追されない」という特殊なルールを設けている。このルールは、国会議員の不逮捕特権（第50条）と同じ趣旨で、在任中は刑事手続よりも職責が優先される。ただし、内閣の長である内閣総理大臣が逮捕・訴追に同意した時は、通常の刑事手続が行われる（犯罪に関する刑事手続については、第6章を参照）。

2　内閣と国会の信任関係―議院内閣制

第67条　内閣総理大臣は、国会議員の中から国会の議決で、これを
　　　指名する。（以下略）
第68条　内閣総理大臣は、国務大臣を任命する。但し、その過半数は、

国会議員の中から選ばれなければならない。

　2　内閣総理大臣は、任意に国務大臣を罷免することができる。

第69条　内閣は、衆議院で不信任の決議案を可決し、又は信任の決
　　　　議案を否決したときは、十日以内に衆議院が解散されない限り、
　　　　総辞職をしなければならない。

2-1　国務大臣の任命と辞職

　内閣総理大臣と各大臣は、どのようにして選ばれるのだろうか。

　まず国会議員の中から議決によって内閣総理大臣が選ばれる（第67条）。たいていは、選挙で多数派となった政党（与党）の党首が選ばれることになる。[6]

　次に、このような方法で任命された内閣総理大臣が、各種の国務大臣を任命して、内閣の組織立てを決定する（第68条）。報道でよく「組閣」と呼ばれるものである。

　この時、内閣メンバーのうち過半数が国会議員を兼ねていることが必要である。こうした制度を「議院内閣制」と言う。これは、行政機関のトップを国会議員と兼任させることで行政権に民主的コントロールが及びやすくするためである。[7]

　内閣総理大臣は強い人事権を持っており、自分が任命した国務大臣をいつでも解任できる。[8]

　衆議院が任期を終えた時、または解散した時には、内閣総理大臣と内閣メンバーは、自動的に総辞職することになる。しかし実際には、内閣は次の国会の召集まで職務を行う（憲法第70条・第71条）。これは国政に空白が起きないための工夫である。

2-2　内閣不信任決議と衆議院解散

　ここまでは内閣の任期終了のあり方として憲法が定めている通常の流れを説明したが、これに加えて憲法第69条は、大変ドラマティックな総辞職のあり方を定めている。衆議院「解散」とセットになった内閣総辞職と

人事のリセットである。実際の慣例としては、任期満了による終了よりも、この解散の方式のほうが多く行われている。

これは、決定機関である国会と実行機関である内閣とが一致して国政を進めることができない状態となった時、国会（衆議院）が内閣に「クビ」を言い渡して総辞職させることができる、という規定である。「クビ」を言い渡す方法としては、国会に「内閣不信任案」が出されてこれが可決される、または「内閣信任案」が出されてこれが否決される、という二通りの場合がある。この制度は、議院内閣制の特徴と考えられている。行政府の中枢部を立法府の信任に基づかせることで、行政府に民主的コントロールを及ぼそうとする仕組みである。

憲法には、このように、衆議院の決議によって内閣が総辞職するルールだけが規定されている。しかし実際には、内閣の側から衆議院に「解散」宣言をすることで衆議院と内閣の両方をリセットすることが認められ、実際にこれが多く行われている。このタイプの衆議院解散は憲法には明文規定がないが、議院内閣制の特徴の一つとして認められると考えられている。しかしこれが認められるにしても、濫用を防ぐルールが必要だとの議論が多い。

重要な裁判例	臨時国会不召集違憲訴訟

最高裁 2023（令和5）年9月12日判決

憲法第53条の前段は、内閣の側から臨時会を召集することが「できる」としている。議案や時期について定めはないので、内閣側が「これについて承認をえたい」と思う議案があった時に、いつでも、臨時会を開くことができる。

一方、同条の後段は、国会議員のほうからも、内閣に臨時会を召集するよう求めることができる規定である。その場合には、いずれかの議院の4分の1以上の議員からの要求があれば、内閣は臨時会の召集を「しなければならない」（第53条後段）。

どちらの場合にも最終的には天皇による召集が行われるが、こ

れは内閣の助言と承認に基づいて行われる形式的な国事行為（憲法第7条）であり、召集を実質的に決定するのは内閣である。

　この第53条後段に基づく臨時会が長期間無視されて召集されなかったことを憲法違反に問う裁判が行われた。裁判で問われたのは2017年の臨時会要求が「不召集」のまま98日も経過してしまった事案だったが、視野を広くとれば、2015年秋以降、この傾向が定着していた。第53条前段の臨時会は開かれるのだが、第53条後段の臨時会は開かれずに終わってしまう、ということが毎年、続いている。最高裁判所は2023年の判決で、この召集を「内閣の義務」と認め、さらにこの件は裁判の対象になるとも述べた。しかしこの裁判で原告が請求していた国家賠償については、請求を棄却した。原告は、内閣の義務違反によって国会議員が活動できなかったことと、そこから生じた人格権侵害について、国に損害賠償を求めていた。

第3節　財政と民主主義

　表現者の契約国家アートランドでも、国を運営するための収入確保と集めたお金の使い道、すなわち「財政」は、最重要課題である。イベントや展覧会を開催するにも、場所の費用、会場設営の材料費や専門職人件費、招待アーティストに支払う講演料や旅費、こまごました運営に関わる人件費や消耗品費、広告費などの支出を見込んでおかなければならない。これらを賄う収入源は、国外からの観光客、国内の国民の税金、美術作品を買い上げてくれる美術館や美術愛好家、デザインを製品に採用してくれるメーカー企業からのパテント収益、そして映画やゲームなどのコンテンツの著作権収益などである。

　芸術やデザインのイベントは、つい豪華にしたくなるのが人情だが、きりがなくなり、国家財政が破綻する可能性もある。そこでアートランドで

は、企画立案者が予算案を議会に提出して、承認をえることにしている。先日の議会では、「映画祭に有名俳優を高額のギャラを払って呼ぶ企画」の理由が質問され、担当大臣がその俳優と握手をしたいからだということがわかったが、これは公共的な理由とは言えないので承認されず、予算は減額修正された。

　現実の世界の国家財政は、こんな微笑ましい話ではすまないだろう。しかし財政が真に公共のための支出となっているかどうかは、その財政を負担している納税者として、常に関心を持っておく必要がある。このような財政の分野について、憲法が定めている仕組みを見ておこう。

1　財政民主主義と財政法律主義

　第83条　国の財政を処理する権限は、国会の議決に基いて、これを
　　　　　行使しなければならない。
　第84条　あらたに租税を課し、又は現行の租税を変更するには、法
　　　　　律又は法律の定める条件によることを必要とする。

　見込まれる収入について、財源と数字を示して予測することと、必要な支出の項目と額を示して予定を立てることを、合わせて「予算」と言う。その予算の対象となるイベントや年度が終わったあとで、実際に入った収入と実際にかかった支出を確定したものを「決算」と言う。予算と決算とを合わせて「会計」と呼び、会計に関わるさまざまな事柄を総合して「財務」とか「財政」と呼んでいる。

　憲法で言う「財政」とは、国家が統治活動を行うために必要なお金のやりくりのことである。約1億2,000万人の大所帯を抱えた国家が活動するためには莫大な金銭が必要になるが、それは国民が税金を支払うという形で負担している。したがって、財政が適正・公正に行われているかどうかは、国民の「知る権利」の対象として重要なものとなる。

憲法は第83条で、財政の運営は国会の承認と監督の下で行われること
として、財政を民主的コントロールの下に置いている。これを「財政民主
主義」と言う。この財政民主主義を確実にするために、第84条では国家
の財源となる税金について、法律に基づいて徴収することを定めている。
新しい税金項目を創設したり、すでにある税金の税率を上げたりする時に
は、国会でその件について審議し、法律として可決しなければならない。
消費税の引き上げなどについて、そうしたことが実際に行われてきた。こ
れは、第86条の予算の扱いとともに、「財政法律主義」と呼ばれている。

2 予算・決算の議決と公開

第85条　国費を支出し、又は国が債務を負担するには、国会の議決
　　　　に基くことを必要とする。
第86条　内閣は、毎会計年度の予算を作成し、国会に提出して、そ
　　　　の審議を受け議決を経なければならない。
第91条　内閣は、国会及び国民に対し、定期に、少くとも毎年一回、
　　　　国の財政状況について報告しなければならない。

　第85条と第86条の「議決」は「予算の承認」と呼ばれるものである。
予算とは、国および地方公共団体の統治活動に必要な、一会計年度の歳入
および歳出の見積もりである（国の一会計年度ごとの収入・支出のことを、
「歳入」「歳出」と言う）。内閣から国会に「予算案（原案）」として提出さ
れたものを、国会が審議した上で議決をする。この審議と議決は衆議院・
参議院それぞれに行う。それぞれの議院で、案に修正を加えた上で可決す
ることもできる。衆議院と参議院で議決内容が違った場合には、最終的に
は衆議院の議決を優先する。
　「予算案」が国会の承認を受けて「予算」として確定したあとは、法律
と同じものとして政府を拘束する。政府はこの「予算」に従って、税金の

徴収や、事業と支出の執行をしなければならない。

　こうして決められた予算が、想定外の事情によって不足した時、憲法第87条では、「予備費」を設けておいて必要に応じて支出することも認めている。主なものとしては災害対策費がある。

　また憲法は、国や地方公共団体の財政が国民のための公共性・公平性を離れることのないように、とくに念押しすべき項目を挙げている。一つは皇室財産に対する財政民主主義の貫徹（第8条と第88条）、もう一つは宗教団体または公の支配に属しない事業に対して経済支援を行ってはいけないとする第89条の禁止ルールである。

　最後に、内閣は実際の支出入がどうなったか（決算）について、内閣から独立した審査機関（会計検査院）から検査を受けて、その結果を国会に提出し、毎年少なくとも1回は財政の状況を国会に報告して、国民に公開することが定められている（第91条）。現在では、政府発行の白書に加え、財務省HPでも財政状況が公開されている。

第4節　司法と裁判所

1　司法権の独立と裁判官の職務

第76条　すべて司法権は、最高裁判所及び法律の定めるところにより設置する下級裁判所に属する。

　2　特別裁判所は、これを設置することができない。行政機関は、終審として裁判を行ふことができない。

　3　すべて裁判官は、その良心に従ひ独立してその職権を行ひ、この憲法及び法律にのみ拘束される。

第78条　裁判官は、裁判により、心身の故障のために職務を執ることができないと決定された場合を除いては、公の弾劾によらなければ罷免されない。裁判官の懲戒処分は、行政機関がこれを行ふ

ことはできない。

第79条　最高裁判所は、その長たる裁判官及び法律の定める員数の
　　　その他の裁判官でこれを構成し、その長たる裁判官以外の裁判官
　　　は、内閣でこれを任命する。(以下略)

第80条　下級裁判所の裁判官は、最高裁判所の指名した者の名簿に
　　　よつて、内閣でこれを任命する。(以下略)

1-1　司法権と裁判所

　司法とは、具体的な争いが提起された時に、法を適用してその争いを解
決すること、およびそれに関連する国家作用のことである。この司法作用
によって何らかの決着をつけるのが裁判であり、その役割を担う機関が裁
判所である。

　裁判はその内容に応じて民事裁判、刑事裁判、行政裁判に分かれている。
また、裁判は一審(多くの場合地方裁判所)、控訴審(多くの場合高等裁
判所)、上告審(通常は最高裁判所)の三審まで行うことができ、上告審
を最終判断とする三審制をとっている。

　裁判が公正・公平であるためには、裁判所が、政治性の強い立法権・行
政権からの干渉を受けずに判断できることが必要である。「すべて司法権
は…」で始まる第76条1項と2項は、まずその意味での「司法権の独立」
を内容としている。

1-2　裁判官の独立と身分保障

　次に、実際に裁判を行う裁判官の仕事も、政治から独立して行われる必
要がある。このため、裁判官の職権の独立(第76条3項)と身分保障(第
78条)が定められている。裁判官を拘束するものは「良心」と憲法およ
び法律だけである。この「良心」は、憲法第19条で保障される個人の「思想・
良心」とは異なり、裁判官としての職責上の良心を言うと考えられている。

　この規定と国会からの調査との関係が問題となった事例として、「浦和
事件」(1948-49年)、「吹田黙禱事件」(1953年)などがある。

ところで、裁判官が憲法と法律と良心に従って裁判を行い、判決を出した結果、その判決の内容を理由として政治部門から罷免（解職）されたり懲戒処分を受けたりするようでは、裁判官の職権の独立は守れない。憲法は第78条で裁判官の身分保障を定め、このような事態を防いでいる。その一方で、こうした専門家による裁判が国民の良識から離れてしまうことがないよう、第82条で「裁判の公開」を定めている。さらに、刑事裁判の第一審については、法律専門職ではない一般市民が判断に参加する「裁判員制度」が設けられている（このあとの「column 16　国政と主権者の眼❷」を参照）。

1-3　裁判官の任命と解職

　裁判官は、任命されたあとの職権についてはその独立性が保障されているが、その任命については、特殊なルールになっている。最高裁判所以外の裁判所の裁判官は、裁判所システムのなかで任命が決定するが（第80条）、裁判所システムのトップにある最高裁判所の裁判官は、内閣が任命を決定する。さらにそのトップである最高裁判所長官は、内閣の指名（第79条1項）に基づいて、天皇によって正式に任命される（第6条2項）。

　最高裁判所の裁判官は現在、長官1名を含めて15人（裁判所法第5条）、最高裁判所の裁判官の定年は70歳である（裁判所法第50条）。

　裁判官には定年まで身分保障があるが、例外的に定年前に罷免（解職）される場合がある。この場合について、憲法では以下のルールを定めている。

①「心身の故障のために職務を執ることができない」と裁判によって判断された場合（憲法第78条）。

②裁判官が犯罪や重大な業務違反などを起こし、その職を続けるにふさわしくないという疑問が生じた場合には、国会で「弾劾裁判」を行って、罷免するかどうかを決める（第64条）。

③国内の裁判所全体を統括する役割を果たす最高裁判所の裁判官は、任命された直後とそれ以後10年ごとに、国民審査を受ける。この国民審査は主権者が行使する参政権の一つである。

このうち②の「弾劾裁判」については、2023年現在、SNSで不適切な投稿をしたとの理由で一名の裁判官が弾劾裁判を受けている。私人として業務時間外に行ったSNS投稿が一般人の心情を傷つけたということだが、これが罷免までを必要とする重大な非違行為にあたるのかどうか、憲法の専門家の間では疑問視する見方が多い。

2　違憲審査制

> 第81条　最高裁判所は、一切の法律、命令、規則又は処分が憲法に適合するかしないかを決定する権限を有する終審裁判所である。

　違憲審査制とは、法律、行政その他の国家行為が憲法に違反していないかを審査する制度のことである。すべての国家行為は憲法に基づいて行われなければならないが、現実には憲法の定めに合わない法律や行政行為が行われることもあり、これによって人権が侵害されることもある。そういう時に統治の軌道を憲法の定める軌道に戻すための憲法保障として、こうした制度が採用されている。

　日本国憲法は、この判断をする最終権限を裁判所に与えている。だから裁判所は、憲法に反する法律や行政行為に対して《ダメ出し》をすることができるのである。違憲判決・合憲判決と呼ばれるものは、裁判所がこの権限に基づいて出した判決のことである。

　ところで、国民の代表が作った法律を裁判官が憲法違反とすることは、民主主義に反しないのだろうか。

　日本国憲法の下では、多数者による決定であっても、少数者の人権を奪う決定や、民主主義そのものを否定する決定は認められない。違憲審査はとくにこのことを確認するためにあるので、民主主義に対立するものではなく、むしろ民主主義が本来の軌道から脱線しないように支える役割を果たすものと言える。現在、裁判所は違憲審査をなるべく行わずどうしても必要な場合に絞る抑制的な姿勢をとっているが、こうした姿勢をとること

に憲法上の根拠はない。国会や行政になり代わって立法や執行を行うのでない限り、法律や行政活動が憲法にきちんと適合しているかを判断し、判決の形で示すことは、三権分立に反するものではない。裁判所がその方向で、今より積極的な判断姿勢を示すことは、現行憲法の下で十分に可能である。

---

column 16　　　国政と主権者の眼❷──裁判の公開と裁判員制度

第82条　裁判の対審及び判決は、公開法廷でこれを行ふ。

2　裁判所が、裁判官の全員一致で、公の秩序又は善良の風俗を
　害する虞があると決した場合には、対審は、公開しないでこ
　れを行ふことができる。但し、政治犯罪、出版に関する犯罪
　又はこの憲法第三章で保障する国民の権利が問題となつてゐ
　る事件の対審は、常にこれを公開しなければならない。

●知る権利と裁判の公開

　日本国憲法は第82条で「裁判の公開」を定めている。裁判を国民にオープンにすることで、裁判の公正性を保つ仕組みである。この「公開」は、法廷での裁判傍聴と、メディア報道の両方を含む。傍聴者は現在の裁判所ルールでは、裁判進行中に実況中継やSNS投稿をすることは禁じられているが、閉廷後に自分が傍聴した裁判の内容についてレポートしたり論評したりすることは自由である。

　裁判や犯罪の報道は、時に私たちの興味を惹こうとするあまり報道被害も生むが、それでも裁判情報や犯罪情報は「公共情報」として「知る権利」の対象となる。それには理由がある。私たちは、「知る権利」を持つ国民として、またこうした情報の拡散プロセスに関わることもある表現者として、「裁判の公開」の意味を知っておく必要がある（「知る権利」と「公共情報」については第4章「表現の自由」を参照）。

日本国憲法は、第32条の「裁判を受ける権利」に重ねて、第37条で刑事裁判について「公開の裁判を受ける権利」を保障している。不公正な裁判や裁判抜きの違法な刑事手続が行われないように、国民が裁判を見守れるルールを徹底しているのである。ここで憲法が期待している「知る権利」の本筋は、刑事裁判をエンタテイメントの一種として消費することや、犯罪歴のある者を晒しものにして社会から排除することではなく、裁判当事者の「公平な裁判を受ける権利」や身柄の安全を守り、冤罪や暴力的扱いを防ぐことにある。

　裁判傍聴については、裁判所が傍聴者にメモをとることを禁止したことを憲法違反として争った裁判がある（レペタ訴訟、1989年）。最高裁は「メモをとる権利」を表現の自由に照らして「尊重されるべき」としたが、憲法上の権利とまでは認めず、裁判所の指揮権を認めて上告を棄却した。しかし実際にはこの判決以後、法廷でメモをとることは認められるようになった（最高裁1989〔平成元〕年3月8日判決）。今のところ、紙とペンによるメモだけが認められ、電子機器によるメモ取りは認められない。

●裁判員制度

　2009年から「裁判員制度」が始まった。これは2004年に成立した「裁判員の参加する刑事裁判に関する法律」に基づくものである。殺人、強盗など一定の重罪で起訴された刑事裁判については、国民が裁判員として刑事裁判に参加し、有罪か無罪かの判断と、有罪の場合の刑について、裁判官との合議で決める制度である。

　裁判員によって審理が行われるのは刑事裁判の一審のみで、控訴審以降は専門家裁判官が判断する方式となる。

　法務省や裁判所の広報では、裁判が身近でわかりやすいものになることや、国民の司法への信頼が向上することを目指した制度と説明されている。一方、弁護士を中心とした多くの実務家は、裁判官と検察官とが専門家同士の馴れ合いに陥りやすいことを指

摘し、公正な手続による裁判が行われているかどうかを国民の目と良識で直接にチェックすることができる点に、この制度の重要性を見ている。

　一方、この裁判員制度を憲法違反と見る主張もあり、訴訟も起きている。たとえば、覚せい剤取締法違反事件の裁判で行われた裁判員裁判が憲法第31条、第32条、第37条1項、第76条1項、第80条1項に違反していると主張された裁判があったが、最高裁は「憲法上国民の司法参加がおよそ禁じられていると解すべき理由はな」いとして、裁判員制度に合憲の判断を示した（「裁判員制度訴訟」最高裁 2011〔平成 23〕年 11 月 16 日判決）。

第5節　地方自治と地方公共団体

　表現者たちの契約国家アートランドも移住希望者が増えて、規模が大きくなってきた。イベントの数もジャンルも増え、一つの企画運営会議（国会）と一つの実行委員会（内閣）では、細かいところに対応しきれなくなってきた。それに、もともとそこに住んでいた人たちや自然環境を、事情に詳しくない中央政府が何もかも管理するのは無理だし、住民に失礼だという意見も出てきた。

　そこでアートランドでは、ファインアート系アーティストのレジデンス（居住地域）、デザイン系クリエイターのレジデンス、音楽・演劇などステージ系のアーティストのレジデンスなどに分かれて、その中でできる企画や財政やローカル・ルールの策定は、それぞれの自主的な判断（自治）でやってもらうことにした。たしかに、音響機材の予約に関するルールはステージ系の住民同士で、筆を洗ったあとの排水をどうするかはファインアート系の住民同士で合議して決めて条例を作るのが合理的だ。ただし、複数のレジデンスが協力して行う複合イベントや、複数のレジデンスをまたいで通る道路の建設などのインフラ整備については、国の管轄にした。「身近

なことは自分たちで」という発想で始まった地方自治は、おおむねうまくいっている。

　さて、このように地方自治制度をとることにしたアートランドでは、新しいトラブルもいくつか起きてきた。

　デザイン系レジデンスでは、この自治体内の信号機だけ「赤はアグレッシブに進め、緑は止まって休め」の意味に変更することが議会の多数決で決まり、条例も制定された。しかしこの条例が施行されて以来、他のレジデンスとの境界付近では交通事故が絶えない。こんな時、国の統一ルールである法律と、地域住民の自主的決定のどちらをとるべきだろうか…。

1　地方自治の本質と目的

> 第92条　地方公共団体の組織及び運営に関する事項は、地方自治の
> 　　　　本旨に基いて、法律でこれを定める。

1-1　地方自治の本旨

　日本国憲法は国の統治を「立法」「行政」「司法」に三分割する三権分立を採用する一方で、国と地方との関係でも、国がすべてを管轄する中央集権型ではなく、「地方自治」による権力の分散を図っている。

　第92条に言う「法律」とは、「地方自治法」のことである。地方自治体と国の関係や地方自治体の組織・運営に関する骨組みとなる共通ルールは国が「地方自治法」で決めるが、その際、この法律の内容は、地方自治の本質や制度目的に基づいたものとなっていなければならない、というのが、この条文の趣旨である。

　私たちの実生活のほとんどは、国会と内閣を頂点とする国政よりも、各自治体が行う地方行政のほうに直接の接点がある。毎朝のごみ収集、学校教育や介護福祉、図書館や公民館を利用する時に、私たちが直接に接するのは地方自治体の行政サービスである。そしてそこにはそれぞれにその分

野のルールを定めた法律と条例がある。だから、身近な政治と福利を考えるにあたって、「地方自治」は大切な項目である。そしてその背景に、各自治体と国政全体との関係が枠組みとしてある。憲法は各自治体の特色、個性、自主性を「自治」として守りつつ、その枠組みルールを定めている。

1-2 「住民自治」と「団体自治」

　地方自治制度の全体に通じる基本原則として、「住民自治」と「団体自治」がある。

　「住民自治」とは、自治体内部での政治の担い手はその自治体の「住民」である、という原則である。地方の政策決定や行政や理念共有が、その地方の住民の意思によって行われる、ということである。

　「団体自治」とは、自治体と国家との関係のことで、それぞれの自治体が国から独立した法人格を持ち、自律的に自己統治を行う自治権を持っている、ということである。

　住民の人権保障と自己統治の尊重という観点からは、住民の福祉を実現するための地方公共団体の活動や、自発的意思決定は、できる限りそのまま生かされるように保障されなければならない。まずは、身近な問題は自分たちで関心を持って解決する、という自律の発想から、地域の学校の通学路やゴミ処理のルール、便利さを追求する開発と緑地保護のバランス、住宅地と商業区域のバランスなどについて、住民による民主的決定が尊重され、各自治体の自治（条例）に任されている。

　現在、地方自治体は「地方自治法」によって、都道府県と市町村に区分されている。近年、財政や住民サービスの効率化を図るため市町村合併が進められる一方で、より広域の行政が効率的で便利に行われるようにとの発想から、「道州制」の導入も議論されている。内容によっては、憲法による地方自治の保障内容を大きく変える可能性もあるため、憲法の観点からさまざまな議論が行われている。

2　地方公共団体の組織と権限

> 第93条　地方公共団体には、法律の定めるところにより、その議事
> 機関として議会を設置する。
>
> 2　地方公共団体の長、その議会の議員及び法律の定めるその他の吏
> 員は、その地方公共団体の住民が、直接これを選挙する。
>
> 第94条　地方公共団体は、その財産を管理し、事務を処理し、及び
> 行政を執行する権能を有し、法律の範囲内で条例を制定すること
> ができる。
>
> 第95条　一の地方公共団体のみに適用される特別法は、法律の定め
> るところにより、その地方公共団体の住民の投票においてその過
> 半数の同意を得なければ、国会は、これを制定することができな
> い。

2-1　組織と権限

　地方公共団体の組織については、「地方自治法」が定めている。憲法第
93条は、この「地方自治法」が必ず定めなければならないこととして、
次のことを求めている。

地方議会の設置　それぞれの地域の公共問題については、それぞれの地方
議会で議事が行われる。東京都なら東京都議会、小平市なら小平市議会…
というふうに、それぞれのローカルな自治体ごとに議会がある。

地方公共団体の長　都道府県の長は「知事」と言う。市、区、町、村にも
それぞれに「長」が置かれ、地方行政を統括する。

直接選挙　地方議会の議員と地方議会の長は、住民による直接選挙で選ば
れる。私たちはそれぞれ、「国民」として国政選挙の有権者であると同時に、

それぞれの地方の「住民」として地方選挙の有権者でもある。

自主運営　地方公共団体はそれぞれに、その地方の事柄について議会で決定をし、財産や事務を自主的に管理し、行政を行う。地方議会で行われた決定は、「条例」として制定することができる。

2-2　条例

　条例とは、地方公共団体が制定する自主法である。その地方だけに通用するもので、地方ごとの特色があるが、その地方内での効力は法律と同じである。

　条例は、国の法律に反してはならないとされているので、たとえば国の法律である銃刀法（銃砲刀剣類所持等取締法）で「拳銃の所持・発砲・売買・輸入は禁止する」というルールが決まっているのに対して、「この町では拳銃所持OK」というふうに法律を無効にするルールは作れない。また、国の裁判所システムに属さない裁判所を設置することもできない。

　条例も憲法を最高法規とする法システムの中にあるので、条例の内容が人権侵害の疑いを受けた時は裁判で違憲審査の対象になる。

　一方、国が制定した法律の内容と同じ方向の事柄を、法律よりも強い内容にする条例は実際に各地で見られ、「上乗せ条例」と呼ばれている。「健康増進法」よりも強い内容のたばこ規制条例を定めたり、国が制定した環境保護関連法よりも厳しい基準を定めた環境保護条例を定めたりするような場合である。これについては、地方の実情に応じて必要の認められるものについては適法と考えられている。

2-3　住民投票

憲法第95条に基づく住民投票　国が採用する政策の中には、ある特定の地方に特殊な負担や利益を与えるものもある。これによって地方の意思や利益が不当に害されることのないようにとの配慮から、第95条は、国が特定の地方公共団体に対して法律によって特例を設ける時には、当事者となる住民の意思を問うことを定めている。

第95条によって制定された特別法の例としては、「首都建設法」(戦後復興時の東京都の都市整備)、「広島平和記念都市建設法」「長崎国際文化都市建設法」(広島原爆ドーム、長崎平和公園などの保存・建設)がある。この第95条に基づく特別法は、1952年を最後に、その後は制定されていない。

住民投票条例に基づく住民投票　憲法第95条はなぜか事実上使われない条文となってしまっているが、この制度とは別に、自治体のほうから住民投票条例を制定して住民投票を行う例が増えている。軍事基地をめぐる沖縄県の住民投票(1996年と2019年)、原発建設の賛否をめぐる新潟県巻町の住民投票(1996年)、空母艦載機移転受け入れの是非を問う山口県岩国市の住民投票(2006年)などの例がある。「地方自治の本旨」を重んじる姿勢からは、国政側はこの住民投票でえられた結果を重く受け止めなければならない。この観点からすると、辺野古軍事基地建設をめぐる沖縄県と国の関係をどう考えたらいいかが、最も難しい問題だろう。2019年に沖縄県で行われた県民投票の結果を、政府が受け入れないことに決定して、埋め立て工事を進めている。これについて憲法・行政法の専門家の間では、憲法が定める「地方自治」が政府に十分理解されているか、疑問視する声が多い。

＊註

1　一部、憲法が定めた例外もある。「議院規則」(第58条)や「最高裁判所規則」(第77条)、条約の締結(第73条)や条例の制定(第94条)など。

2　2015年6月に選挙権を20歳から18歳に引き下げる公職選挙法第9条の改正が行われ、2016年6月に施行。それ以降の選挙について適用された。

3　内閣総理大臣はメディア上で「首相」と呼ばれることが多い。また、内閣のメンバーである国務大臣は「閣僚」と呼ばれることが多い。

4　第73条3号以下は、次のとおり。「三　条約を締結すること。但し、事前に、時宜

によつては事後に、国会の承認を経ることを必要とする。四　法律の定める基準に
従ひ、官吏に関する事務を掌理すること。五　予算を作成して国会に提出すること。
六　この憲法及び法律の規定を実施するために、政令を制定すること。但し、政令
には、特にその法律の委任がある場合を除いては、罰則を設けることができない。
七　大赦、特赦、減刑、刑の執行の免除及び復権を決定すること。」

5　内閣が取り決めた条約が国内の承認をえられない時、条約を優先する説と、国内の
　国会の意思を優先する説とがある。しかし現状の日本でより深刻で実際的な問題は、
　日本国が締約国として加盟している条約の内容を、日本国が実際には誠実に達成し
　ているとは言いがたい、という問題だろう。人種差別撤廃条約、女性差別撤廃条約、
　児童の権利条約などの領域でこの種の課題が多く残されており、日本政府は、国連
　の各種委員会からこのことを指摘する勧告や見解を受けている。

6　これに対して、アメリカの大統領制のように、議員の選挙とは別に「大統領選挙」
　を行って国民が直接に行政の長を選ぶ方式を採用している国もある。日本でも、内
　閣総理大臣をこのような方式で選ぶ「首相公選制」にしてはどうかという議論があ
　る。

7　実際にはこの「議院内閣制」の仕組みが本来の制度趣旨を離れて、国会の民主的コ
　ントロールの役割を弱めてしまっていないか、ということが危惧されている。近年、
　各種の重要政策について閣議決定が先に出されて、それが既定路線のように受け止
　められたり、その政策について議論するための臨時国会要求が無視されたりして、
　国会での議論が手薄となる傾向があるからである。これについては国民が主権者と
　してしっかり見ていくことが求められる。

8　国務大臣など内閣のメンバーが不祥事を起こした時、国会やメディアでよく内閣総
　理大臣の「任命責任」を追及する場面が見られるが、それはこの強い権限を正しく
　使っているかどうかを問う、という意味である。

第13章　平和をめぐる権利と統治

　アートランドには軍隊がない。国をつくる時、誰もそこに関心を持っていなかったからだ。しかし、多くの芸術作品や知的財産やテーマパークを文化資源・経済資源として持つようになったアートランドは、今や他国が羨ましがるような国になっていた。

　「羨ましがられるということは、略奪される危険もあるということだ」

　「領土や財産を防衛するための軍備が必要ではないだろうか」

　そんな心配が語られるようになってきたところに、他国同士の間で戦争が起き、悲惨な現地映像が報道され、アートランドの人々も騒然となった。

　「命を奪われたり、アトリエを一方的に占拠されてしまっては元も子もありません。私たちは守る備えがあってこそ、芸術に打ち込めるのです」

　「攻撃を受けてから守るのでは手遅れです、攻撃をしそうな相手にはこちらから先に反撃できるようにしておかないと」

　「あの。見込みで先に攻撃することは、『反撃』とは言わないんじゃないでしょうか…」

　議員たちが、こうしたことを議論しはじめた。

　すると、危険が迫った時にはわれわれの国の軍隊が協力しましょう、という国が現れた。外国に頼むとなると、その軍隊が常駐するための基地を国内に作っておく必要がある。戦闘機やヘリコプターの操縦訓練や、銃器の操作の訓練をする演習場も必要だ。海軍の軍用艦が入出港することを考えて、海辺の町にそういう軍事基地を建設する案が出てきた。

　海辺は、風景画を描く人々や、海洋生物の水中写真を撮る人々の居住地になっている。新基地の建設案が通ったら、人々の暮らしは一変するだろう。一方、建設を受け入れれば国から補助金が入って生活が豊かになるし、

アメリカ軍の戦車の前で子どもを抱えた女性が、米兵に検問を受ける夫を不安そうに見つめていた。　　　　　　　　（2003年4月 バグダッド、イラク）写真：豊田直巳

大きな芸術イベントもできそうだという期待から、受け入れようと考える
人々もいる。

　基地建設予定地の近くには住宅街や学校が立ち並んでいる。学校に通う
子どもを持つ親たちは、学校の校舎や通学路にヘリコプターが墜落してき
たりしないか心配している。それに、もしも本当に戦争が起きた時には、
まず軍事基地が攻撃目標になるのだから、この町の人々にとっては、危険
が増えてしまうのではないか、と囁き合う住民もいる。

　「ほかに道はないのだろうか…」

　この海を描きたくてここに暮らしていた人々は、引っ越しの支度をしな
がら、やがてなくなるかもしれない海の景色を見やった。

　本書に登場する「アートランド」は、憲法の本質を理解してもらうため
に筆者が考えた空想上の国家である。この最終章では、この国の人々も、
安全保障の問題を議論しなければならなくなってきた。さて、ここからは、
現実の世界に目を向けよう。現実の日本には、日本国憲法があり、そこに
は戦争と平和の問題について日本国が行った選択が書き込まれている。

第1節　平和のうちに生存する権利と武力の放棄

1　日本国憲法誕生の意味

　前文　第1段　日本国民は、（略）政府の行為によつて再び戦争の惨
　　　　禍が起ることのないやうにすることを決意し、（略）この憲法を
　　　　確定する。（以下略）

　第2段　日本国民は、恒久の平和を念願し、人間相互の関係を支配す
　　　　る崇高な理想を深く自覚するのであつて、平和を愛する諸国民の
　　　　公正と信義に信頼して、われらの安全と生存を保持しようと決意
　　　　した。われらは、平和を維持し、専制と隷従、圧迫と偏狭を地上

から永遠に除去しようと努めてゐる国際社会において、名誉ある
　　地位を占めたいと思ふ。われらは、全世界の国民が、ひとしく恐
　　怖と欠乏から免かれ、平和のうちに生存する権利を有することを
　　確認する。
第3段　われらは、いづれの国家も、自国のことのみに専念して他国
　　を無視してはならないのであつて、政治道徳の法則は、普遍的な
　　ものであり、この法則に従ふことは、自国の主権を維持し、他国
　　と対等関係に立たうとする各国の責務であると信ずる。（以下略）

1-1　基本構図─人間の権利と国家の任務

　国家と人間の関係の問題が最も目立つ形で意識されるのが、国家間の戦
争や民族間の武力紛争といった局面だろう。戦争・紛争は、人間の生死そ
のものについて私たちに深い省察を迫ってくる問題であるため、多くの文
学や映画の題材ともなってきた。これらを食い止め平和を構築することは、
一国だけではできない大きな課題であるため、国際社会の中でどのように
規範と仕組みを作り上げていくかが、世界の課題であり続けている。

　私たちは、さまざまな角度から平和と国際社会、そして法による歯止め
（立憲主義、法の支配）について考えていかなければならない。日本国憲
法前文にはその認識と決意が込められている。

　まず憲法全体がとっている基本姿勢を確認しておこう。それは、《国家
が行う統治は国民のためにある》という基本構図である。国民が人間らし
い生存をしていくために必要不可欠な事柄を定めたものが憲法上の「人権」
であり、その人権を守るために国家が制度とルールを立てた上で働く。こ
れが立憲主義である。憲法はこの基本思考の上に立って、国家に向かって
「これをしてはならない」「これをせよ」と命令している。その具体的な内
容に、国ごとに違いがあり、その国の歴史反省・判断・決断を反映したも
のになっている。

　日本国憲法における平和主義も、こうした基本の上に立っている。まず
守るべきはその国に暮らす現実の人間であり、ここで確認される権利は、

憲法前文の「平和のうちに生存する権利」である。

　第二次世界大戦終了前の日本は、自国民の生命を国家目的のための手段として大量に消尽してしまった。この反省から、人間の生命保護のほうが主（目的）であり、それを守るための手段として国家があるのだ、という方向転換が行われたのである。

1-2　国際社会へ向けた自覚—その普遍性と独自性

　ところで、前文の「平和的生存権」には、通常の「国民の権利」には吸収しきれない独自の広がりがある。この権利の主体は「全世界の国民」である。平和というものは、自国のことを考えるだけでは実現しないし、強い者が弱い者を制圧すること（覇権主義）によって実現するものでもなく、すべての人間の「権利」を守るために諸国が協力し合って一線を守るという発想をとらなければならない。その意味で、国際社会にとっての「日本国憲法」誕生の意味は大きい。第二次世界大戦後の新しい世界秩序構想の中で、国際社会を構成する諸国が守るべき共通ルールを確認し、世界が負っている課題を自らがいち早く負うという意味で、日本国憲法の前文は先駆的な内容を持っている。人権としての「平和のうちに生存する権利」と、これを確保する方策としての第9条「戦争と武力の放棄」は、そのような世界的意義を持つものである。

　この時に日本が選択した価値が、前文によく表れている。ここで日本が「信頼」すべき国際社会、日本が「名誉ある地位を占めたい」と思うような国際社会とは何か。それは、覇権（主導的な影響力）をどの国が取るかでマウントを取り合う国際社会ではなく、「平和を愛する諸国民」を主役とする国際社会、「平和を維持し、専制と隷従、圧迫と偏狭を地上から永遠に除去しようと努めてゐる」国際社会である。日本は、いわゆるマウント合戦のプレイヤーとして勝つことを「名誉」とすべきではなく、本来目指されていた国際環境の実現に向けて、国際社会の良心と規範形成をリードする役割を担うべきことになる。

1-3　憲法前文の法規範性をどう見るか

　憲法の前文は、裁判規範性を持つ「法」なのか（裁判で、第1条以下の条文と同じように国の行為の憲法適合性を問うことができるような法規範と言えるか）、それとも裁判規範とまでは言えず、国の理念を表明した文書と見るべきだろうか。

　これについては、専門研究者の間では、第1条以下の条文で具体的な定めがある時にはそちらの条文を見るが、第1条以下の条文ではカバーできない事柄がある時には前文が根拠条文となる、という見解が多い。この考え方をとると、「平和のうちに生存する権利」は裁判で主張できる権利だ、ということになる。これまでの裁判所の判決を見ると、この問題については見方が分かれており、裁判所の統一見解となるような最高裁判例はまだ存在しない（2023年10月現在）。

　ただ、裁判で使える文書かどうかにかかわらず、立法・行政の統治部門や各地方自治体が、この前文に示された基本方向を政策・行政の指針とすべきこと、その方向に反する統治を行ってはならないことは確かである[*1]。

2　憲法第9条の意味
―非武装平和の選択と、現実に対応する選択

　第9条　日本国民は、正義と秩序を基調とする国際平和を誠実に希求し、国権の発動たる戦争と、武力による威嚇又は武力の行使は、国際紛争を解決する手段としては、永久にこれを放棄する。
　2　前項の目的を達するため、陸海空軍その他の戦力は、これを保持しない。国の交戦権は、これを認めない。

　憲法第9条1項は、侵略のための戦争・戦力だけを放棄したものか、自衛戦争を含むすべての戦争・戦力を放棄したものか、ということが、憲法制定直後から議論されてきた。また、同条2項は、侵略戦争を目的とする「戦

力」および「交戦権」だけを禁止したものか。それとも国際平和希求を目的として、あらゆる「戦力」と「交戦権」を禁止したものか、ということも、セットで議論されてきた。

「平和のうちに生存する権利」は、内容面では、世界標準と言うべき普遍的なものである。しかし、これをどのように守っていくかという方策・制度については、国ごとにさまざまな選択があり、現状を見る限り、答えは一つにそろっていない。

その中で日本は、憲法第9条のような選択をした。それは、「戦争・武力行使の放棄」（1項）、「戦力の不保持」「交戦権の否認」（2項）という方策である。

第9条1項の内容は日本独自のものではなく、国際社会が長く目指してきたものである。しかし日本以外の多くの国は、ここで禁止される「戦争」は侵略戦争のことであり、自衛のための戦争は禁止されない、との考えのもとに国防を目的とする軍隊を持っている。日本の憲法第9条を考える時、それらの考え方にならうべきか、あるいは、日本はそれらとは異なる独自の選択として、自衛戦争も行わないことに決めたと見るべきか、ということが議論されてきた。

どちらの説をとるとしても、前提として、侵略戦争すなわち自国の利益獲得のための戦争は絶対に禁止される、というところは最下限のラインとして一致していることをまず確認しておこう。

この論点に関する筆者の理解も、簡潔に記しておきたい。日本国は、自己利益のためであれ自衛を理由とする場合であれ、国際法上の戦争（国家間の軍事的な戦闘行為を勝敗がつくまで行うこと）は行わないこととしている、というのがこの条文の意味だと考えている。それでは不正な攻撃を受けた時の自衛はできないのか、というと、そうではなく、法の思考に当然に組み込まれている「正当防衛」や「緊急避難」は認められる。「正当防衛」は、自国民の生命身体を守るために、不正な攻撃を行ってきた相手方の攻撃行動を封じたり食い止めたりする必要最小限の実力行使のことである。また、自国民を避難させる緊急の必要から他国の領土・領海などを一時的に侵犯するような迷惑をかけた場合にも、真に必要だった場合には

許容されるだろう。しかし、日本国が憲法に反することなく行えるのはここまでである。このことをもって国際法上の「戦争」へと踏み出すことを日本国はしない、ということを日本国憲法第9条1項は宣言している、と筆者は考えている。

次に、同条の2項には、1項の解釈のブレをかなりの程度抑え込む、日本独自の工夫がある。

「戦力を保持しない」とは、まず物的に、戦争の手段となる装備や人員・組織（軍隊）を持たないということである。次に、「交戦権を認めない」というのは、国家のルールの問題として、「戦争をする権限」を認めないということである。だから、「戦争」と名のつく行為は、いかなる理由があろうとも行わない、ということになる。

ここで仮に、自衛のための実力行使が認められるとしても、このことを理由として「戦争」にまで踏み込むことは、1項と2項の組み合わせによって禁止される。

第2節　国際社会の中で揺れる日本の平和主義

1　世界史で考える平和秩序構築の流れ

前文の「平和のうちに生存する権利」と第9条の出発点と基本的な意味は、先に確認したとおりである。しかしその後、日本はここに記した道をそのまま歩むことはできなかった。その経緯を次に見ていこう。

1-1　近代からの大きな流れ

戦争の悲惨さは洋の東西を問わず共通である。歴史上、戦争が絶えることはなかったし、どの戦争も常に何らかの理由で正当化されてきた。その中で、武力に歯止めをかけ平和を制度化する努力は、各国にとっても国際社会にとっても、常に政治の最重要課題だった。

憲法の歴史を見ると、1791年のフランス憲法、1891年のブラジル憲法

が侵略戦争の放棄を定め、1911年ポルトガル憲法、1917年ウルグアイ憲法は武力行使の前に仲裁裁判を行うことを定めた。そして第一次世界大戦、第二次世界大戦を経験する中で、国際法によって戦争そのものを原則違法とし、武力行使を自衛のためだけに限定する考えが共有されてきた。[*2]第二次世界大戦終了時の1945年に国際連合で調印された国連憲章にも、この趣旨が受け継がれている。[*3]

　こうしてみると、日本国憲法第9条1項の内容は、国際社会が目指し作り上げてきたルールと同じ方向をとっていることがわかる。日本国憲法の平和主義は、大きな流れでとらえれば、この数百年の世界の歩みに合流しつつ、さらに独自の選択を加えてその方向を強めたものとなっている。そこで次に、「独自の選択」の部分を見ていこう。

1-2　「ポツダム宣言」と日本国憲法成立

　日本国憲法の土台には、「ポツダム宣言」がある（本書第1章を参照）。これは、第二次世界大戦終結にあたって日本政府が受け入れた、国際社会への約束の文書である。この「ポツダム宣言」を受諾した日本は、その内容を受けて、それまでの軍事中心の君主主義を改め、国民主権を柱とした新たな統治ルールを作り直さなくてはならず、この仕事を完成させて国家としての再出発を果たすまでは、「連合国軍総司令部」（GHQ）の占領統治を受けることとなった。

　この時、日本は「ポツダム宣言」の趣旨を汲んだ新しい憲法を自主的に作ることが期待されていた。しかし作業は停滞したため、GHQはモデルとなる憲法草案作りを独自に進め、この草案をモデルとして新しい憲法を作るか、自力で自主憲法を作るかを内閣に迫った。この時、日本がGHQ草案を受け入れられず渋っていたのは、戦争・戦力の放棄に関わる部分ではなく、「国民主権」の部分だった（本書第1章・第2章を参照）。むしろ当時の国会議員たちは、国際社会の信頼を回復するために、戦争の放棄に進んで同意し、これを積極的に「宣言」しようとしていたことが、資料から明らかになっている。[*4]

1-3 冷戦・自衛隊・日米安全保障

　日本国憲法の平和主義をめぐっては、《自衛隊は憲法上認められる組織か？》《アメリカ駐留軍を日本に置くこととした「日米安全保障条約」は憲法上認められる条約か？》といった問題が繰り返し議論されてきた。

　日本国憲法が施行された時、日本に軍隊はなかった。しかし国際社会の様相が第二次世界大戦終了時の構想とは異なり、二つの陣営に分かれて敵対視し合う「冷戦」の状態に陥ったことを受けて、日本の平和・安全の守り方も大きく変化することになった。「冷戦」の局地戦とも言うべき朝鮮戦争の勃発（1950年）をきっかけにして、「警察予備隊」が作られ、これが「保安隊」と名前を変えたのち、現在の「自衛隊」となった。この時、日本政府は、憲法制定時とは見解を変え、自衛権に基づく自衛力は「戦力」とは別の「実力」であるため、日本国憲法に反しない、との見解を示した。

　この時期、日本の主権回復を正式に認める対日講和条約が結ばれた[*5]（1951年調印、1952年発効）。この同日に日米安全保障条約も結ばれ、これによって日本とアメリカの協力関係が定められ、これに基づいて米軍が引き続き日本に駐留することになり、米軍基地の新たな建設も行われた[*6]。この条約は憲法第9条の趣旨からは容認されない実質的な戦力保有にあたらないか、またこの条約によって行われる日本の軍事基地提供や合同演習などの自衛隊の協力の実情は、第9条が禁止している戦力の保持・武力による威嚇または行使にあたらないかが議論されてきた。

1-4 21世紀に残された課題

　冷戦の懸念から出発した自衛隊と日米安全保障体制は、本来であれば1989年〜1990年ごろの冷戦終了とともに、その必要性と憲法適合性について見直し検討が行われてもよかったはずだが、実際にはそうはならなかった。1991年に起きた第一次イラク戦争、2001年にアメリカで起きた同時多発テロ事件とこれに続く第二次イラク戦争など、国際的緊張が高まる出来事が続き、日本の平和・安全保障もこれに大きく影響されることになったからである。

　この時期から世紀をまたいだ今日までの特徴として、国家同士の正式な

戦争よりも、民族衝突による内紛や、テロ組織による破壊活動が激化する傾向が目立ってきた。資源や土地などの利害をめぐる争いだけでなく、アイデンティティや価値観をめぐる争いも目立ち、和解が困難になりやすいことも指摘されている。[*7]

　そのような中で、2022年にはロシアとウクライナの間で戦争が起き、2023年には一部のテロ組織の攻撃を受けたイスラエルがこれを「パレスチナ」からの攻撃とみなして反撃の戦闘に踏み切り、実質上の戦争となっている。戦場となっている「ガザ地区」では多くの民間人に被害者が出ていると伝えられている。

2　日本の国際貢献と新たな憲法問題

2-1　日本の自衛をめぐって

　冷戦後の日本の防衛と日米安全保障については、1999年に、「極東有事」に備える目的で「周辺事態法」(「周辺事態に際して我が国の平和及び安全を確保するための措置に関する法律」)が制定され、2003年には「武力攻撃事態法」(「武力攻撃事態等及び存立危機事態における我が国の平和と独立並びに国及び国民の安全の確保に関する法律」)、2004年には「国民保護法」(武力攻撃事態等における国民の保護のための措置に関する法律)が制定された。これらは、日本が外国から軍事攻撃を受けたなどの有事の際に、日米共同で事実上の軍事行動を行うことが定められている。これらの法律にのっとって自衛隊が「防衛出動」した時には「必要な武力を行使することができる」となっている（自衛隊法第88条1項）。しかしこの規定は「武力による威嚇又は武力の行使」を禁止する憲法の規定と衝突するので、そのままでは憲法違反となってしまうため、これが認められるのは、日本が不正な攻撃を受けた時の「正当防衛」（個別的自衛権）に限られると考えられてきた。「正当防衛」は、相手の不正な攻撃を止めさせるために必要最小限の実力行使だけを行うものである。

　2015年までは、おおよそこのような理解が共有されてきたのだが、2015年9月以降、ここに大きな変更が生じた。これについては本章の「『集

団的自衛権』問題」の項目で後述する。

2-2 日本の国際貢献のあり方をめぐって

　上に見てきたような国際環境の中で、日本はどのような姿勢をとってき
ただろうか。

　日本国憲法前文は国際協調主義を宣言している。しかし現実の国際社会
は、さまざまな不一致や対立を抱えながら無数の交渉や妥協を積み重ねて
いく。その中でどのようにふるまうかは、それぞれの主体（国）が自国の
憲法や国際法（国家間の条約）に基づいて決定していかなければならない。

　「国連憲章」第42条や国連の決議によって行われる「国連平和維持活動
（PKO）」は、武力行使までを認める活動である。武力の行使を禁じてい
る日本国憲法の下では、日本がこれに参加することはできないため、経済
的援助や文民参加の形で国連に協力してきた。

　1992年、政府はこの方針を変え、「PKO協力法」（「国際連合平和維持活
動等に対する協力に関する法律」）を制定し、武力の行使を伴わないこと
を条件として自衛隊を海外に派遣することを定めた。自衛隊はこの法律に
基づいて、カンボジア（1992年）、モザンビーク（1993年）、ゴラン高原（1996
年）、東ティモール（1999年・2002年・2010年）、イラク（2003-2007年）
など世界各地に派遣されている。いずれも自衛隊の活動は、戦闘には参加
しない人道支援活動に限られていた。

　この国際貢献のあり方にも、2015年以降、大きな変化が生じることに
なった。

重要な裁判例

　日本の最高裁判所は、自衛隊の存在や日米安保条約が憲法上許
容されるものかどうか、まだ判断を示していない。しかし下級審
では、違憲判決や特定の活動に違憲性があったとの見解を示した
判決も見られる。代表的な事例をいくつか見ておこう。

◆長沼ナイキ事件

　一審判決は、自衛隊について憲法違反との判断を示した（札幌地裁 1973〔昭和48〕年9月7日判決）。二審と最高裁は、これを覆して原告の請求を棄却しているが、自衛隊の憲法適合性については判断を示していない（札幌高裁 1976〔昭和51〕年8月5日判決、最高裁 1982〔昭和57〕年9月9日判決）。

◆砂川事件

　一審判決は、「日米安全保障条約」に基づく米軍駐留を第9条2項が禁じる戦力の保持にあたるとして憲法違反とした（東京地裁 1959〔昭和34〕年3月30日判決）。これに対して最高裁は、「高度な政治性をもつ条約については、…違憲かどうかの法的判断を下すことはできない」（趣旨抽出）として原判決を破棄した（最高裁 1959〔昭和34〕年12月16日判決）。

◆自衛隊イラク派遣訴訟　　名古屋高裁 2008（平成20）年4月17日判決

　この訴訟の二審・名古屋高裁判決は、イラクへの自衛隊派遣について、憲法第9条に反し違憲であるとする見解を示し、「平和的生存権」を具体的権利とする見解も示した。

　本文で見たとおり、日本は戦争行為（武力行使）に加わることはしないと決めている国であるため、海外の戦闘地域に自衛隊を派遣することはしない、という歯止めを持っていたのだが、実際には、形式的意味の「戦争」が終了していても、事実上の戦闘が終了したとは言えない地域に派遣が行われており、自衛隊員が護身のための武力行使に追い込まれる危険があったことが、この裁判の過程を通じて明らかになった。この事件は最高裁に上告は行われず、この高裁判決で確定している。

　上に見た少数の例を除けば、日本の裁判所は「高度な政治的問題」は裁判所の判断に適さない、との理由によって、自衛隊と「日米安全保障条約」についての憲法判断を避けてきた。こうした裁判の流れの中で、「平和のうちに生存する権利」が「人権」であ

ることの意味が憲法訴訟に生かされにくい状態になっている。この権利が理念を定めたにすぎないものか、具体的権利を定めたものかについては、今後、これまでよりも格段にリアリティのある課題となってくるだろう。

2-3　「集団的自衛権」問題

大規模な法制度変更　2015年、日本は「集団的自衛権」としての武力行使を一定条件のもとで行うことを容認する法改正（「平和安全法制」）を行った。ここには多数の法改正と1本の新法制定が含まれるが、その中心的な内容は、日本自身が攻撃を受けていなくても、日本と密接な関係にある国のために武力行使や後方支援ができる、というものである。また、国際平和貢献のために自衛隊が海外派遣される場面も、それまでの人道支援に限るという原則を外し、弾薬の運搬・提供など軍事活動を可とする方向へと広がった。このことが憲法に適合するかどうかについて、多くの議論が行われてきた。

集団的自衛の憲法適合性　2015年以降の日本の安全保障法制は、自国およびその周辺の防衛と「世界平和」への貢献の全体において、日本の協力のあり方を軍事の方向に変更・拡大するものとなった。

　まず、①日本が実際に他国から攻撃を受けた場合の有事については、2003年以降、「武力攻撃事態法」「自衛隊法」などで、自衛隊が「防衛出動」「武力行使」を行うことが定められている。2015年以降はこれに加えて、②日本と密接な関係にある他国と共通の有事が認められた場合にも、日本の自衛隊が上記のような「防衛出動」「武力行使」を行い、また他国の軍隊に対する「後方支援」を行えることとなった。

　これらの法制度は、それまで国民の間で合意されてきたと考えられる地理的限界や活動内容の限界を取り払ったことになるため、この内容が現行の憲法に違反するのではないか（憲法改正なしには制定できない法律ではないか、その法律に基づいて自衛隊の活動が実際に行われれば違憲な活動

となるのではないか）という議論が続いている。このような武力行使の憲法問題性とともに、それ自体は武力行使ではないとされている「後方支援活動」が結果的に憲法に反する「武力行使との一体化」に至るのではないか、といった議論も続いている。[*8] こうした議論をベースにして、この法制度全体を憲法違反に問う裁判も各地で提起されている（2023年末時点）。

「国際社会の平和と安全」への貢献　2015年には「国際社会の平和と安全」のための自衛隊の活動にも大きな変更があった。変更後の活動は、国連の平和維持活動（PKO）の一部として戦争終結後の地域で行う人道支援活動（食糧の提供や道路修復など）と、戦闘中の他国の軍隊に食糧や燃料を補給する後方支援活動の二種類になる。

　PKO活動については任務遂行目的での武器使用が認められ、後方支援については正当防衛に限定して武器使用が認められることとなった。さらに、国連職員や他国軍の兵士が攻撃を受けた場合に武器を使用して助ける「駆けつけ警護」は、従来、憲法第9条の禁じる武力行使にあたるとして認められてこなかったが、これも行えることとなった。

　これらの活動（とくに後方支援活動）は、本格的な軍事活動を含んでいる。これは憲法違反となる危険な活動になっていることが多くの識者から指摘されたが、この法制度のもとで2016年に実際の派遣活動が行われ、その後、その活動実態を国が国民にどう説明するか（情報公開）をめぐって、さらに議論が起きた。[*9]

国際社会と国民への責任　2022年2月には、ロシアがウクライナに軍事侵攻を行ったことで、世界中が憂慮する事態となった。日本の国会（衆・参の両議院）も、一方的な軍事侵攻についてロシアを非難する決議を行っている。一方、この国際情勢を受けて、日本もこれまで以上に軍事的な意味での自衛能力・反撃能力を持つべきだとする議論、独自の核兵器を持つべきだとする議論などが一時的に高まった。

　次いで2023年10月、イスラエルは、パレスチナを擁護する武装集団から攻撃を受けたことを理由に、パレスチナ（ガザ地区）に軍事攻撃を行っ

た。これを国際法上の「戦争」と見るかどうかは見解が分かれているが（2023年10月現在）、仮に「戦争」と見たとしても、「戦争」に関する国際法規に違反した攻撃となっているのではないかと世界中が憂慮を深めている。

　こうした問題について、日本は戦争当事国ではないので、軍事的戦闘を内容とした「防衛」の議論に過剰な高揚感を持つことは危険であり、そこは本来の原則どおり、正当防衛や緊急避難の論理に沿って考えていくべきだろう。しかし一方で、世界の平和構築に向けては、世界のすべての国が当事国である。とくに日本は、平和を回復するために国際社会と協力する責任を自ら宣言している国である。まずは、国際紛争に直面した時、軍事力に頼らずに乗り切っていくことを宣言している憲法を持つ国として、やるべきこと・できることを果たしていくべきである。

　その上で、それでは立ち行かない事柄がどうしてもあって憲法改正が必要であると言うならば、その議論を真摯に行うべきである。真摯に、とは、《現行の憲法を改正しないと必要なことが何もできない》という抽象的な理由で憲法改正をスローガン的に呼びかける方向ではなく、現行憲法の枠内でできることとできないことをしっかり示し、《できるのにやっていない必要なこと》があれば、そちらが優先課題とする、という議論の仕方をする必要がある、ということである。国際社会の環境悪化を理由に、国が選択してきた方針を修正しなければならなくなったとするならば、それは国内的には国民への情報開示を十分に行い、自由な世論の形成を可能にした上でなければならないし、国際社会に向けては、本来目指されていた活動を十分に行ったあとでなければならず、少なくとも日本が新たな「好戦国」となるのでは、という不安感を他国に与えない配慮が必要である。[10]

　万が一、防衛出動が行われた時、日本はその前提として、国際社会での信頼関係作りを欠かさなかったか、平和的手段による解決努力を尽くしたか、自らその事態を招くような挑発的行動をしなかったかが、国際社会からも自国の憲法からも、厳しく問われることになる。

第3節　環境・災害と
　　　　平和のうちに生存する権利

　人間が人間として生きられる環境を守ることと、平和のうちに生きることとは、産業技術・軍事技術の進展によって地球環境が深刻な影響を受けている現在、ますます密接に結びつくようになってきた。日本国憲法前文の「恐怖と欠乏から免かれ、平和のうちに生存する権利」は、戦闘としての戦争の被害を受けないことだけをいっているのではなく、もっと広い意味を持っている。[*11]

1　災害大国ニッポンの備えと憲法

　2011年3月の東日本大震災、2014年の御嶽山噴火、2016年の熊本地震、そして数々の台風・大雨による水害、土砂災害。日本は常に多くの災害を抱える国であり、災害への備えと対処は、国家統治の根幹に組み入れるべき事項である。憲法第25条2項からすれば、国はこうした場合に国民を守る義務がある。この種の事柄と、国家にとって異例中の異例の非常事態である《外国からの武力攻撃》を想定した軍事的防衛の問題とは、本来は別のことである。

　日本は、災害が起きた時の救助活動を自衛隊の仕事としている。自衛隊は本来、外国からの武力攻撃に備えて組まれた軍事組織なので、災害への対処を自衛隊の一部門としておくことは、国民への迅速な救助・復興活動の面からも、災害救助を志望して志願した自衛隊員の生命権や職業選択の自由の面からも、大きな問題がある。

　自衛隊の防衛出動については、国会の承認を含む厳格な手続が法律に定められているが、災害派遣についてはこうした厳しい手続はなく、迅速に出動判断ができるようになっている。しかし法の思考としては、防衛を主たる任務とし、軍事的な装備を持っている組織が出動する際には、災害派遣等を名目として違憲な軍事行動が行われないかどうかを、常に厳しく疑

わねばならない。日本のように災害が日常化している国では、軍事的な事態への対処とは別に、国民の生命・生存を守るための政策として、災害に対応する技術組織をしかるべき省庁で編成する責任が国家にあるだろう。今のところ日本国は、そうした方向での「備え」を制度化しないまま、災害と軍事的攻撃を受けた時を同じ「非常事態」のカテゴリーに入れた上で、これに対処するための「非常事態条項」を憲法に追加することを議論している。

2 米軍基地問題

　日米安全保障条約に基づいて、日本国内に米軍駐留のための軍事基地が設けられたことは先に見たが、このことが、日本国内の特定の地域の国民に深刻な受忍を求めることとなった。これらの軍事基地の存在は、軍用機の騒音や墜落事故、実弾演習による山林火災、海洋の自然環境破壊など、近隣住民の生活や環境への被害や不安を生み出し、安定した地域社会形成にとって大きな負担となっていることが問題視されてきた。中でもこの負担が集中してきたのが沖縄県である。[*12]

　1996年、日本政府とアメリカ政府は、市街地に隣接し飛行機事故の多い沖縄・宜野湾市の普天間飛行場を返還することで合意した。この方針を受けて1999年、これに代わる米軍の移転先を、名護市辺野古沿岸域とすることが決定された。しかしこの計画も、移転先の住民に新たな受忍を強いることになるため、2023年現在も、沖縄県と国との間の裁判も含め、法的・政治的・社会的争点となっている。

　また、2023年以降、人体に健康被害を与える可能性の高い有機フッ素化合物「PFAS」が東京都や沖縄を含む全国各地で観測されており、実態調査を行う必要性が高まっている。その一部が軍事基地から流出している可能性も指摘されているが、外国の軍事基地に日本が調査を行うことは、日米間で結ばれている「日米地位協定」の現在のルールでは、困難になっているという（2023年現在）。

　これらの環境問題は、人権の側面からも考えていく必要がある。軍事基

地の存在は、日本の平和と安全を守ることを目的としたものではあるが、一方で、近隣住民にとっての生活環境と精神的安定に、深刻な問題を生じさせてきたことも事実である。これは、憲法前文にある「平和のうちに生存する権利」や憲法第13条の「幸福追求権」や「人格権」を、一部の人についてだけ、国家の政策のために制限・剥奪していることになる。[*13]

3　核の時代の、平和のうちに生存する権利と人格権

　1950年代以降、地球環境は、核爆弾の爆発実験による汚染ダメージを受け続けてきた。[*14]核兵器をはじめとする新世代兵器の存在と開発は、地球環境を守れるかどうかという問題とも直結している。それらを実際に使う戦争が起きなくても、それらを開発する過程で起きる環境破壊や、それらの管理に失敗したことで起きる環境破壊が、「気候変動」の問題を加速させる可能性があることも指摘されている。一方で、地球温暖化による気候変動を食い止めるためには石油・石炭の火力エネルギーから脱却して、原子力エネルギーを使用するほうがよい、との意見もある。

　現在の国際社会で「平和のうちに生存する権利」を守ることは、軍事的衝突を避けるという意味での「平和」にとどまらず、《人間が生存できる環境》を守ることと切り離せなくなっている。そして、平和とともに環境も、一国内だけで守れるものではなく、国際社会が連携してルールを作って守っていかなければならない時代になっている（大気汚染、水質汚染、地球温暖化など、課題は増え続けている）。

　人間の人間らしい生存を保障するのが国家の役割だ、という出発点から考えると、軍事目的であれ開発目的であれ、国家がそこに暮らす人々の《人間らしい生存》を脅かしてはいけない、という原則は誰もが合意できることだろう。しかしこの問題を法的な問題とするための理論や仕組みが、今の段階では、国内でも国際社会でも整っていない。人間が生きるために必要な環境を国家が壊していると言える時、これに歯止めをかける権利として、平和的生存権の意義を再認識することが必要である。人間の平和的生存と環境に関する権利とは、ますます密接に結びついた問題となっている。

冷戦の中で、いわゆる核保有国は、核は各国に戦争を思いとどまらせる「抑止力」となる、との考えのもとに、より破壊力の高い核兵器の開発を競い合っていた。しかしその過程で起きる実験中の事故や管理の失敗のリスク、財政上の代償が高すぎるといった理由から、世界は核軍備拡大の競争（軍拡競争）を止める必要と、兵器を削減する責任を自覚するに至る。そこで国際社会は、核兵器を削減し、核実験をなくす方向を目指して、さまざまな条約を結んでルール作りの努力を進めてきた。しかし、冷戦終了後も、核開発・製造・保有を一挙にゼロにすること（全廃）はできず、力の均衡を考慮しながらの交渉によって段階的に削減していく方法がとられてきた。[*15]

　そのような流れの中で、ロシア・ウクライナ戦争やガザ地区に対するイスラエルの軍事行動など、世界の軍事的緊張が高まり、軍縮に向けた努力が停滞してしまうことが懸念されている。緊張と危機が意識されている時こそ、平和構築への意思を国際社会が確認・共有する必要があり、また、各国内の主権者・有権者にも、この課題を真摯に考える見識が求められる。

---

column 17　　　　　　　　　　　　　　　　　　　　　核兵器禁止条約

●2021年に発効した核兵器禁止条約

　本文で解説した、国際社会の核軍縮の流れは、「核兵器禁止条約」へと結実した。この条約は、2017年に国連加盟国の6割を超える122か国の賛成により採択された。同年から各国による署名が開始され、署名（批准）国が2020年中に、条約の発効要件である50か国に達し、条約は2021年1月に発効した。

　この条約によって、核兵器への見方が「力の象徴」から「違法なもの」へと変わることになる。核兵器の威嚇および使用が原則「違法」であることは、1996年に国際司法裁判所が「勧告的意見」の判決を出して確認してはいたのだが、国際社会はこの判決をすぐに生かすことができずにいた。しかし核兵器が「必要悪」として容認することのできない「違法」なものであることを、世界が

再度、確認したことになる。

　核兵器をはじめとする新世代兵器の存在と開発は、地球環境を守れるかどうかという問題とも直結している。

　日本は今のところ（2023年末現在）、この条約に加盟する署名をしていない。日本国憲法の前文には、「平和を維持し、専制と隷従、圧迫と偏狭を地上から永遠に除去しようと努めてゐる国際社会において、名誉ある地位を占めたい」という宣言が書き込まれている。ここで言う「国際社会」が、同盟関係にある特定の国のことを言うのか、核軍縮や持続可能な発展のためのルール作りに乗り出している、新興国を含む広い国際社会を言うのか。日本国の舵取りを最終的に決める資格を持つのは日本国の主権者なので、ここで日本国がどういう選択をするのかも、究極的には日本国の主権者にかかっている。

◉**核兵器に関する条約の歩み**

　核兵器の使用や開発を抑制し、最終的に禁止する国際条約を作ることは、第二次世界大戦後、世界が取り組んできた課題である。2017年採択の条約は、今の時点での最終到達点と言える内容となっている。そこに至るまでの条約の歩みを確認しておく。

・部分的核実験禁止条約（大気圏内、宇宙空間及び水中における核兵器実験を禁止する条約）、1963年採択、1963年発効。

・包括的核実験禁止条約：地下を含むあらゆる空間での核兵器の核実験を禁止する条約、1996年採択。2023年時点で、必要な国の批准が完了していないため未発効。

・核兵器拡散防止条約・核兵器不拡散条約：核兵器保有国の増加を抑止するために、現行の保有国以外の国の核兵器保有を禁止する条約、1968年採択、1970年発効。

・戦略核兵器削減条約（START）：アメリカ・ロシア間の戦略核兵器を削減する条約、1991年に署名されて以降、実効性を発揮しないまま時間が経過したが、2011年にアメリカとロシアの間で「新START」が発効した。

- また、これまでに多くの地域で、その土地を核兵器の配備や実験に使わない・使わせないという「非核兵器地帯条約」が結ばれてきた。このタイプの条約には、トラテロルコ条約（ラテンアメリカ及びカリブ核兵器禁止条約）、ラロトンガ条約（南太平洋非核地帯条約）、バンコク条約（東南アジア非核兵器地帯条約）、ペリンダバ条約（アフリカ非核兵器地帯条約）、セメイ条約（中央アジア非核兵器地帯条約）などがある。

アートランドの選択

　海辺の風景を描く画家たちは、軍事基地の建設が始まったらこの町を離れようと考えていた。しかしそこに映像作家がやってきた。軍事基地の建設の様子と、海辺の風景が変化していく様子を記録するのだという。それを今後のアートランドの国民に見せて、議論の材料にしてもらうためだという。生きがいをなくしたと思っていた風景画家たちは、そういう考え方もあるのだと気がついて、引っ越しの荷作りの手を止めた。

　海辺のアーティストたちからのメッセージが、今日もアップロードされている。今、アートランドの人々は、いろいろな話し合いを始めている。

　「武器を何も持たないというのも不安じゃないかな」「でも、軍事力に頼る限り、必ず軍拡競争になって国家は破産してしまう」「どの選択肢をとっても、確実なものはないってことは、どれかの選択肢に賭けるしかないってことか」「『諸国民の公正と信義』に賭ける、ってのは、博打すぎるのかな？」「この国を攻撃して破壊してしまったら、世界にとって損失だと思ってもらえるような価値のあるものを作り続けることじゃないかな、アニメとか」「人命救助や復興土木作業ができるロボットを開発すればいいんじゃないかな」「映像技術を組み込もう。平和的な救助活動や復興活動をしている時に、状況をリアルタイムで可視化することで、理不尽な攻撃をしてきた国があれば戦争犯罪として検証できるように」「国際社会の監視の目を《抑止力》にするということだね？」…。

そんなブレーンストーミングが、今、アートランドのカフェやネットで広がり始めている。議会や各省庁は、国民からのアイデアを随時受けつけて、有望なアイデアや技術を探している。アートランドがどのような選択をするかはまだわからないが、少なくともアートランドの国民は、生きることと、世界レベルで共通ルールを考えることと、「表現」することとのつながりを、高い次元で融合させようとし始めている。

＊

　これは架空の国の話である。しかし日本国憲法は現実に「戦争と武力の放棄」を宣言した憲法である。この宣言がまだ完全に達成されたことはないが、世界が非武装平和を実現できたら、どれだけの人々が恐怖と貧困から救われるか、という思いは世界共通のものである。

　私たちは、岐路にいる。日本が果たすべき貢献を見定めるために、国際社会との交流を欠かさない責任が、統治を担う人々にはある。そして、自国にどの方向に向かってほしいのか、考え、意思表示をしていく権利と責任が、その統治のもとに生きるすべての人々に—主権者である国民や、ともに社会づくりを担っている住民に—ある。

＊註

1　2022年3月、日本の衆・参両院はそれぞれに、ロシアによるウクライナへの軍事侵攻を批判し平和の回復を求める声明を出したが、参議院の声明文の中に「平和のうちに生存する権利」という言葉が使われた。国が自国の憲法が示す基本姿勢に基づいて国際社会へのメッセージを出した好例と言える。

2　1928年の「パリ不戦条約」の中には、「国際紛争解決のための戦争を非とする」「国家の政策の手段としての戦争を放棄する」という宣言が書かれ、日本を含む15か国が署名している。

3　国連憲章第2条4項には、「武力による威嚇又は武力の行使を、（略）慎まなければならない」と規定されている。

4　国立国会図書館サイト「日本国憲法の誕生」http://www.ndl.go.jp/constitution/ を参照（©2003-2004）。

5　正式名称は「日本国との平和条約」だが、調印された地名をとって「サンフランシスコ平和条約」と呼ばれることが多い。

6　1951 年に調印された日米安全保障条約は、1960 年に改められ、共同防衛義務の明確化、日本の政治・経済的協力の定めなどが加えられ、現在に至っている。

7　21 世紀の国際平和と戦争・紛争の見方については、藤原帰一・大芝亮・山田哲也編『平和構築・入門』（有斐閣、2011 年）を参照。

8　これらの問題に関する参考文献は多数にのぼるが学生向けのものは少なく、学生にとっては高度なものとなるが、詳しく学びたい人向けに、当時の議論がわかる参考文献を以下に挙げる。志田陽子「安全保障の岐路——負の遺産からの卒業課題を考える」宍戸常寿・佐々木弘通編著『現代社会と憲法学』（弘文堂、2015 年）、豊下楢彦・古関彰一『集団的自衛権と安全保障』（岩波新書、2014 年）、奥平康弘・山口二郎編『集団的自衛権の何が問題か—解釈改憲批判』（岩波書店、2014 年）所収の諸論稿など。

9　こうした新ルールのもとで、自衛隊がアフリカの南スーダンに派遣され活動を行ったが、その際に現地でどのような危険に遭遇していたのか、国民が知るべき手掛かりとなる「日報」が一時は「存在しない」とされ、のちにその存在が確認されるなど、不透明な要素が多い。

10　たとえば、集団的自衛権に関する 1972 年の政府見解では、集団的自衛権は違憲とされていた。一方、2014 年 7 月に示された政府見解は、1972 年の政府見解を「合憲」の解釈を示したものと述べている。国際社会の環境悪化を理由に、当初の方針を修正しなければならなくなったとするならば、それは国内的には国民への情報開示を十分に行い、世論の形成と政治への反映を可能にした上でなければならないし、国際社会に向けては、本来目指されていた活動を十分に行ったあとのことでなければならないだろう。

11　この項目は、本書第 10 章第 2 節「3　生命権・環境権・人格権」の項目とあわせて読んでほしい。「平和のうちに生存する権利」と「生命権」については、山内敏弘『人権・主権・平和—生命権からの憲法的省察』（日本評論社、2003 年）を参照した。

12　沖縄の憲法問題に関する参考書は多数ある。沖縄に関する憲法問題を正面から取り上げ、初学者や一般市民も読めるよう解説した図書として、井端正幸ほか編『憲法と沖縄を問う』（法律文化社、2010 年）、小林武『沖縄が問う平和的生存権』（学習の友社、2020 年）などを参照。

13　2016 年から各地で提訴されている「安保法制違憲訴訟」では、2015 年以降の日本の安全保障政策が、少なくとも一部国民（訴訟原告）の「平和的生存権」と「人格

権」を侵害するものである、との主張が行われている。すでに出されている判決を見ると、平和的生存権は「具体的権利を定めたものとはいえない」との理由でその侵害が検討されずに終わり、「人格権」については、検討なしで終わった判決もあるが、いくつかの判決で、状況によっては侵害が認められる可能性が示唆されている。ただし、2023年現在、侵害があったと認めた判決はない。人格権は「表現の自由」との関連で裁判に登場することが多いが、幅の広い権利で、平穏に生活する権利としての人格権や健康被害を受けない権利としての人格権などが、軍事と平和の問題に関係してくる。

14 テレビ番組『NHKスペシャル・映像の世紀 第8集・恐怖の中の平和 デジタルリマスター版』(2015年9月23日放送、2023年現在、NHKオンデマンドで有料視聴可能)が参考になる。

15 国際社会における核抑止論とその反省としての核軍縮については、吉田文彦『証言・核抑止の世紀』(朝日選書、2000年)を参照。また、これらの問題と日本国憲法の「平和のうちに生存する権利」がどういう関係に立つかは、深瀬忠一ほか編著『平和憲法の確保と新生』(北海道大学出版会、2008年)第1部～第3部の諸論文で詳しく論じられている。

索引

キーワード索引

● 語句の次の(　　)は、その中の語句が掲載されているページ番号も合わせて表記していることを示す。
● 「＊」がついているページ番号は、注記にその語句についての記述があることを示す。

事例索引

●「＊」がついているページ番号は、注記にその語句についての記述があることを示す。

著者紹介

志田陽子（しだ ようこ）

武蔵野美術大学造形学部教授、博士（法学）。
1961年生まれ。2000年、早稲田大学大学院法学
研究科博士後期課程を単位取得退学。2000年よ
り武蔵野美術大学造形学部に着任（法学）。東京
都立大学システムデザイン学部客員教授、早稲田
大学文学部非常勤講師。
専攻：憲法。大学では、人権論を中心とした憲法
の講義を行うと同時に、「表現の自由」や著作権
法などを中心とした、表現活動に関わる法の問題
を扱っている。また、法の問題をわかりやすく
学ぶために魅力的な映画を紹介する授業・講座を
行っている。
主著『文化戦争と憲法理論──アイデンティティ
の相剋と模索』（法律文化社、2006年、2007年博
士号取得論文）、『あたらしい表現活動と法』（武
蔵野美術大学出版局、2018年）、『「表現の自由」
の明日へ』（大月書店、2018年）、『映画で学ぶ憲
法Ⅱ』（法律文化社、2021年）。

表現者のための憲法入門　第二版

2024年4月1日　初版第一刷発行

著者　　志田陽子

発行者　長澤忠徳
発行所　武蔵野美術大学出版局
　　　　〒187-8505
　　　　東京都小平市小川町1-736
　　　　電話　042-342-5515（営業）
　　　　　　　042-342-5516（編集）

印刷　港北メディアサービス株式会社
製本　誠製本株式会社

© SHIDA Yoko 2024
ISBN978-4-86463-164-8 C3032　Printed in Japan